古笔

王学雷

—— 著 ——

中华书局

图书在版编目（CIP）数据

古笔/王学雷著. —北京:中华书局,2022.1(2023.1 重印)
ISBN 978-7-101-15314-9

Ⅰ.古…　Ⅱ.王…　Ⅲ.毛笔-研究-中国-古代　Ⅳ.K875.4

中国版本图书馆 CIP 数据核字（2021）第 166292 号

书　　名　古　笔
著　　者　王学雷
责任编辑　贾雪飞　但　诚
封面设计　刘　丽
责任印制　管　斌
出版发行　中华书局
　　　　　（北京市丰台区太平桥西里 38 号　100073）
　　　　　http://www.zhbc.com.cn
　　　　　E-mail:zhbc@ zhbc.com.cn
印　　刷　北京新华印刷有限公司
版　　次　2022 年 1 月第 1 版
　　　　　2023 年 1 月第 2 次印刷
规　　格　开本/710×1000 毫米　1/16
　　　　　印张 17¾　插页 3　字数 370 千字
印　　数　5001-9000 册
国际书号　ISBN 978-7-101-15314-9
定　　价　79.00 元

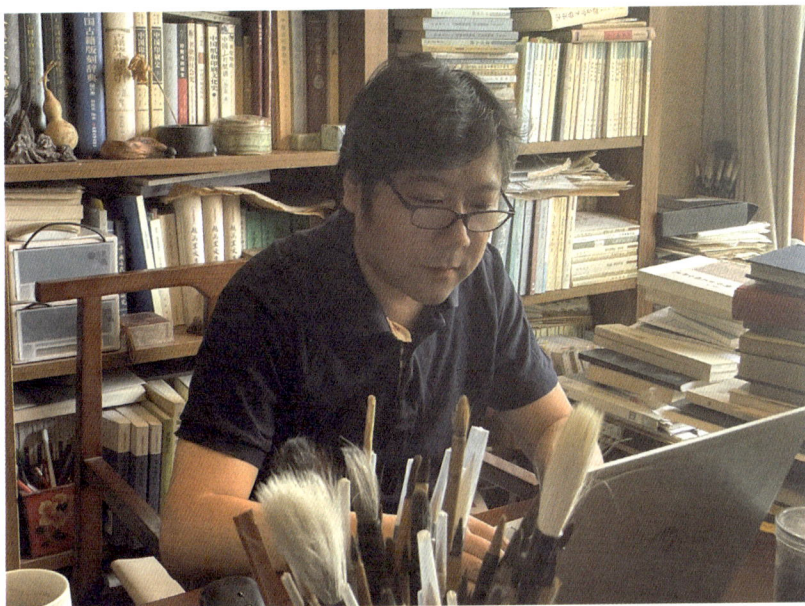

王学雷　江苏苏州人。中国书法家协会会员、苏州市书法家协会理事、苏州市评论家协会理事、苏州大学艺术学院书法篆刻研究中心特聘研究员。现任苏州大学第二实验学校副校长。发表论文40余篇。著有《古笔考：汉唐古笔文物与文献》《〈砖塔铭〉与〈瘗琴铭〉：清人与碑帖的发现、临摹、翻刻及范本选择问题》《续补藏书纪事诗笺证》（即出）。论著曾获第五届中国书法兰亭奖理论奖、全国第八届书学讨论会三等奖。治学之余亦从事书法创作，作品多次在全国赛事中获奖展出。

古筆考

壬辰初冬
人徳盟尚

目 录

序一　张朋川 / 001
序二　薛龙春 / 001

绪言 / 001

上卷　汉唐古笔考

一、"考古类型学"与早期毛笔制作形态 / 011

二、"汉居延笔"的发现、图像与踪迹 / 016

三、东晋束帛笔头考 / 025

四、晋唐毛笔制作中的"缠纸法" / 031

五、蠡测"二王时代"的笔 / 036

六、兔毫二题 / 055

七、出土"狼毫"笔存疑 / 062

八、汉唐时期的兔毫产地 / 065

九、管杆小识 / 074

十、"彤管"——古笔研究中一个被误解的名物 / 081

十一、汉唐时代笔管的奢丽制作 / 086

十二、释"笿"——笔帽的异称 / 097

十三、笔头似"箭镞" / 103

十四、茹笔 / 105

十五、写书笔 / 108

十六、虞龢《论书表》中的文房论札记 / 111

   附录一 《简毫与长毫》与王学雷君商榷 张荣庆 / 118

    附录二 科简与料简 / 120

十七、心同理同：西方的"毛笔"与中国的制作 / 122

十八、古笔研究中的文献引用问题 / 128

十九、读《中国的文房四宝》 / 134

二十、对两则古笔文献的理解 / 138

中卷　古笔图说（战国—唐）

一、战国（楚、秦） / 145

 1. 信阳长台关楚墓笔 / 145

 2. 左家公山楚墓笔 / 146

 3. 包山楚墓笔 / 147

 4. 江陵九店楚墓笔 / 148

 5. 放马滩秦墓笔 / 148

二、秦 / 150

 6. 睡虎地秦墓笔一 / 150

 7. 睡虎地秦墓笔二 / 151

 8. 周家台三十号秦墓笔杆 / 152

三、西汉 / 154

 9. 江陵凤凰山一六七号西汉墓笔 / 154

 10. 江陵凤凰山一六八号西汉墓笔杆 / 155

 11. 临沂金雀山西汉周氏墓群十一号墓西汉笔 / 156

 12. 西郭宝墓笔 / 157

 13. 尹湾汉墓针刻漆套竹杆对笔 / 158

 14. 网疃汉墓针刻短单套木杆笔头一 / 160

15. 网疃汉墓针刻短单套木杆笔头二 / 160

16. 敦煌马圈湾西汉笔 / 161

17. 敦煌高望燧西湖笔 / 162

四、东汉 / 163

18. 敦煌悬泉置笔一 / 163

19. 敦煌悬泉置笔二 / 163

20. 敦煌悬泉置笔三 / 163

21. 敦煌悬泉置笔四 / 163

22. 汉居延笔 / 165

23. 武威磨咀子"史虎"笔杆 / 167

24. 武威磨咀子"白马"笔 / 168

25. 武威磨咀子汉笔 / 169

26. 居延附近发现木笔杆及笔头 / 169

27. 乐浪王光墓笔头 / 170

28. 汉雕象牙笔杆 / 170

五、东晋（前凉）/ 172

29. 旱滩坡十九号前凉墓笔 / 172

30. 阿斯塔那画笔 / 173

31. 东晋束帛笔头 / 174

六、唐 / 175

32. 吐鲁番阿斯塔那墓唐笔 / 175

33. 吐鲁番阿斯塔那苇杆唐笔 / 176

附 / 177

江宁上坊村三国瓷制笔 / 177

下卷　汉唐古笔文献辑释

一、韦诞《笔方》校议 / 181

附录：韦诞奏论笔墨事笺 / 188

二、王羲之《笔经》校笺 / 191

三、传为《笔经》制笔语笺释 / 199

四、蔡邕《笔赋》校注 / 201

五、皇象论笔墨札笺 / 206

六、傅玄笔论四篇校笺 / 208

七、成公绥《弃故笔赋》校笺 / 214

八、嵇含《试笔赋序》笺注 / 217

　　　附录：嵇含《笔铭》/ 218

九、王隐《笔铭》笺释 / 219

十、虞龢论笔墨事笺 / 221

十一、萧绎《谢东宫赐白牙镂管笔启》笺注 / 223

十二、《北梦琐言》载梁元帝笔事校注 / 226

十三、段成式论笔书二篇注订 / 228

十四、《北户录》所记笔资料两则校笺 / 236

十五、《芝田录》记笔工事释补 / 247

十六、柳公权《谢惠笔帖》小笺 / 250

十七、传李阳冰《笔法诀》注释 / 252

十八、宋代辞书中关于鼠毛与兔毫资料两则笺释 / 253

征引文献 / 259

后记 / 271

序 一

　　一个用毛笔纪录和传播文化的时代在中国正慢慢离去。我上小学时，笔盒里放一支铅笔，还有一支是毛笔，依稀记得毛笔杆上刻着"小大由之"四个字，现在想起来是说这支笔写小字和大字都相宜的。国文课是一门主课，课程中要练习写大楷，先从描红开始，熟练后才转入临帖。写完字，老师和大人关照我们，要把毛笔的笔头上的墨洗净，以便再次写字时好用。到了小学三年级，开始写作文，改作文的是一位戴眼镜的女老师，作文后面的评语是用毛笔写的小楷红字，一字不苟，娟秀而工整，使学生对老师写的评语十分敬重。幼年时接受的毛笔写字的教育，使我们从小就培育起对中国文化的尊重之心。

　　王学雷完成了他的著作《古笔》，带来书稿，邀我写序，我感到有点惶恐，以前只是对中国文房工具与书画的关系做过一些思考，但我对古笔的了解很肤浅，没有做过深入的专门研究。每次为别人写序，我视作自己的一次专题性的学习，这次为这本专著作序更是如此。我写序的过程中，也增长了不少对古毛笔的见识，因此很乐意向书法爱好者推荐这本书，读者们在看完此书后，也一定会有许多收获。

　　过去的中国士人对文房用具是很看重的，把笔、墨、纸、砚称作文房四宝，毛笔又占着首要的位置。作为书画工具的笔，分为硬笔和软笔两种，软笔主要是毛笔，软笔又分尖头和扁头两大类，中国士人一直以尖头毛笔为主要的书写和绘画的工具。士人就是读书人，士人阶层的形成与书籍的出现有分不开的关系。至迟在战国时期，就已出现了缯书，但由于丝绸材料昂贵，不能广泛地用于书写。取材容易又价廉的竹简促成了中国历史上第一次文化教育的普及。在郭店等楚墓中出土了编连成册的竹简，这种简册可以说是已知的中国最早的书籍。以郭店竹简为例，楚国的竹简长15—32.4厘米、宽0.45—0.65厘米。每简写字不超过30字，是用笔不带波磔的篆体小字。书写时左手将竹简拿于手中，右手执笔书写。每字的宽度不超过0.6厘米，由于字小，写字的笔划必然较细，适合用尖锋毛笔书写。尽管以后的书写材料有所变化，中国士人习以为常地以毛笔作为书写工具。中国汉字的书写能成为书法艺术，并且中国水墨画以笔法为技法要素，都与以毛笔为中国书画的工具有密切的关系，因此毛笔在中国士人心目中享有崇高的地位，甚至中国的一些城市建有文笔塔，用矗立的笔形宝塔来彰显当地文风的兴盛。

中国毛笔的制作工艺是在汉唐时期基本定形的，在这期间出现了书写材料由以简牍为主到以纸张为主的变化。与此相应，毛笔的制作工艺为适应书画材料的变化而加以改进，汉唐古笔的发展也推动了文化艺术的发展，因此对于汉唐古笔的研究是值得关注的。先前阐述中国毛笔的文章和著作，多是具体地介绍一些笔的情况，缺少系统性和连贯性，更缺少对中国古笔进行研究的专门著作。

王学雷的专著《古笔》，是从文物与文献两个方面去考证汉唐时期毛笔源流发展的著作。汉唐时期关于古笔的文献，由于年代久远和辗转传抄的原故，其中存有歧异和错漏。对古文献进行梳理、校勘、考订，进而探幽发微，需要扎实的学术功底。王学雷先后师从华人德、孙晓云两位名师学习书法和古文献学。他多年潜心书法创作，书法作品蕴有魏晋风骨，在沉稳中透出逸致，淡定而优雅。王学雷的书法作品已形成卓特的风貌，多次入选全国书法展。由于他在文献学方面具有扎实的基础，并且又有良好的书法修养，使他能深入地进行古笔研究。他在考证上不囿成见，有寻根问底的精神，锲而不舍地求解析疑，对一些似是而非的观点和记载进行明辨，不乏真知灼见。

书中对汉唐古笔的制作形态，从整体到笔的各部分均做了专题性的论述。其中三篇论述东晋的毛笔及晋唐毛笔的制笔工艺。自东晋起，纸张代替竹木简牍成为主要书写材料，开始摆脱窄长的书法空间的限制。简牍上的书写为单一的小楷字，而纸张上的书写的字体变得多样，出现了中楷字，还出现了连笔的行书。由于字体变大和用笔加长，要求制作出更精良的笔锋，提高毛笔的蓄墨量。作者首先考证和论述了东晋的束帛笔头，提出了制作束帛笔头，主要是为了适应退笔头的需要，并且利于储墨。作者随即考证了晋唐毛笔制作中的"缠纸法"，对于缠纸法出现的时间进行了限定。而在笔柱根缠纸的原因，是起到"欲其体实，得水不化"的作用。其后的《蠡测"二王时代"的笔》一文，是对东晋造笔的总结性论述，作者从东晋的书法字体的发展入手，论述字体与用笔的关系。由于字体的变化，要求毛笔有相应的改进，"缠纸法"和"削管"等新制法应运而生；厘清了相传王羲之所用的毛笔的笔毫的相关问题，进一步揭示晋笔的制作特征，认为王羲之用的毛笔不是鼠毫，东晋人作笔是用秋兔之毫，并论及兔毫的产地、采用的季节和部位的佳选。

接着作者对笔的兔毫问题做了进一步的深入探讨，辨明唯兔谓之毫，唯兔毫为贵；又对汉唐兔毛出产的佳地问题予以辩正，还从发展的眼光看待南北两地兔毫的各自特点，并澄清了唐代宣城兔毫的一些疑问。

以往学者对古笔的研究多侧重于笔头，对笔身的研究相对简略，对笔管的称谓及其涵义的探讨亦然。作者对古笔管的研究有其独到之处，他将各家对"彤管"的各种疏释，进行了细致地梳理和考证，还原了"彤管"被误解了的本意。作者还全面对汉唐笔管的功用、制作、用料和装饰做了系统论证，阐发了择笔问题中蕴有的哲理。

随后的一组文章，作者讨论了以毛笔为主体的一系列问题，考释了"笔苔""茹笔""写书笔"等物事；并做了《虞龢〈论书表〉中的文房论札记》，对古笔研究中的文献引用问题举误指谬，足见作者校雠之严谨。

书的中卷《古笔图说》，详备地搜集和记录了出土和传世战国到唐代的毛笔的图像资料。由于作者有过文物考古工作经历，能够遵循科学地记录考古实物资料的原则，为读者了解和研究古笔提供了详实的图像资料。书的下卷《汉唐古笔文献辑释》，辑录了主要的汉唐古笔文献，并进行了校勘和注释，对文献解读的歧异之处进行校议和案断，使读者能更准确、更深入和更广泛地理解古文献。

由于时代的文化背景不同，年青人中做古文献的辑录和校释的已为数不多，因为这需要有日积月累的读书和整理的功夫。我们欣喜地看到，王学雷是能把冷板凳坐热的青年学者，他孜孜不倦地整理和研究古代文化，获有不少心得，并著之于书。作者谈到他的写书动机时，感慨地说："总希望尽力地将行将'消逝'的毛笔文化，像捡拾散落的珠子那样，尽可能地多捡回来些！"其实伤逝是不必要的，只要汉字还在用，作为书写和欣赏的毛笔文化就不会消逝。过去的中华文化是靠笔书写出来的，这就不能不提古笔之功，不能不论古笔之道，不能不考古笔之术。王学雷著《古笔》，话古笔而明察秋毫，可谓有功、有道、有术，使妙笔生花，使古笔不古，我们也由温古而化新。

張朋川

序　二

　　无论是从创作还是从研究的角度，对于书写的物质环境，我都一直抱有浓厚的兴趣。书写的工具、材料、操作空间、展示空间，这些都是与创作活动密切相关的问题。尤其是笔毫的刚柔、长短、粗细与书写方法之间的关系，笔与字的大小、字体、风格之间的关系，都值得深入探讨。但说实话，对于古笔的选料与制作工艺，我一直茫然莫识其梗概。而在过去较为粗疏的书史研究中，人们大多从风格的角度出发，对于历史上的书写活动进行规律化——却不免简单化的分类。之所以说简单化，就是因为研究者很少关心具体的物质环境，筑基于此的种种分析活动，自然因缺少历史性而难以取信于人。那些抽象的形式与风格研究虽言之凿凿，但一放到具体环境中加以论证，则马上显得似是而非。

　　当艺术社会史研究、文化研究在书史研究领域逐渐崛起之后，人们开始重视具体个案的研究。大量的新成果显示，艺术风格的变迁不仅是形式的逻辑发展，也不仅是所谓的时代风气的结果，它与物质环境的缓慢变化也有千丝万缕的关联，这其中的复杂性，远非"点、线、面"或是"晋人尚意、唐人尚法"之类的标签可以解释清楚。相应地，物质环境、物品文化也开始成为颇具魅力的议题。关于古代建筑、家具、礼仪、书写工具与材料的研究成果，不仅提供给书法史界大量"新知识"，也成为我们重构书写活动、解释书法风格与旨趣的新动力。比如，藏头护尾、笔笔中锋的技术要求，横平竖直、涩进持重的趣味，不仅与碑学的审美倾向有关，也与羊毫、生宣的物质性互为表里。然而我们又必须认识到，藏头护尾、笔笔中锋并非书法与生俱来的内在规定，而是后代一种积极的文化建构。在硬毫笔流行的年代，八面出锋、惊蛇出草才是人们对于书写技术与境界的诉求。相信在孙过庭看来，藏头护尾、笔笔中锋未免聚墨成形之诮。但在包世臣的笔下，"筋骨血肉"却被重新阐释为有利于碑学主张的话语。显然，如果我们离开工具、材料在明清之际的激烈变动来讨论清代碑学，对于包世臣的理论主张必然难喻其旨。

　　王学雷兄的《古笔》并非一部研究毛笔发展史的著作，而是将笔墨集中于书法经典得以确立的汉唐之间，是对这一时期毛笔的形制、工艺、性能与文化的专题研究。他舍弃了对毛笔沿革作完整的探讨，这一方面是因为史料不足征，不同时期存留下来的文献与文物相当不均衡，无法形成清晰的链条；另一方面也避免了因平均用力而影响到研究的深入与写作的鲜活。本书分为三个部分，上卷是关于汉唐毛笔的一组研究论文，中卷是汉唐之间毛笔实物的图像与说明资料汇集，下卷是对于毛笔文献的辑录与笺释。每一部分之间有所呼应，也有独立的学术价值。

　　在上卷中，作者对于笔头的用料、性能、产地、制作工艺、功能，甚至笔杆的制作与书写的关系，装饰性与实用性的关系等都有精彩的探讨。作者还考证名物，对于彤管、笔簪、茹笔、削管等都提出自己独到的见解。比如，作者运用文献与实物的互证，对东晋束帛笔头、晋代缠纸法的功能进行推测，而材料、制作工艺之于书写的意义也昭然若揭。作者认为，束帛笔头的目的不仅是为了贮墨，不使墨沈下泄，便于更换（亦即"退笔头"）也是重要的原因；而深纳三分之二于笔腔之内，则是为了笔头与笔管之间最大程度的熨帖坚实，从而强化笔锋部分的弹性。作者谦虚地说，实为一则则散考，不过是竹头木屑，但这些竹头木屑却为我们提供了非常多的新鲜知识与思考空间。比如，在韦诞《笔方》中，我们了解到古笔有心（或称锋心、颖）、有柱、有副，心为羊毛，比外围的兔毫低二分，两层缠缚后成为柱，副也有两层，先羊毛、后兔毫。而王羲之的《笔经》则稍微简化，但他也指出柱的部分并非单一的毛料，而是杂用人的发抄、兔毫和羊脊毛，以麻纸裹其根部，在外面在加一层薄薄的上选兔毫为被。从崔豹的《古今注》可知，蒙恬造笔往往"鹿毛为柱，羊毛为被"，也就是说毛笔的笔头由柱与被两层组成，柱与被皆选料单纯。这就与所传韦诞、王羲之的文献之间有所抵牾。如此复杂的笔头选料与制作工艺，其意义究竟是什么？关于笔心，传李阳冰《笔法诀》又说以纸绢为材料，纸绢在这里起什么作用？阮元曾经说，他能从欧阳询的《醴泉铭》拓本中看到了"豪柱踪迹"，我觉得并不可信，但是移而观察晋唐时期的墨迹，如《平复帖》《伯远帖》《祭侄稿》《自叙帖》等，却未免没有帮助。"心"与"柱"，这个在今天的毛笔制作中几乎早已消失的制作工艺，到底在何种程度上影响（或规定）了当日的书写活动？宋代文人对于文房的重视与参与程度超过历史上任何一个时代，作者引用宋人邵博的一则笔记，提到张义祖得"右军遗法"的毛笔，"锋长二寸许"，且用"无心毫"，笔头的制作方法与形制既与《笔经》不符，也与出土的东晋实物不符。则邵氏的闻见，是另有其来源，还是很大程度上出于对前代的想象？这一想象又如何吻合于现实环境的变化，并适应于新的书法创作模式？这些问题都是在我阅读此书时想到的。

又如，我们看到的敦煌唐人写经，在技法上常常万无一失，即使是后代名家如赵孟頫、文徵明都无法做到，这与当时的"写书笔"到底有没有关系？写书笔是专门用于抄写典籍的，空海东还后所上《奉献笔表》中，除真、行、草所用毛笔之外，就有专门的"写书笔"，这种毛笔在制作上到底有什么特殊之处，这一工艺是否在一定程度上支持了书写的稳定性？此外，《古笔》还涉及长锋与草书的关系，笔杆轻重、长短、粗细与运用的关系等等。作者并不力求解决每一个问题——这在今天也不可能做到，如他所言，现在的研究只能"纸上谈兵"，因为博物馆收藏的出土文物一般研究者难有机会上手。即使是获得一张清晰的图版，往往也费尽心力，最终还是要仰仗博物馆"慷慨"的发表（参看"汉居延笔"部分）。

本书的中卷，集中了作者目前所能搜集到的古笔图像，这些材料散见各处，读者查阅不易。学雷兄搜集多年，稍加编排，配以准确的说明文字与数据，为有心的读者提供一份完整的图像资料。虽然如作者所言，考古类型学在研究古笔时可能并不适用，但是这些稍具规模的图像信息与数据，仍然可能激发我们进一步的思考。比如一谈到书法，我们动辄就说运腕，事实上，"运腕"或是"腕力"这样的语词罕见于宋以前的书学文献。如果我们根据汉唐之间古笔笔头的长度、笔杆直径的平均数据，结合简牍、写经、二王书札中单字的尺寸，以及当时书写没有凭靠的环境，大体可以推断运腕技法是后起的，在中古时期，腕部保持相对静止才是书写得以完成的前提。

本书的下卷展现了学雷兄良好的古文献修养和功力。他爬梳辑佚，哪怕只言片字，只要有关古笔，概不放过。作者擅长考证，通过发掘与勾连史料，对文献的意义进行解说与推测，使得过去的一些积疑涣然冰释。而在笺疏过程中，他给读者提供了许多材料的来源，对于笔史文献有兴趣的读者披读一过，自然受益匪浅。值得重视的是，作者恪守古文献的家法，一再强调目录、版本、校雠的重要性，在这一领域，往往毫厘之差就会酿成天大的笑话。现在不少学者搜集史料满足于电子检索，拿到什么材料用什么材料，对于材料的来源、上下文毫不关心，对于版本后先、优劣等等问题，更是毫不介怀。学雷兄在书中指摘了两部笔史著作因不懂家法而出现的累累谬误——类似的问题在当今的毛笔研究成果中比比皆是，学雷兄的文献辑释也为我们从事类似的研究提供了一个极好的示范。

我与学雷兄交二十余年，其间互通有无，往复辩难，颇得论学之乐。《古笔》的出版，我由衷为他感到高兴，也希望更多读者能够从中获益。学雷兄在本书绪言中引用了胡韫玉《笔志》中的一段话，说毛笔有功于世，"安可以文房清供而小之！"读这本书，我也要对读者诸君说，"安可以竹头木屑而小之！"

学雷兄以"寄闲"名斋，但这两年投身基础教育，也成了大忙人，他或许再也没有闲暇的时间来做这样细致的考证文章，在我来看是十分可惜的事。不过学雷兄豁达融通，认为教育或许是人生更有意义的事。"浮生若梦谁非寄"，或许正是为我这样有执着心的人而说的吧。

薛龍春

绪　言

古今之事，非文莫详；文字之繁，非笔莫纪。笔者，毕也，能毕举万物之形，而序自然之理，诚文人之至宝，天地之伟器也。笔之有功于世，安可以文房清供而小之？

——胡韫玉《笔志·重笔》

二十年前，我在一家文博单位供职，从事的是考古工作。每当野外工作结束之后，总有一大堆发掘资料要整理，其中重要的一项工作就是将这些资料逐一登记。登记工作有其固定的模式，除了绘制器物图，就是填写器物记录卡。这种卡片比一般的读书卡片要大上许多，上面印有各种待填的数据格，很是专业。由于其面幅够大，反面一片空白，因此我脑筋一转：何不利用它们干点"私活"？结果却被某位领导扣了一顶"不务正业"的帽子。现在可以堂而皇之地告诉大家，我当时干的那个"私活"，只是露抄雪纂了许多本不属于这种卡片的其他资料而已，而这些资料，却不意在今天成为本书中的主要素材。

现在回想起当时这一念所生之由，则完全是缘于华人德师对我的一个嘱托：那是在1997至1998年间，苏州城南团结桥附近开办了一家三阳笔庄，经理是倪颂霖先生，我称他老倪。老倪与华师认识，为了提高制作质量和扩大影响，经常邀约一些书画家到他那里试笔，帮他把关。老倪不时会叫我去，我也乐得打着"试笔"的幌子，去揩他的油。某日，华师对我说："你经常到老倪那里去吧？他的笔很好。其实毛笔很值得研究，我假使再年轻十岁，一定会认真研究一下的。老倪那里你还得经常去去，对研究很有帮助。"华师的话也许是不经意的，也并不认为我会当真。可是我却真地把他的话当了真，更当作一个必须遵照的嘱托来做。

考古工作是我的本职，写器物记录卡是工作的重点，正如前面所说，这种卡片的容量很大，用它们来抄写面广量大的毛笔资料也非常合适。于是背负着华师的嘱托，凭着一股干劲，将考古报告一篇篇地翻，古籍文献一卷卷地读，"私活"干得热火朝天，本职工作却抛在脑后。两年间，卡片积攒了厚厚的一摞，从中抽取一些即可敷衍成文，靠它们居然也发表了几篇论文，有点像米尔斯所说的那样，"一旦你深入钻研，满眼皆是话题"①。可是后来我辞去了工作，生活一时陷入窘迫，老倪还给予我很大的帮助，至今非常感念。

我的意志不算坚定，兴趣也时常转移，缺乏"专守一经"的志向。自打辞职之后，这一大堆卡片再也没有碰过，自然也写不出相关的文字。近十余年间，我的治学兴趣先后转移到魏晋南北朝和晚清书法史上，搜集资料的方式也发生了很大的改变：掌握了"复制/粘贴"技术，知道从"百度""谷歌"中获取信息；手抄难得一用，阅读较多依靠屏幕。对毛笔的研究兴趣似已淡去，卡片上的资料也越来越感生疏——对这项研究而言，恐怕不是一个好兆头。好在，我还是有一点"恋旧情结"，在怀着其他目的翻阅资料时，凡是遇到毛笔的资料都还会习惯性地加以收集，只是当年的那种卡片已不复拥有，取而代之的是随手可得的纸片。这样，在有意无意之间，竟然也鼓鼓囊囊地塞满了一马夹袋，心想——这些"竹头木屑"总有一天会派上用场的。

所有写作，都存在着动机。写作本书的动机，体现在以下几个方面：

尽管中国古代不乏"铅笔""竹笔""木笔"之类的制作，但在东亚地区悠久的书写传统中，毛笔扮演了最为重要的角色，并且形成了一套非常成熟完善的制作技术体系。在通常情况下，毛笔要与其他的纸、墨、砚配合起来使用②，构成所谓的"文房四宝"③。

---

① ［美］C.赖特·米尔斯《社会学的想象力》，李康译，北京师范大学出版社，2017年，297页。

② 托名王羲之《题卫夫人笔阵图》："夫纸者阵也，笔者刀矟（槊）也，墨者鍪甲也，水砚者城池也。"（张彦远《法书要录》卷一，范祥雍点校，人民美术出版社，1984年，7页）佛教徒则采用了另一种形象的比喻："舍利弗所以称智慧第一者，世尊方欲知身子智慧多少者，以须弥为砚，以四大海水为墨，以四天下竹木为笔，满四天下人为书师。"（释道世著，周叔迦、苏晋仁校注《法苑珠林校注》卷二十五《见解篇十七·引证部》，中华书局，2003年，787页）

③ "四宝"之称，最早见于南齐竟陵文宣王萧子良《答王僧虔书》："若三珍尚存，四宝斯觌，何但尺素信札，动见模式。"（王僧虔《论书》附，张彦远《法书要录》卷一，人民美术出版社，1964年，22页；陈涛《释"文房四宝"》，《汉字文化》2011年第5期，63—64页）"四宝"与"文房"并称盖始于宋人，北宋苏易简搜辑历代文献作《文房四谱》，尤袤《遂初堂书目》录作"文房四宝谱"，后人病其不雅，遂去"宝"字。［钱曾著，管庭芬、章钰校证（转下页）

而在实际的书写实践中，毛笔的作用却是首要的。① 先秦时期，书写尚处于"简帛时代"，人们就已清楚地认识到笔是主要的书写工具。《礼记·曲礼上》云："史载笔，士载言。"孔颖达解释说："不言简牍而云笔者，笔是书之主，则余载可知。"② 而灿烂辉煌的中国书法艺术，无疑更是毛笔的创造，至有"书之佳不佳，笔居其半"的说法③。因此，我们研究书写，首先关注的是笔——研究中国书法，关注的首先是"文房四宝"中的毛笔。

毛笔既然如此之重要，我们今天学习传统文化，尤其是从事中国书画的创作与研究，对它就应该有所了解。明人李诩说："笔墨二事，士人日与周旋，不可茫然莫识其梗概也！"④ 至少我们要有个大概的了解。然而，就当下的情势看，"毛笔文化"的生存空间正不断地被挤压，李诩所提出的这个并不那么苛刻的要求，在如今也不太容易做到：如果谁还在用毛笔作为日常的书写工具，必然会招致异样的目光；传统意义上的"士人"，作为一种阶层早已淡出了历史舞台；"笔墨"又从钢笔、圆珠笔，跃为鼠标、键盘。而大致相当于往时"士人"的当今"知识分子"们，大多数却对"笔墨二事"已颇为疏远，基本上是"茫然莫识其梗概"。事实上，包括本人在内的许多人都是"键将"，同时也沦为了"鼠辈"，对笔墨的生疏，庶可谓"大势所趋"。最近读到一篇对白谦慎先生的采访⑤，其中的一段话颇可道明原因。他说：

（晚清民国时期）书法领域没有受到特别大的冲击，书法是非常本位的东西，对来自西方的冲击不太在意。但无论当时的读书人是否意识到，有几个历史的变

（接上页）《读书敏求记校证》卷二（中），上海古籍出版社，2007年，132页］然宋人诗文中多好称用，如梅尧臣《九月六日登舟再和潘歙州纸砚》："文房四宝出二郡，迩来赏爱君与予。"（梅尧臣著，朱东润编年校注《梅尧臣集编年校注》卷二十五，上海古籍出版社，1980年，中册，809页）叶梦得《避暑录话》卷上："世言歙州具文房四宝，谓笔墨纸砚也。"（《丛书集成初编》，商务印书馆，1936年，10页）

① 对书写，特别是书法创作而言，书法家们普遍认为，纸所起的作用也是重要的，与毛笔的作用相当。如华人德先生说："真正对书风起重大影响的是纸和笔，因而书家对纸笔最为注重。"（华人德《回顾两千年以来的文房四宝》，《华人德书学文集》，荣宝斋出版社，2008年，249页）而孙晓云先生在著作中，也用了很大的篇幅阐述笔与纸对书风形成的重要作用。（《书法有法》，江苏美术出版社，2010年，50—64页）

② 《十三经注疏》，中华书局，1980年，上册，1250页。

③ 杨宾《大瓢偶笔》卷七《论笔墨·书之佳否笔居其半》，浙江人民美术出版社，2019年，183页。

④ 李诩《戒庵老人漫笔》卷七《笔墨》，中华书局，1982年，277页。

⑤ 郑诗亮采访《白谦慎谈中国人文学科之弊与书法史研究》，《澎湃新闻·上海书评》2018年12月30日。

迁正在发生。

　　首先，钢笔作为书写工具开始引进，这比毛笔方便太多了。其次，社会精英结构发生变化，本来最上层的文人士大夫被理工法政等学科的人取代，这些人的知识结构和传统文人士大夫的人文知识结构不同——即便如此，早期这些人的毛笔功夫还是非常之好。从最根本上来说，由于对毛笔的日常书写要求渐渐降低，对毛笔作为书写工具也慢慢生疏，才形成了对整个书法文化的冲击。但这个冲击不是立竿见影的，而是从书写工具到书写主体、传授系统的逐渐变化。

白先生所指的是近百年间书写工具与书写主体，以及书写传授系统所呈现出来的变化，只还是"逐渐"地变化着的，但将时间缩短至近二十年，那么，我们所感受到的则是"剧变"。因而，有位作家悲观地叹息道："作为一个完整的世界的毛笔文化，现在已经无可挽回地消逝了。"① 于是，把古老的"笔墨文化"送上了"祭坛"。这位作家的话不是没有道理，只是本人相较于他似更多了些"怀旧"的情结，悲观的情绪也不那么彻底，总希望尽力地将行将"消逝"的毛笔文化，像捡拾散落的珠子那样，尽可能地多捡回来些，而不是端着一副哭腔去加以"祭奠"。我想，能够有助于"捡拾"或"挽留"的最好办法，应当是进行较为深入的研究，正如埃尔顿所说，"历史想要存在，它就必须被写作和研究"②。

　　然而，"重道轻器"不妨说是中国传统思想观念中的一种鲜明特色，"形而上者谓之道，形而下者谓之器"③，已然将"道"与"器"分出了高下。三国"建安七子"之一的徐幹，更大发书呆子气，忍不住要将此说透：

　　　　凡学者，大义为先，物名为后，大义举而物名从之。然鄙儒之博学也，务于物名，详于器械，矜于诂训，摘其章句而不能统其大义之所极，以获先王之心。此无异乎女史诵诗，内竖传令也。故使学者劳思虑而不知道，费日月而无成功。④

研究"物名""器械"属于"名物学"的范畴——"所谓名物学，就是把物品的名称与实物对照起来研究，弄清楚在历史等各类书籍中出现的禽兽草木以及其他物品的名称

① 余秋雨《笔墨祭》，载《二十世纪书法研究丛书·文化精神篇》，上海书画出版社，2000年，119—120页。
② ［英］G.R.埃尔顿《历史学的实践》，刘耀辉译，北京大学出版社，2008年，75页。
③《周易·系辞上》，《十三经注疏》，上册，83页。
④ "物名"，明冯时可《雨航杂录》引作"名物"，或即"名物"的倒言之。见徐幹撰，孙启治解诂《中论解诂》，中华书局，2014年，19页。

和与之对应的实物"①。可在徐幹的眼里，这些只算是"鄙儒"的学问，劳神费思而已。毛笔是一种名物，毛笔研究又是名物学中的一个极细小的项目，在学术的层级上当然居于"大义为先"的"道"之下，对此我们也无话可说。可是，名物学"这种学问在当今仍然是需要的。书籍中描写的各种各样的物品，如果不了解实物是什么样的，就不能算是真正了解了书的内容"②。研究传统文化当然要"以大义为先"，然而"大义"之中，又包含着许多"物名"，物名不知，又如何正确理解"大义"？就拿我们的书法研究来说，颇不乏这样的例子。有些高明者多喜谈"书法之道""笔墨之道"，或是"笔墨"与某种"文化"的"关系"这样宏大的议题。由于对基础性的研究并不重视，往往一说便错，令他们的"大义"也就虚浮缥缈，不足为信。举个例子：曾经读过一篇文章，作者要探求的是"毛笔与儒家文化的关系"，因为《说文》解释"儒"的含义是"柔也"，于是这位作者就大加联系发挥，认为中国之所以产生毛笔这样的书写工具，是和儒家"尚柔"的意识有关。我在某个会议中，也听到了类似的发言。那我不禁要问，儒家学派的老祖是孔子，孔子在没有创造儒家文化之前，中国人难道用的就不是毛笔？何况孔子生前并不得志，甚至狼狈得"若丧家之犬"，他的学说其实要到汉代被正式确立。如此，是否还要到汉代才有毛笔？况且，《说文》在"柔也"之下还提示"术士之称"，和儒家之士也未必关联。现代学者居然说出如此的昏话，比古人认为"蒙恬造笔""蔡伦造纸"之类的观点还要落后。由此可见，基础性研究的薄弱所导致常识的缺乏，一味侈谈"大义"，又有何益？因此，对以往的"物名"加以记录、研究和写作，使后人得以正确地理解，是名物学的意义所在。由于"这种学问在当今仍然是需要的"，名物研究的势头在近年表现得锋头甚健，而毛笔作为一种名物，采用这种研究方法，和这个氛围无疑是合拍的——构成了我研究的"大背景"。

总上可归纳为三点：一是毛笔是传统书写工具中首要的工具，最值得加以研究；二是由于时代的变化，今天对它的了解日渐生疏，应该加紧研究；三是对它的轻视，所导致研究不足和错误的研究，亟待纠正。此三点即是我写作本书的动机。

还需要说明一下，在研究方法上，本书中许多具体研究，采用的是名物学的基本方法。而徐幹所批判的"务于物名，详于器械，矜于诂训，摘其章句"，倒不失为是对此种方法的一个很好的概括。

---

① ［日］白井光太郎《本草学论考》，转引自青木正儿《中华名物考》，杨晓钟、戚砾婉琛译，陕西人民出版社，2017年，1页。
② 同上。

　　我研究毛笔这种小之又小的名物，免不了"鄙儒"的习气，做了些"劳神费思"的琐碎事情，但我内心却犹致敬于"大义"，敬重乎"道"的。孔子云："饱食终日，无所用心，难矣哉！不有博弈者乎？为之，犹贤乎已。"① 至少，措意于笔墨之事，犹当贤乎博弈吧？

二

　　本书为什么只限于"汉唐"时期？首先是我的学力与精力所限。目前我所具备的知识结构，尚不足以贯通地驾驭有关毛笔的所有知识，尤其是宋代以后。即使是宋代以前"说多不多，说少不少"的毛笔资料，也不能完全地加以消化，所耗费的精力也是冷暖自知。其次是考古出土汉唐时期的毛笔实物资料相对的丰富集中，能够成为人们的兴趣点，并且通过这时期的相关文献，也多能加以印证，形成所谓的"二重证据"。当然，本书对汉代以前的资料也会有所涉及，因为这是"源"；同样，唐代以后的资料也要有所涉猎，不能"非三代两汉之书不观"，因为那是"流"。源流不明，自然不会产生很好的研究。但有必要说明的是，其中所涉及的汉唐前后的资料都是围绕"汉唐古笔"这一议题展开的，以免信马由缰，泛滥无归。

　　本书分为三卷：上卷由论文组成，虽然内容有些散乱，但每一篇文字对具体问题的探索，还是花了一定功夫的。就算鲜有创见，至少可以看到对文物与文献的重视程度，以及运用程度。同时，这种专题式研究，较易于集中展示作者的研究心得，省却了许多专著那样，为了充实内容和平衡结构，必须大量引用他人研究成果，所导致的占用篇幅。中卷主要是对考古发现毛笔实物的图像资料进行汇集和解说。由于这些图像十分分散，查寻不易，将它们聚拢在一起，则便于观览。同时，也能直观地看到它们的演变规律及制作细节。本卷还根据相应的资料来源及研究成果，在每一张图像之下标示数据，进行描述，略有心得之处亦不自藏拙。下卷是对古笔文献资料的择要辑录与梳理，并指明版本，进行校勘与注释。虽然在校勘和注释上有些繁琐，也未必尽当，但尽可能地为读者提供参考资料，裨于更深入的研究。

　　本书的篇幅不是很大，比起那些动辄数十百万言的著作真是一本小书，但也不必为此而感到惭赧，"形容短小而貌不甚寝"即可聊以自慰。正如歌德所告诫的那样：不要写大部头作品，因为，许多既有才智而又认真努力的作家正是在写大部头作

---

① 《论语·阳货》，《十三经注疏》，下册，2526 页。

品上吃亏受苦。反之，如果作者每天都抓住现实生活，经常以新鲜的心情来处理眼前事物，他就总可以写出一点好作品，即使偶尔不成功，也不会有多大损失。鉴于歌德的告诫，本书的内容不求面面俱到，至少不是一本"毛笔史"之类的煌煌巨制。对于学术，我是那种有雄心却无恒心的人，朝秦暮楚，兴趣涣散，倒也习惯于"经常以新鲜的心情来处理眼前事物"[①]的状态。本书中的许多篇幅，正是在这样一种状态下完成的。取名"古笔"就没有什么条条框框来约束，更契合我散漫的性格，至少可规避"写大部头作品"后"失控"所带来的尴尬，故本书似更宜称为"古笔散考"。

最后，我想引用文献学家余嘉锡先生的一句话，作为本书的写作宗旨和本绪言的结语：

　　颜之推云："观天下书未遍，不得妄下雌黄。"（《家训·勉学篇》）此语亦何容易！然天下书纵不可遍观，而一时有一时之文体，一代有一代之通例。参互考校，可以得其情；排比钩稽，可以知其意[②]。

---

① 爱克曼《歌德谈话录》，朱光潜译，人民文学出版社，1978年，4—5页。
② 余嘉锡《古书通例·绪论》，《余嘉锡说文献学》，上海古籍出版社，2001年，166页。

汉唐古笔考

本卷主要从文物与文献两个方面，以论文的形式探讨了汉代至唐代这段时期内毛笔的制作、形制、产地、历史、语汇等方面的问题。同时对当今古笔研究中存在的一些失误，也进行了较深入的揭示和批评。由于写作时间及写作心境的不同，因此各篇在写作风格上并不一致，所探讨的内容之间亦不尽相关，但信而有征，是本卷写作的宗旨。

一、"考古类型学"与早期毛笔制作形态

"蒙恬造笔"的说法，古人未必就完全相信，因为"《曲礼》云：'史载笔，士载言'，此则秦之前已有笔矣"①。《庄子》中还记载宋元君将画图，"众史皆至，受揖而立；舐笔和墨"的故事②，更是"秦之前已有笔"的文献佐证。今人则受惠于现代考古学，有幸能见到一些战国时期的毛笔实物，"秦之前已有笔"更无须再求证于文献，成为一个人所共知的常识；那么，战国之前是否有笔呢？尽管没有实物的发现作为佐证，但从新石器时代彩陶上的纹样，以及商周的甲骨金文书写特征进行推测，也能很好地反映出"当时毛笔弹性在书写中的真实流露"③，战国之前即有笔，也因此成为一个人所共知的常识。只可惜战国之前的毛笔实物至今还没发现，具体的形制也就无从说起，目前只能从战国开始。

谈到战国时期的毛笔，学者通常会举以下三件实物，巧的是它们分别出自早、中、晚三个时期的三座战国墓葬中：早期的 1957 年出土于河南信阳长台关一号楚墓。笔杆为竹质，长 20.9 厘米，径 0.9 厘米。笔毛质地不明，长 2.5 厘米。通长 23.4 厘米。制法是将笔毛用细绳缚于杆上④；中期的 1954 年出土于湖南长沙南郊左家公山十五号楚墓。笔杆为竹质，长 18.5 厘米，径 0.4 厘米。笔毛为上好的兔箭毫，长 2.5 厘米。通长 21 厘米。制法是将竹笔杆一端劈成数开，将笔毛夹在中间，用细丝线缠缚，外面髹漆⑤；晚期的 1986 年出土于在湖北荆门包山二号楚墓中。笔杆为苇质，长

① 《初学记》卷二十一《文部·笔》，中华书局，1962 年，第三册，514 页。
② 郭庆藩《庄子集释·田子方》，中华书局，1992 年，第三册，719 页。
③ 丛文俊、彭砺志《〈保利藏金〉铭文书法略说》，《书法杂志》2005 年第壹期，5 页；相关的研究还有张翀《从伯懋父簋墨书蠡测商周书法》，《形象史学研究》2015 年上半年，43—56 页。
④ 河南省文物研究所《信阳楚墓》，文物出版社，1986 年，66—67 页。一号楚墓年代的判定，见该书 121 页。
⑤ 湖南省文物管理委员会《长沙左家公山的战国木椁墓》，《文物参考资料》1954 年第 12 期，8 页；同作者《长沙出土的三座大型木椁墓》，《考古学报》1957 年第 1 期，96 页。

18.8 厘米，径 0.5 厘米，末端削尖。笔毛质地不明，长 3.5 厘米。通长 22.3 厘米。制法是将笔毛用丝线缠缚，插入笔杆腔内①。【附图 1、2、3】

早在 20 世纪 30 年代，考古发掘中就已有毛笔的实物出土，但都是汉代的遗物②，而这三支战国毛笔的出土，让我们见到了更早的实物，"秦之前已有笔"的观点就此可以坐实。更由于它们都保存尚好，且能够较清晰地了解到其制作特征，尤其是恰好分属战国的早、中、晚三个时期，于是就很自然地引导考古学家得出了这样的一个结论：

> 上述三例，反映了毛笔制作技术的三个阶段。开始是把笔毛捆扎在笔杆上，随后发展到杆端劈开数片再把笔毛夹在中间，直到最后把笔毛蘸黏固剂插入杆腔内。③

依照今天我们对毛笔制作的经验来判断，这个结论让人很自然地就认为：将笔毛直接捆扎在笔杆上，无疑是最为粗糙原始的技法；将笔杆一端劈开，用劈开的部分自然夹住笔毛，技术上较前有所进步；将笔毛用丝线缠缚，形成独立制作而成的笔头，再插入为其专门制作的笔杆腔内，这种"由夹在杆中到插入空腔，无疑又是一次重大的进步。从此以后，笔毛如何固定在笔杆的问题基本得到了比较妥善的处理，利用空腔固定笔头的方法一直沿用至今"④，则是最先进的技术。这样勾勒出的三个演进过程，揆之情理，似无不妥，但这是否就能完全证明毛笔制作技术到战国时期才经历了这样的过程了呢？如果是这样，远的不说，至少在西周，乃至春秋时期，毛笔的笔毛还都应该是捆扎在笔杆上的。由此，甚至可认为战国以前包括早期，毛笔制作技术的粗糙程度可想而知。当然，我们并不这样认为。

战国之前毛笔的具体形制还说不清楚，而这三支通过科学的考古发掘出来的毛笔所显示的不同制作特征，好像又很适宜考古学家采用类型学的方法来进行分期处理，

---

① 湖北省荆沙铁路考古队《包山楚墓》，文物出版社，1991 年，上册，264 页。
② 如 1931 年宁夏发现一支汉笔（甘肃省博物馆《武威磨咀子三座汉墓发掘简报》，《文物》1972 年第 12 期，15—18 页）。同年在居延发现的"汉居延笔"（马衡《记汉居延笔》，《凡将斋金石丛稿》，中华书局，1977 年，276—282 页）；1932 年，日本小场恒吉等人在朝鲜平壤附近汉代乐浪郡遗址一二一号墓中发现毛笔锋（[日] 小场恒吉、榧本龟次郎《乐浪王光墓：贞柏里·南井里二古坟发掘调查报告》，朝鲜古迹研究会，汉城，1935 年，33、163 页）。
③ 黄展岳《考古纪原——万物的来历》，四川教育出版社，1998 年，134—135 页。按：信阳长台关一号楚墓笔实出土于 1957 年，左家公山十五号楚墓笔出土时间是 1954 年，分见前注《信阳楚墓》的序言及《长沙左家公山的战国木椁墓》。黄氏误将两支笔的出土时间定为 1956 年。
④ 朱友舟《毛笔源流考述》，《书画世界》2011 年 7 月号，30 页。

进而展示出毛笔制作技术"演进"的三个阶段。这就不得不牵涉关于考古类型学上的一些问题。

考古类型学与考古地层学，被考古学家看作是考古学方法论的"两大支柱"。考古地层学是地质地层学原理在考古学中的具体运用，而考古类型学则是从生物分类学中得到启示发展而来。① 考古学中，对器物的研究自然要用到考古类型学方法，可是这种方法的运用会受到一定的条件限制，并非面对所有研究对象都行之有效，尤其是面对那些"孤品"时就不免捉襟见肘。对此，俞伟超先生就曾明确地指出：

> 对孤立的物品还是对成群物品进行形态学的比较研究，情况会有质的不同。各种物品如果只是单个见到，要判断形态的早晚差别，因无法在若干物品的共存关系中得到互证，总是难以肯定下来。②

这段论述对我们的启发在于，这三支毛笔虽然分属于战国早、中、晚三个时期，但毕竟都是各自时代的"孤立的物品"，它们各自都缺乏从"若干物品的共存关系中得到互证"的必要条件。与其他如石砚、削刀等物品在考古发掘中那样"成群"出现的情形相比，自不可同日而语。也就是说，仅靠每个时期"单个见到"的不同制作特征的毛笔，来判断它们形态的早晚差别，显然只是从"孤立的物品"，而非从"成群物品"立论的。这样一来，"上述三例，反映了毛笔制作技术的三个阶段"的结论，自然就值得怀疑。

俞伟超先生还指出：

> 类型学的这种研究，就方法论本身最基本的能力来说，主要在于能够找出物品形态变化的逻辑过程，而不一定是历史的具体过程。这就是说，大量物品的新、旧形态，总是存在着一定的并存时间，在其并存时间内，某些遗存中甚至会有新、旧形态交错出现或前后颠倒的现象。③

这又启发我们思考，这所谓的战国毛笔制作技术发展的"三个阶段"之间的关系，是否就是毛笔制作技术上的由粗糙向精致递进，这样的一种直线发展的关系？尚有一个不甚为研究者所注意的例子，恰提供了反面的例证：20世纪80年代，出土于湖北江陵九店十三号战国晚期楚墓中的一支毛笔，在制作上却与早期的制作相同。此笔

---

① 安金槐主编《中国考古》，上海古籍出版社，1992年，10—11页。
② 俞伟超《关于"考古类型学"的问题》，《考古学是什么——俞伟超考古学理论文选》，中国社会科学出版社，1996年，73页。
③ 俞伟超《关于"考古类型学"的问题》，《考古学是什么——俞伟超考古学理论文选》，67页。

出土时虽残损较严重，笔杆残长 10.6 厘米，截面为八角形，系用厚 0.3 厘米的竹片削制而成，笔毛质地不明，残长 2.4 厘米。但从残存的痕迹看，制法是将笔毛用细绳捆缚于杆上，再涂上黑漆①，与早期的信阳长台关一号楚墓笔的制法则基本相同。这很好地印证了战国毛笔制作技术上也存在着"新、旧形态交错出现或前后颠倒的现象"。同样，像左家公山十五号战国中期楚墓笔那样，将竹笔杆一端劈成数开，将笔毛夹在中间，用细丝线缠缚的制法，在汉代的实物中依然能够见到。它们是 1985 年出土于江苏连云港西郭宝墓的西汉中晚期笔。此笔杆上端打一眼洞，并垂直锯开，四分其木②。还有就是 20 世纪 30 年代出土于额济纳河，著名的"汉居延笔"。此笔年代为东汉初期，"笔管以木为之，析而为四，纳笔头于其本"③。照理说，汉代毛笔的制作技术相比战国应该已有很大进步，但这两支汉笔的制作上却为何会呈现出"返祖现象"？【附图 4、5、6】这正说明，战国和汉代的毛笔制作技术上也存在着"新、旧形态交错出现或前后颠倒的现象"。还有就是，这支被作为"中间环节"的左家公山十五号楚墓笔，往往又被作为具有战国时代毛笔制作特征的"标本"来看待。然而，扬之水先生却指出："通常举出它来是用作代表战国时代毛笔制作的基本方法，其实并不妥当"，理由是："和它大体同时的荆门包山楚墓二号墓所出毛笔，便是采用另外的制作方法。"④也即，两支笔虽分为中、晚期，但彼此的制作时间相隔其实并不太大，虽然不是"前后颠倒"，但也基本属于相近时间内"新、旧形态交错出现"的现象。

由于考古出土的战国各时期的毛笔实物资料实在太有限，希望从"成群物品"中"找出物品形态变化的逻辑过程"，目前确实无法骤然实现。因此，要从考古类型学方法上坐实这三支分属战国三个时段毛笔制作形态的阶段特征，只有期待达到一定数量的战国时期毛笔实物的发现才行。也就是说，考古类型学尽管是一种很好的科学研究方法，然于此处还暂时派不上用场，机械地照搬，则犹如胶柱鼓瑟。

---

① 九店墓地总共发掘东周墓 597 座，其中 19 座属周文化系统，称为甲组；另 500 余座属楚文化系统，称为乙组。乙组墓年代上又分四期七段，发现此笔的十三号墓属乙组四期六段，则此笔系战国晚期早段之物。据墓葬形制及随葬器物判断，此墓主的身份应为级别较低的"下士"。（湖北省文物考古研究所《江陵九店东周墓》，科学出版社，1995 年，319、324—325、415、486 页。）

② 石雪万《连云港地区出土的汉代"文房四宝"》、武可荣《西汉漆盒石砚与毛笔出土简介》，《书法丛刊》1997 年第 4 期，87、83 页。

③ 马衡《记汉居延笔》，《凡将斋金石丛稿》，中华书局，1977 年，276 页。

④ 扬之水《两汉书事》，《中国典籍与文化》2004 年第 3 期，43 页。

附图

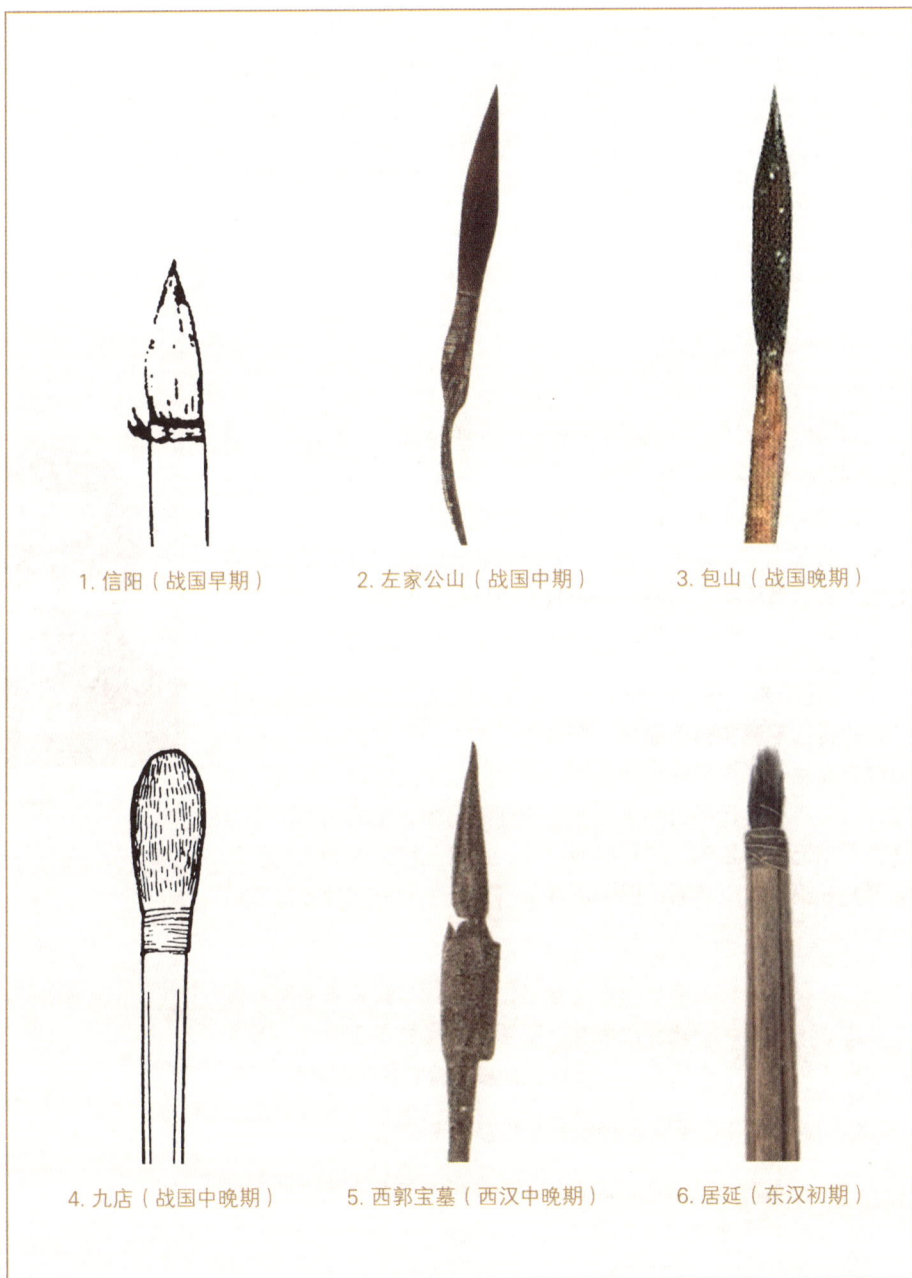

1. 信阳（战国早期）　　2. 左家公山（战国中期）　　3. 包山（战国晚期）

4. 九店（战国中晚期）　　5. 西郭宝墓（西汉中晚期）　　6. 居延（东汉初期）

二、"汉居延笔"的发现、图像与踪迹

1. 发现者：贝格曼

马衡先生（1881—1955）【图一】的遗著《凡将斋金石丛稿》（以下简称《丛稿》），1977 年由中华书局出版，其中有一篇《记汉居延笔》，是运用"二重证据法"研究古代毛笔的经典之作。他写作这篇文字的动因，是缘于 1931 年中瑞西北科学考查团在发掘内蒙古额济纳土尔扈特旗破城子遗址时，发现的一支东汉初期的毛笔。马衡将它定名为"汉居延笔"，并一直沿用至今。

图一　马衡

"汉居延笔"在当时确实是一个重大的考古发现。此前所能见到的古代毛笔实物，最早仅是藏在日本正仓院中的唐笔，没想到这次竟发现了更早的汉代实物。为了向社会披露这一惊人的发现和研究成果，任务自然落在擅长考证的马衡先生的肩上，于是就有了《记汉居延笔》这篇经典之作。据《丛稿》所载《记汉居延笔》开篇文字叙述看，确实透露出马衡先生亟欲向社会披露这一发现的迫切之情：

> 我国古代之笔之保存于世者，曩推日本奈良正仓院所藏之唐笔为最早，此外无闻焉。不意今竟有更早于此者。爰就研究所得，尽先发表，以介绍于世之留心古代文化者。

在表达完这个愿望之后，紧接着就介绍起发现经过：

> 一九三一年一月，西北科学考查团于旧蒙古额济纳土尔扈特旗之穆兜倍而近（即破城子）地方……发现汉代木简，其中杂有一笔，完好如故。

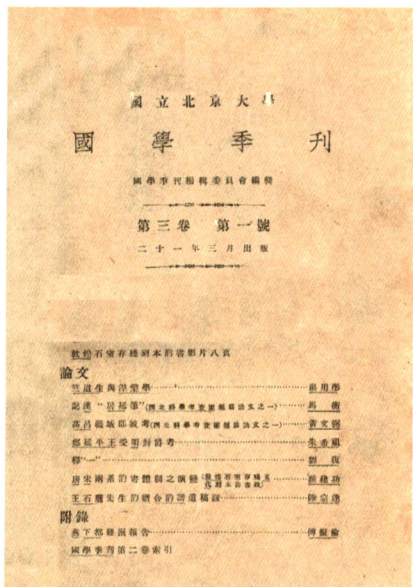

图二 《国学季刊》1932 年第
3 卷第 1 号封面

这段文字把"汉居延笔"的发现经过，交代得应已很清
楚了。本来事情到此可以结束，但笔者多留意了一下文
后的编者按语：

> 编者案此文原载北京大学《国学季刊》三卷一号
> （一九三二年三月），是西北科学考查团短篇论文之一，
> 又载《西北文物展览会特刊》（一九三六年，南京）。

在好奇心的驱使下，笔者搜到了这期《国学季刊》（以
下简称《季刊》），马衡此文排在第二篇。【图二】编者
按语中还提到的《西北文物展览会特刊》，但其中并未
载有此文①，盖为编者误记。然以《季刊》所载和收录
于《丛稿》中的《记汉居延笔》对读后，却发现了一段
被隐没了的史实。

《丛稿》所收录者，乃是从《季刊》所刊原文转录
而来，这应该不会有什么异议。可是，两者在开篇的叙
述文字上却不十分一致，很明显，《丛稿》收录时是动
了手脚的。《季刊》所刊原文在"不意今竟有更早于此者"句后，
紧接着有"此诚惊人之发现矣"一句。难道这是作者或编者后来
觉得"过甚其辞"，抑觉其"拖沓冗赘"而做的删除？我看未必。
在《季刊》所刊原文第二段叙述发现经过的文字中，我们找到了
较明确的答案。《季刊》原文是这样的：

> 二十年（一九三一）一月，西北科学考查团团员贝格曼
> 君（F. Bergman）于蒙古额济纳旧土尔扈特旗之穆兜倍而近
> 地方……发现汉代木简，其中杂有一笔，完好如故。

按："二十年"即民国二十年，公元 1931 年，《丛稿》只取公元
纪年。最主要的是，《丛稿》将原文中西北科学考查团"团员贝
格曼君（F. Bergman）"彻底删除了。这样一来，历史昭示给后
人的"史实"就变成：发现"汉居延笔"的功劳，是属于西北科
学考查团的"集体功劳"，而不属于个人——贝格曼。在数十年

---

① 检 1936 年西北文物展览会编《西北文物展览会特刊》，所载的是马衡的
另一篇短文《汉代的木简》。

后的今天，再来看这样的改动，确实有些匪夷所思，好好的一个贝格曼，他的功劳却硬生生地被剥夺了。

　　贝格曼这个名字对于今天的人们已有些陌生，但他确实是一个不容忘却的人物。贝格曼全名沃尔克·贝格曼（Folke Bergman，1902—1946）【图三】，瑞典考古学家。1927 年 1 月，贝格曼刚从大学考古专业毕业，毕业论文是研究十二三世纪北欧海盗铭文。但一个电话，竟改变了他的命运：瑞典国家文物局负责人柯曼博士询问他，愿不愿意到中国西部做至少一年半的考古探险？那时，斯文·赫定正与中国同行筹建中国西北科学考查团。考查团设置了一中一外两个考古学家的位置，贝格曼没有放过这难得的机会，和中国学者黄文弼一同成了考查团的成员，这样竟然度过了八年的青春岁月。1927 年至 1935 年，贝格曼三次往返于中国西北的内蒙古、新疆、甘肃，行程数万里，三分之二的旅途靠骑骆驼或步行，所到之处大部分地区当时无人定居。在此期间，他考察了三百一十处古迹、遗址，发现了举世闻名的"居延汉简"和"小河古墓"。[①]1946 年，贝格曼因病去世。

图三　贝格曼（Folke Bergman）

　　至于贝格曼"发现汉代木简，其中杂有一笔"的发现细节，杨镰先生为我们做了生动详尽的描述：

　　　　1930 年，贝格曼在内蒙古额济纳旗——汉代居延边塞——发现了万枚以上的汉简，使学术界为之震惊。当时有人将这一成就与打开敦煌藏经洞，并列为中国 20 世纪两大考古发现。关于居延汉简，有这样一个细节：贝格曼在蒙古族牧民陪同下，考察烽燧。在破城子遗址，他注意到地面有许多老鼠洞。他们带的一只狗穷极无聊，开始追逐老鼠，老鼠钻进洞，狗一不留神也出溜进去，进去容易，出来就难了。为解救这只狗，挖开了老鼠洞穴，立时大家全惊呆了：延续使用了千年之久的老鼠洞就像迷宫，其中布满了完整与

① 杨镰《不能忽略的三位探险家》，《中国国家地理》2007 年第 10 期，216—227 页；王新春《贝格曼与中国西北考古》，《中国边疆史地研究》2011 年第 21 卷第 3 期，133—142 页；罗桂环《西北科学考查团（1927—1933）团员简介》，《自然科学史研究》第 26 卷，增刊，2007 年，72—82 页。

残缺的汉简，那是一代又一代勤快的老鼠拖到家中储存的粮食与磨牙的用具。贝格曼在笔记中管这里的老鼠洞叫"汉简陈列馆"。此后通过不懈努力，竟出土了成吨的木简与其它文物。其中包括可能是中华文明史最初的纸，以及一支汉代毛笔的实物。日本人即将占领北平之前，"华夏第一笔"与北京猿人的头骨，一起神秘失踪，但汉简完好保存下来。①

1931 年至 1933 年期间，贝格曼在北京协助马衡、刘复等人对额济纳地区出土的文物进行整理编号。②只因了他发现的"汉居延笔"，马衡才能写出《记汉居延笔》这篇经典之作。可为什么在后来却隐没原本应当属于贝格曼个人的功劳呢？事情到此还没结束。

马衡先生于 1955 年就去世了，这本《丛稿》并非他本人编定。因此，剥夺贝格曼功劳的"嫌疑人"应该是编者。中华书局编辑部在"编辑后记"中提到，始终整理编次《丛稿》的人是傅振伦③。根据这个线索，笔者找到了傅先生的一篇总结马衡学术贡献的文章，完全印证了"后记"的说法：

> 一九六五年我整理了马先生的文集——《凡将斋金石丛稿》（1977 年由中华书局出版）……④

傅振伦（1906－1999），河北新河人，是我们并不陌生的一位学者，曾参与额济纳河畔西汉烽燧出土的竹木简牍的登记、整理工作。⑤他与马衡的关系是学生兼同事，可他删削马衡原文并非"无意"，但确实有着深层的原因。

提请读者注意，傅振伦先生说他整理《丛稿》的时间起始于 1965 年。第二年，"文化大革命"爆发，《丛稿》从此延宕至 1977 年方得出版，虽然这时"文革"已经结束，但人们的思想还没有完全扭转：马衡"复出"了，而贝格曼还定格在"资本主义学者"的框框内。

我们完全相信傅振伦先生是一位正直的，有着强烈学术使命感的老学者，不然他也不会在"文革"刚结束，就迫不及待地将乃师马衡的遗著出版，贡献于学界。

---

① 杨镰《不能忽略的三位探险家》，《中国国家地理》2007 年第 10 期，218—226 页。
② 傅振伦《西北科学考查团在考古学上的重大贡献》，《敦煌学辑刊》1989 年第 1 期，3 页；[瑞典]沃尔克·贝格曼《考古探险笔记》，《横渡戈壁沙漠》，张鸣译，新疆人民出版社，2010 年，307 页。
③ 马衡《凡将斋金石丛稿》，387 页。
④ 傅振伦《马衡先生在学术上的主要贡献》，《故宫博物院院刊》1985 年第 3 期，119 页。
⑤ 傅振伦《学习的回忆》，刘启林主编《当代中国社会科学名家》，社会科学文献出版社，1989 年 347 页；傅振伦《傅振伦学述·年表》，浙江人民出版社，1999 年，155 页。

"汉居延笔"是由瑞典考古学家贝格曼发现的，向社会披露发现经过、发现者和介绍这支毛笔的是马衡先生。我们从文献史料中探明了这段被隐没的史实及其原因，然而这支毛笔的"身影"和"真身"又如何呢？

2. 图像与踪迹

在《记汉居延笔》中，马衡先生对"汉居延笔"的形制及制作工艺进行了详尽细致地描述和考证，但《丛稿》没有提供图像。这或许是受到当时印刷条件的限制，而产生的又一个无奈之举。前引杨镰先生的文章说，日本人即将占领北平之前，这支"华夏第一笔"与北京猿人的头骨一起神秘失踪，但汉简完好保存下来。那么，"汉居延笔"果真如北京猿人头骨那样真的"神秘失踪"了吗？我们先从它的图像说起。

马衡先生发于《季刊》上的《记汉居延笔》原本是有图版的，可是只有这支毛笔的半截图像，左边还附有比例尺。[1]【图四】检看全文，发现编辑上的一个疏漏：这半截毛笔图像标为"图二"，而漏登的"图一"按理就应该是全图。杂志既已出刊，再重新刊上，势不可能，那么只有采取"一稿多投"的方式或许可以弥补。在1934年的《艺林月刊》上，我们再次读到了这篇文字，其中"贝格曼"写作"贝格满"，只是译音不同而已，重要的是"汉居延笔"的"全貌"被展示出来，然而旁边的一行图注却再次让人失望：

　　　　仿制汉居延笔（西北科学考查团理事会赠）[2]。
【图五】

图四　发表于《国学季刊》的《记汉居延笔》及"居延笔图"

图五　发表于《艺林月刊》的《记汉居延笔》及"居延笔图"

①《国学季刊》第3卷第1号，1932年，70页。
②《艺林月刊》第五十六期，1934年，11页。

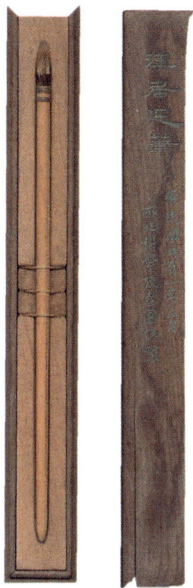

图六 "汉居延笔"的仿制品

《艺林月刊》是民国时期北平中国画学研究会主办，艺林月刊发行所发行的美术类刊物①，相较于学术性很强的《季刊》，这个刊物则较为普及，读者自然面广量大。通过它把《记汉居延笔》再刊登一次，可能对"汉居延笔"及其发现的信息传播，效果或许更好。那为什么它只刊登仿制品，而不用原件图像呢？我们发现，马衡的这篇文章并非其本人提供，而是和他一起整理居延汉简的同事、语言学家刘复（1891—1934，字半农）誊写后交给《艺林月刊》的，文末还有刘复的识语："中华民国二十一年西北科学考查团理事会印行刘复写。"② 关于"汉居延笔"的仿制品，傅振伦先生有所回忆："考查团理事会还把'居延笔'由北平琉璃厂复兴斋小器作铺制作樟木笔杆的模型，盛以楠木匣，并由刘复仿唐人写经体写成古色古香的黄纸卷子，同时出售。"③《艺林月刊》所刊出的图像，正如图注所标明的是西北科学考查团理事会的仿制赠品。或许可以这么认为，仅刊登仿制品并无妨于读者对"汉居延笔"的认知，同时隐隐地提示读者仿制品是可以"出售"的——反正不是"纯学术"读物，无形间起到了广告的作用。

当年"汉居延笔"的仿制品，现今在市面上偶尔还能见到，【图六】正如傅振伦所回忆的那样④。但我们还是希望见到它完整的真实"身影"。

正因为有马衡先生《记汉居延笔》，我们对这支充满传奇色彩的汉笔似已十分了解，尤其是在研究或介绍古代毛笔时，都不会将它遗漏。但它的图像资料却很少见到研究者引用，描述也多是转述于马衡的文字。在 1949 年后，中国大陆地区出版的专业图录中，"汉居延笔"的图像在 20 世纪 80 年代早期的《笔墨纸

---

① 许志浩《中国美术期刊过眼录（1911 年—1949 年）》，上海书画出版社，1992 年，68 页。
②《艺林月刊》第 56 期，1934 年，15 页。
③ 傅振伦《第一批居延汉简的采集与整理始末记》，《文物天地》1987 年第 1 期，27 页。
④ 顺便提一下，1936 年于南京举办的西北文物展览会上的展品也是模型，原笔仍在考查团。见邢义田《香港冯平山图书馆藏居延汉简整理文件调查记》，《地不爱宝：汉代的简牍》，中华书局，2011 年，541 页。

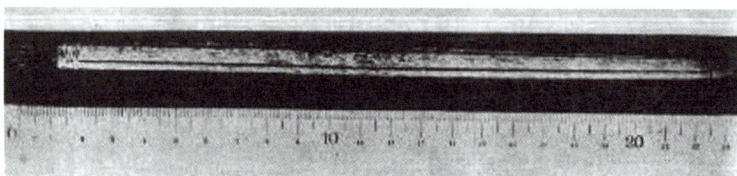

砚图录》中有较明晰的展示①【图七】，但以今天的眼光看，这张
图版效果已非常不能令人满意了，而且没有标明来源，因而可以
认为有可能的是从民国时期的出版物上翻拍而来。有些奇怪的
是，这张聊胜于无、差强人意的图版似又从不为研究者所注意，
大概还是缘于图版效果本身的原因吧！

　　在文物考古研究中，线描图的作用是不言而喻的。许多研究
者为说明器物的细节问题，宁可采用线描图，也不用原物照片，
何况图版本身或印刷制作上可能还会出现的种种问题。作为一件
器物，"汉居延笔"自然也拥有描绘它的线描图。绘制线图是考
古学家必须掌握的一项技能，最早为"汉居延笔"绘图的自然是
贝格曼，他在《考古探险笔记》中就附有一张较为传神的图片②，
应该为其本人所绘。【图八】【图九】另外，钱存训先生的名著
《书于竹帛：中国古代的文字记录》图版二八（丙）③，也附有线
图，但相较贝格曼所绘，则显得有些含混。【图十】总之，贝格
曼所绘，更值得研究者重视。

　　"汉居延笔"的图像，或说是它的"身影"，总算或明或晦地
保存了下来。但原件，或说是它的"真身"，是否就如北京猿人
头骨那样谜一般地消失了呢？

① 上海博物馆工艺美术研究组《笔墨纸砚图录》，上海教育出版社，
　1981 年。
② ［瑞典］沃尔克·贝格曼《考古探险笔记》，《横渡戈壁沙漠》，290 页
　（1945 年斯德哥尔摩版 147 页）。1977 年京都大学人文科学研究所出版
　的林巴奈夫《漢代の文物》"二书契插图"中采用的即是贝格曼所绘的
　这张线图，京都大学人文科学研究所，1977 年，219 页。
③ 钱存训《书于竹帛：中国古代的文字记录（第四次修订本）》，上海书店
　出版社，2002 年，234 页。

图八　贝格曼《考古探险笔记》所附线描图

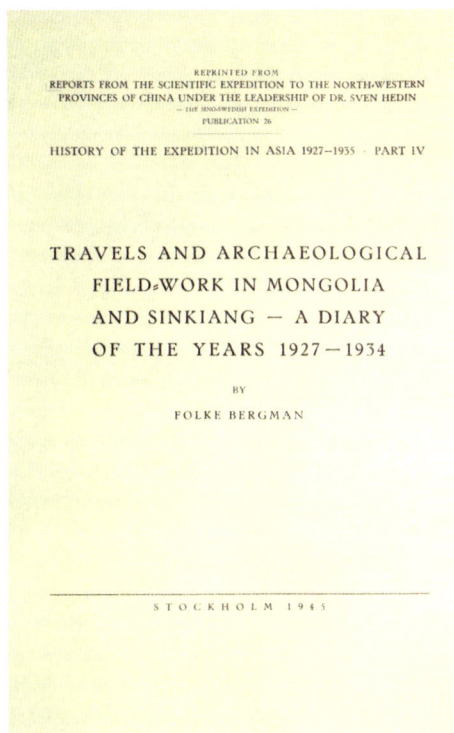

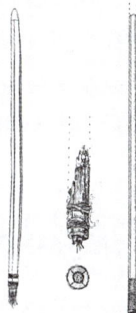

REPRINTED FROM
REPORTS FROM THE SCIENTIFIC EXPEDITION TO THE NORTH-WESTERN
PROVINCES OF CHINA UNDER THE LEADERSHIP OF DR. SVEN HEDIN
— THE SINO-SWEDISH EXPEDITION —
PUBLICATION 26

HISTORY OF THE EXPEDITION IN ASIA 1927–1935 · PART IV

TRAVELS AND ARCHAEOLOGICAL
FIELD-WORK IN MONGOLIA
AND SINKIANG — A DIARY
OF THE YEARS 1927–1934

BY

FOLKE BERGMAN

STOCKHOLM 1945

fragments), all sorts of broken utensils, fragments of silk, bronze objects and potsherds. The most interesting find was undoubtedly the complete writing-brush that was brought to light, the oldest of its kind in China. (Fig. 15). Many of the MSS were dated. Among these dates I noted the following: B. C. (127?), 81, 74, 69, 66, 59, 56, 54, 53, 47, 44, 42, 38, 37, 36, 34, 33, 21, 20, 12, 11, 3 and 2; and A. D. 10, 24 and 25. Thus on an average every 4th year is covered, and as doubtless many records were packed before being examined in detail, one may safely assume that the fort was occupied uninterruptedly at least between 81 B. C. and 25 A. D.

The work of excavation was often hindered by the hard north-western wind, but the cold was not so severe; and as we had the tents quite near the localities it was easy enough to step inside and warm one's fingers at the *argal* fire. For the most part the weather was sunny.

I made a couple of mapping tours in the gobi to the west of the main river in order to localize some of the towers that were said to stretch in a straggling row more or less from north-east to south-west between the Narin-köl and the Mören-gol. According to what I heard, their names from north to south are Tsaghan-tsonch (or Tsonchtei-khyl), Andogen-tsonch (or Andone-tsonch), Sain-tsonch, Mu-tsonch and Ulan-tsonch. I visited Andogen-tsonch and Sain-tsonch, and noted that they were younger than Han.[1] Together with Dor-tsaghan-tsonch they probably constituted outposts to Khara-khoto. On the other side of the Mören-gol there was supposed to be another row of towers; but I was unable to get any information as to how far it stretched.[2] From Mu-durbeljin, Andogen-tsonch lies 12 km to the north-west, while Sain-tsonch lies about the same distance W. N. W.

On the night of January 6th my ink-bottle froze and burst; and two days later the minimum temperature was down to —33.2° (—27.2° F.). On the 12th I was cheered by the arrival of a little mail from Mao-mu, with amongst other things

Fig. 15. Writing brushes. The left one is a complete specimen from Mu-durbeljin, the middle one a fragment from a nearby tower, the right one a fragment from Bukhen-torei. Size 2/3

[1] In 1934 I had the opportunity of visiting also Ulan-tsonch, that is situated beside the Mören-gol about 20 li to the north of the Western Temple.
[2] The only confirmation of the existence of this row that I afterwards found was in Sir ERIC TEICH-MAN's excellent »Journey to Turkistan», London 1937, p. 63, where a ruin to the west of the Mören-gol is mentioned, though without any closer description.

147

图九　《考古探险笔记》1945 年版封面及内文

图十　钱存训《书于竹帛：中国古代的文字记录》图版二六所附线描图

　　贝格曼发现的居延汉简现藏于台湾"中央研究院"历史语言
研究所，该所研究员邢义田先生曾细致考证过这批简牍的"迁徙
史"：自从贝格曼发现居延汉简以后，1931 年 5 月底即运往了北
平，藏于北平图书馆。最初由北京大学教授刘复、马衡代表中方
参加整理和释读工作。1937 年 7 月，卢沟桥事变爆发。7 月 28
日，日军占领北平。在日军的威胁下，考查团理事会干事沈仲
章，在理事徐鸿宝的协助下，秘密将简牍和相关资料自北平运到
香港；其后，再从香港地区运到美国；1965 年又自美国运回台
湾地区。① "汉居延笔"与简牍是一起发现的，也是一同运往北
平的，之后是否也是经香港地区、美国，最后落脚于台湾地区了
呢？邢义田先生的另一篇考证给了我们一个明确的答案——"此
笔原件现藏史语所，并在文物陈列馆长期展出"②。他还毫不吝惜
地提供了一张图版【图十一】，使我们看到了这支"华夏第一笔"
至今最为清晰的图像，并寻到了它的踪迹。

图十一　台湾"中央
研究院"历史语言研
究所藏"居延笔"原
件图版

① 详见邢义田《傅斯年、胡适与居延汉简的运美及返台》,《地不爱宝：汉
　代的简牍》，中华书局，2011 年，389—424 页。
② 邢义田《香港冯平山图书馆藏居延汉简整理文件调查记》,《地不爱宝：
　汉代的简牍》，541 页。

三、东晋束帛笔头考

东晋偏安江左，政治中心移至江南建康（今江苏南京），书法、文学等艺术创作的重心亦随之转移至此。此期最有名的书法家，且成为书坛盟主的，毋庸置疑当为二王父子，故唐人孙过庭《书谱》开篇即云"汉魏有钟张之绝，晋末称二王之妙"，后世对魏晋书法的探讨和研究，主要即以此几家为中心而展开的，二王尤是重点。

书法创作离不开书写工具，毛笔诚为最重要者。然文献之不足征，使我们难于从毛笔的制作上来深入地探讨其对二王书风的形成及所起的作用。据唐何延之《兰亭记》载，王羲之书写有名的《兰亭序》时所用的是鼠须笔①，但他没有说明这种笔的性能和形态特征，想必是当时的一种优良制作②。羲之尝与谢安一帖云："复与君，斯真草所得，极为不少，而笔至恶，殊不称意。"③ 这至少可以证明，作为一个最优秀的书法创作者，王羲之对毛笔制作的优劣在创作中所起的作用予以了相当的重视。

文献中对东晋时期的制笔能手略有记载，唐张怀瓘《书断》下"能品"："韦昶字文休，（韦）诞兄凉州刺史（韦）康之玄孙……善古文、大篆……又妙作笔，子敬（王献之字）得其笔，称为绝世。"以献之兀傲的性格，却能出如此之高的评价，可见韦昶之笔在当时诚属上上之品。按京兆韦氏，世以工书著称，韦昶的高叔祖韦诞更是汉末三国时期的书法大家，还著有《笔墨方》，是现知最早的一部载录、讨论书写工具制作的专

---

① "鼠须笔"有论者认为并非"老鼠的胡须"，而是鼬鼠即黄鼠狼的尾毫，通常所谓"狼毫"者。（费在山《所谓"鼠须"》，《书谱》，香港，1983 年卷一）《本草纲目》卷五十一："鼬，处处有之。状似鼠而身长尾大，黄色带赤，其气极臊臭。许慎所谓似貂而大，色黄而赤者，是也。其毫与尾可作笔，严冬用之不折，世所谓鼠须、栗尾者，是也。"（李时珍著，王庆国主校《〈本草纲目〉（金陵本）新校注》，中国中医药出版社，2013 年，下册，1522 页）

② 王羲之用鼠须笔书写《兰亭序》的传说实际上并不可靠。见本卷《蠡测"二王时代"的笔》的论证。

③ 严可均《全晋文》卷二十二引《旧写本书钞》，《全上古三代秦汉六朝文》，中华书局，1958 年，第二册，1582 页。

著。家学渊源，沿及晋代，由韦昶加以继承发扬，达到了当时制笔的最高境界。此外，还有宣州（今安徽宣城）诸葛氏和陈氏两家，据载亦是东晋晚期的制笔名门，子孙在唐宋时声名尤著。[①]

　　东晋的书法艺术虽然在书法史上煌煌赫赫，有着举足轻重的地位，但研究者却一直苦于缺乏此期毛笔的实物资料作为参考，文献上的记载又语焉不详，给研究带来了重重阻碍。因而只能有待实物的发现。

　　1993 年 6 月，情况终于有了扭转，考古人员在江苏江宁一座东晋砖室墓的棺椁头箱内发现了一枚该时期的毛笔头，相伴出土的还有木柄刻刀、铁书刀、瓷砚和墨等一套完整的文具。[②]清理报告者根据墓室的形制及出土器物的类型判断：该墓的相对年代当在东晋中晚期，墓主是当时统治阶级上层的文职人员。如果这个判断不误，那此枚笔头当是我们目前所能见到的，东晋时期唯一的实物资料。而且其时间正好与二王父子生活的年代相当，价值自不言而喻。现将报告中的描述逐录于下：

　　　　毛笔　一件（M 一：五）。仅见笔头。两端均见笔锋，中以宽 2.5 厘米的丝帛束紧，长 10.2、中宽 1.4 厘米。此笔粗长……

　　唯显不足的是，报告中没有将此枚笔头的形制进行绘图示意，所提供的照片在印制成图版后，效果也不甚理想【图一】，而且毛质的种属亦未得到鉴定。为此，笔者即根据描述和不甚清晰的图版拟制了一张示意图【图二】，加以弥补。

图一　《江苏江宁县下坊村东晋墓的清理》提供的东晋束帛笔头照片

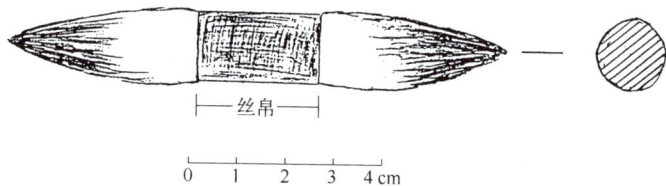

丝帛

0　1　2　3　4 cm

图二　东晋束帛笔头复原示意图

① 蔡絛《铁围山丛谈》卷五，中华书局，1983 年，94—95 页。
② 南京市博物馆、江宁县文管会《江苏江宁县下坊村东晋墓的清理》，《考古》1998 年第 8 期，48—52 页。

如图所示，此枚笔头从形态上看确实算得上粗长，中间还束有一段较宽的丝帛，丝帛两端均露出近 4 厘米的毛料。这种形态及制法之特殊，的确于以往的实物和现今的制作中未见，我们不妨将其称作"束帛笔头"。报告者依据这些特征对之"使用方法"提出了两种判断：一是"其使用方法可能一端嵌入竹木腔管中，笔杆朽腐不存"；二是"亦有可能手执笔头中部束帛处直接书写，有待进一步考定"。不难看出，报告者还是较倾向于前一种判断的，因为江南地理气候潮湿，埋藏于地下的竹木质笔杆一般都容易腐烂，历千余年则保存更为不易。再则，按常理讲，毛笔都应有杆，假设弃杆执毛，不但有违常理，而且使用起来亦必不如有杆的那样舒适称手。所以此枚束帛笔头的笔杆不存，是由于腐朽的可能性是极大的。

既然称作"束帛笔头"，那么这块丝帛的用途是什么、制作者的用意何在？这当然是很值得探讨的问题。

笔头的制作中有一道关键的工序，叫做"捆扎"，此法自战国晚期开始逐渐趋于成熟完善。① 即是在笔头插入杆之前，先用丝或麻线将笔毛根部扎紧，以防毛料脱落；考究一些的还要加以髹漆或用火将根部烫平。这枚束帛笔头只是不用丝麻线，而用帛块卷束，一方面固然是起了捆扎的作用，另一方面还体现了它的特殊效用和制作意图。宋苏易简《文房四谱》卷一《笔谱上·二之造》载王羲之《笔经》："采毫竟，以纸裹石灰汁，微火上煮令薄沸，所以去其腻也。先用人发杪数十茎，杂青羊毛并兔毫，裁令齐平，以麻纸裹柱根，令治。次取上毫薄薄布柱上，然后安之。"《笔经》虽可能非王羲之亲撰，但学者一般都认为其写作时间不会晚于唐代，而且其中较多地保留了晋代以来的制作内容。日本正仓院至今尤保存有天平时代（729—749，相当于唐玄宗开元十七年至天宝八载）的毛笔实物，在制作上显然是受到了唐代制作的影响，在其笔毫近根处裹以麻纸，尤见古制，有学者认为此法即本于《笔经》。② 束帛笔头用丝帛块加以捆扎和《笔经》中用麻纸捆扎的方法，意图很可能是相同的，据苏易简的解释是"欲其体实，得水不化"。可知，丝帛块的作用在于吸附过多的水分，防止笔头臃胀而影响书写。

那么，束帛笔头为什么要将丝帛块束于笔毛的中部，而且两端均露出近 4 厘米长的毛料呢？如将其插入杆腔，或不难想象，整个笔头就要有三分之二的部分（连同丝帛块）一起进入腔体，而仅剩三分之一在杆外用于书写【图三】。这种情况又应如何解释呢？所幸，在出土实物和文献材料中都寻得了一些线索。

---

① 湖北荆沙铁路考古队《包山楚墓》，上册，265 页。
② 马衡《记汉居延笔》，《凡将斋金石丛稿》，279—280 页；傅芸子《正仓院考古记》四《三仓之概观·中仓下》，日本文求堂，1941 年，61 页。

图三 东晋束帛笔头
插入杆腔示意图

    1995 年底，在江苏连云港网疃的一座西汉墓中发现了一支
毛笔，该笔头长 4.1 厘米，而竟有 2 厘米长的部分被插入了杆
腔。① 虽然这支毛笔的笔头只插入了二分之一的部分，没有束帛
笔头插入得那样深，但由此可知，这种深纳笔头于杆腔的制法至
晚在西汉时期就产生了。前文提到的汉末三国大书家韦诞，他在
《笔方》中就曾对这种制法进行了总结，并使之成为制作中必须
遵循的一项重要法则，其云："痛颉，内（纳）管中，宁随毛长
者使深，宁小不大，笔之大要也。"② 束帛笔头有三分之二的部分
插入杆腔，似乎即是以此为依据，通过实际的制作强调了这个法
则。另载，此法一直流传至宋代，黄庭坚《笔说》："宣城诸葛高
系散卓笔，大概笔长寸半，藏一寸于管中。"③ 诸葛高虽是宋代的
制笔名手，但其家自东晋晚期开始便以制笔为业，制作中当有可
能保留了较多的东晋遗法。其笔头长寸半，一寸插入杆腔，留半
寸于杆外用于书写，按比例说正完全与束帛笔头纳三分之二于杆
腔的形制毫无轩轾。此殆非巧合云者。

    深纳笔头的制法在现今的制作中好像不曾见到过。至于它的
作用，有学者认为：好处在于使毛笔的储水量增加，可以连续书
写多行，甚至通篇短文能够一气呵成，也给快速记写带来极大的
方便。④ 这样的解释有一定的道理，却不无揣测；近人胡韫玉则
认为："今笔藏于管中者无复有几，往往力薄而易坏，当是俗工
趋利使然。"⑤ 反过来理解，就是深纳笔头于杆腔，因其根深，则
笔头稳固，不易松脱，写出来的字迹亦易厚实有力。这样的解释
庶几近之，但仍未指出所以然。

---

① 石雪万《连云港地区出土的汉代"文房四宝"》，《书法丛刊》，1997 年
   第 4 期，87 页。
② 贾思勰《齐民要术》卷九引。
③《宋黄文节公全集·别集》卷十一，刘琳、李勇先、王蓉贵校点《黄庭
   坚全集》，四川大学出版社，2001 年，第三册，1689 页。
④ 石雪万《连云港地区出土的汉代"文房四宝"》，87 页。
⑤ 胡韫玉《笔志·笔式》，朴学斋丛刊本，民国十二年。

笔者认为，这种制法的出现及其在制作中的强调，主要是为了适应退笔头的需要。唐代以前的毛笔有许多是可以将笔头拆卸下来更换的，最有名的例子便是唐何延之《兰亭记》所记陈、隋间著名书家智永和尚"常居永欣寺阁上临书，所退笔头，置之于大竹簏，簏受一石余，而五簏皆满，凡三十年"。这不仅说明智永学书之精勤，更反映出他所用的毛笔笔头是可以在用坏后拆卸下来更换的。在一些汉代的墓葬中，据说也曾发现过仅以笔头从葬的例子。故马衡先生认为智永所用的这种退笔"犹是汉以来相承旧法也"①。

笔头可以拆卸，主要是因为笔毛的损耗较快，需要频繁更换的原故，而笔杆则经久耐用。特别是汉代的文史，每天要抄写起草大量的公文，还有如大书家张芝那样勤于习书者，乃致"池水尽墨"，以及汉末西州士人崇习张芝书者"十日一笔，月数丸墨"②。这些人的毛笔消耗量一定是很大的，易头不易杆的方法可以说是他们所采取的一种节约而又简便的措施。然而，这种毛笔的笔头在纳入杆腔后，为了便于以后的更换，很可能就不用黏固剂（一般采用松香）与杆腔粘连。但如此却又易使笔头在书写时松动，甚至脱落，解决的办法最好就是将笔头的根部深插入杆腔，让相应直径的笔头尽量充分地与杆腔内壁相贴合，越深则越固，既利书写，又能不费气力地随时拔出更换。由此我们就不难理解《笔方》所谓"宁随毛长者使深，宁小不大"的这一重要法则之所以会在那个时代提出及其根本的含义了。同时又为我们理解束帛笔头为什么会将三分之二的部分插入杆腔的制法，找到了一个较合理的解释。

东晋束帛笔头一方面继承了《笔方》中汉魏以来的旧法，另一方面它在传统的制作基础上又有所改进。利用丝帛块较强的吸附功能吸收笔端多余的水分，既控制了墨水的下泄，又防止了毛笔的臌胀而失去弹性，既便于取换，更利于书写，体现了东晋时期制笔者高妙的技艺和独到的才思。如果再换一个角度看，束帛笔头这种形制的产生，似不能排除与东晋时期的书法繁荣、书家辈出，在要求上为制笔者提供了实际的指导有关。

虽然这枚束帛笔头目前还只是一个实物孤证，也找不出它与二王等东晋书家的书风形成有什么必然的联系。但它的发现毕竟让我们看到了东晋时期毛笔制作特征之一斑，避免了一些不必要的徒托空言式的猜测。

附记：本文最初发表于《故宫文物月刊》第 19 卷第 5 期（2001 年 8 月）。最

---

① 马衡《记汉居延笔》，《凡将斋金石丛稿》，279 页。
② 赵壹《非草书》，《法书要录》卷一，3 页。

近在《中国典籍与文化》2004 年第 3 期读到扬之水先生的大作《两汉书事》，拜读之后发现其中也关注到了这枚笔头，且对笔头的"深纳笔腔"及中间"束帛"的原因进行了探讨，与本文的见解基本相合，但对便于笔头拆卸更换这一点未予考虑。兹摘录供参考：

> 笔毫的一部分深纳笔腔，自然使二者固接得牢，可得书写稳健之效，《齐民要术》卷九录韦诞《笔方》，其中说到笔毫须"痛颉内管中，宁随毛长者使深"，即是这种制笔方法的纪录。痛颉，这里指用力扎缚得紧实。它的好处又在于储墨——如此可以连续书写数字及至数行而不必频频濡墨，为快速书写带来很大的方便，这对于秦汉时大量文书的抄写以及录副尤其显得重要。这样的制笔方法直到东晋仍在使用。江苏江宁县下坊村东晋墓与砚、墨、书刀等文具同出的一件毛笔头，长十点二厘米，中间用二点五厘米宽的一段丝帛束紧，虽笔杆无存，但笔头以束帛中分，原是一半以上嵌入笔腔，自无疑问。

笔头可以拆卸更换的制法，晚至南宋时期的制作中还有体现，而且笔头末端也是用丝帛织物裹来。如 1978 年出土于常州武进村前蒋塘南宋一号墓的毛笔，接入笔杆的一端用丝带包裹，笔头露丝束，考古报告即认为"这种丝束笔头，可以更换"[1]。另一支 2006 年出土于常州常宝钢管厂宋墓的毛笔，笔头用狼毫（？）制作，接入笔杆的一端，也是用丝带包裹[2]，应该也是可以更换的。【图四】笔者以前未曾留心及此，特予拈出。

图四　常州博物馆藏宋墓出土的毛笔笔头（左：武进村前南宋一号墓出土者，右：常宝钢管厂宋墓出土者）

---

① 陈晶、陈丽华《江苏武进村前南宋墓清理纪要》，《考古》1986 年第 3 期，258 页。

② 常州博物馆《常州博物馆五十周年典藏丛书　漆木·金银卷》，文物出版社，2008 年，14 页。图录说明称该笔头是"狼毫笔头"，值得怀疑，参见本卷《出土"狼毫"笔存疑》一文。

四、晋唐毛笔制作中的"缠纸法"

1.

古代的毛笔制作中有一道重要的制作工序叫作"缠纸",这一工序大概始于东晋时期,并在唐代得到了进一步的发展。由于种种原因,这一工序在唐以后的毛笔制作中却不再被采用,传世的相关文献中也鲜有提及,以致后世知者盖寡。北宋邵博称:"近世薄书学,在笔墨事类草创"①,即近如宋人似亦已不能知其详。

记载"缠纸法"最早,而且最详的文献是托名东晋王羲之的《笔经》,云:"采毫竟,以纸裹石灰汁,微火上煮令薄沸,所以去其腻也。先用人发杪数十茎,杂青羊毛并兔毳,裁令齐平,以麻纸裹柱根,令治。次取上毫薄薄布柱上,(令柱不见,)然后安之。"②可知此法是用麻纸束缚笔柱(亦称"笔心")根部,再取上等毛料披于其外,最后安插于杆腔。然此法不见于此前的记载,更无实物可资左证。按:史称秦将蒙恬造笔"以柘木为管,鹿毛为柱,羊毛为被(披)"③;汉末韦诞制笔则以兔毫为柱,羊毛为披④;居延发现之东汉早期毛笔及武威发现之东汉毛笔⑤,亦皆以羊毛为披,并不见"缠纸法"之施用。是知此法的出现当在东汉以后。

然而,《笔经》这部著作后人多疑其非王羲之亲撰,乃假托其名,进而抬高其声

---

① 邵博《邵氏闻见后录》卷二八,中华书局,1983年,218页。
② 苏易简《文房四谱》卷一《笔谱上·二之造》。括号内字据《初学记》卷二一《文部·纸》补,第三册,517页。
③ 崔豹《古今注》卷下《问答释义》,《四部丛刊三编》影宋本。
④ 贾思勰《齐民要术》卷九引韦仲将《笔方》。
⑤ 马衡《记汉居延笔》,《凡将斋金石丛稿》,276—280页;《武威磨咀子三座东汉墓发掘简报》,《文物》1972年第12期,15页。

价者所为。马衡先生认为："《笔经》是否为晋时作品，虽不敢必，而非唐以后所作，则可断言也。"① 笔者以为，马衡先生治学谨严，不妄穿凿，故出此论。然其著作年代似可提前至南朝时期，而其中所述殆为东晋以来之制笔法则，亦不无羲之言论之记载，绝非空穴之谈耳。故谓"缠纸法"的出现当在东汉以后，隋唐以前，而集中于东晋时期，非不可能也。

今有出土实物可加以参证：1993 年 6 月，江苏江宁的一座东晋砖室墓中发现了一枚长 10.2 厘米、中宽 1.4 厘米、中宽以 2.5 厘米丝帛块束紧的毛笔头。② 笔者认为，此枚笔头中间所束的丝帛块即相当于《笔经》所谓的"麻纸"，其作用与麻纸亦应相同。③ 故"缠纸法"出现于东晋时期，基本上是可以肯定的。

2.

唐德宗贞元二十年（804），日本高僧空海随遣唐使来唐，至唐宪宗元和元年（806）回国。就在这短暂的两年里，除了带回大量的佛教经典、文学作品、书画真迹和文献外，他还带回了唐朝的毛笔及制作技术。其在《奉献笔表》中就提到了"缠纸法"，并且遵照试作，认为不比唐朝的差："空海于海西所听见如此：其中大小长短强柔齐尖者，随字势粗细，总取舍而已。简毛之法，缠纸之要，深墨藏用，并家传授讫。空海自家试看新作者，不减唐家。"④ 其实，至晚在早于空海入唐的半个世纪以前，即日本的天平时代（729—749，相当于唐玄宗开元十七年至天宝八载），"缠纸法"就已输入日本的制笔中了，且有实例可寻。被视为日本国宝，现藏于正仓院的"天平笔"在制作中就采用了这种制法。据马衡先生考证："天平时代为我国文物输入日本繁盛之时。正仓院所藏古物，多为唐制，故天平笔之制作，与王羲之《笔经》所记类多相合。"又云："此天平笔被毫已脱，惟存其柱，柱根有物裹之，约占笔头之长五分之三，疑即麻纸也。"⑤【图一】

---

① 马衡《记汉居延笔》，《凡将斋金石丛稿》，280 页。
② 南京市博物馆、江宁县文管会《江苏省江宁县下坊村东晋墓的清理》，《考古》1998 年第 8 期，51 页。
③ 见本书本卷《东晋束帛笔头考》。
④ ［日］遍照金刚《遍照发挥性灵集》卷四，祖风宣扬会编纂《弘法大师全集》卷十，东京：吉川弘文馆，1910 年，54—55 页。
⑤ 马衡《记汉居延笔》，《凡将斋金石丛稿》，280 页。图版取自奈良国立博物馆《正仓院展》第三十九回，1987 年，68 页。

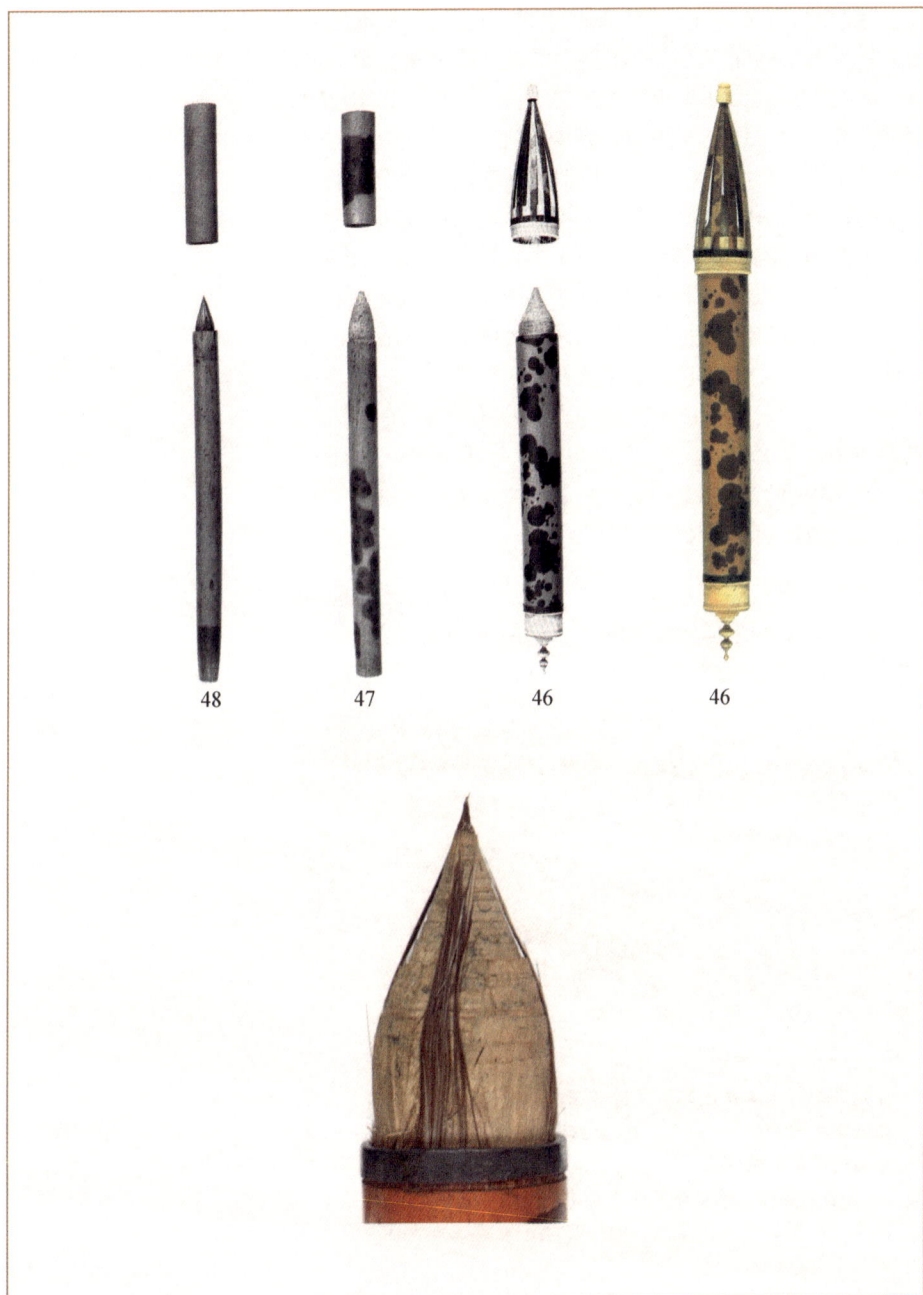

48　　47　　46　　46

图一　正仓院藏天平时代古笔及局部放大图

　　"缠纸法"在公元 6 世纪时于日本毛笔制作中落地生根，并且有实物保存至今，不能不说是一大幸事。更可贵者，20 世纪初，日本奈良地区的笔工犹传其法，日本汉学泰斗内藤湖南（1866—1934）即喜用之[1]，可惜中国自己的制笔技术中却没能将这一方法保存下来。出土于新疆吐鲁番阿斯塔那—哈拉和卓墓的唐笔，其笔头形制与天平笔极为相似，但其制作细节却无由考验[2]。【图二】北宋时期，宣城诸葛氏与陈氏两家自东晋以来世传其业，制笔技术中仍保留了许多东晋遗法[3]，却未见有"缠纸法"的记载，可见此法至少在宋代早期一般即已不被采用了。有之，盖亦不甚普遍。元人孔齐曾记载他"幼时见笔之品，有所谓三副二毫者，以兔毫为心，用纸裹，隔年羊毫副之，凡三层"[4]。这说明"用纸裹"的这种制笔方法当时已是十分稀见，因而他才会专门加以记载提示。

　　那么，缠纸的作用是什么呢？据《文房四谱》卷一《笔谱上·二之造》所载王羲之《笔经》中小注的解释，

图二　吐鲁番阿斯塔那—哈拉和卓墓出土的唐代毛笔

---

① 详见马衡《记汉居延笔》及傅芸子《正仓院考古记》四《三仓之概观·中仓下》，62 页。笔者在近年的日本毛笔制作中也曾见到过类似的制作。

②《吐鲁番博物馆》编委会《吐鲁番博物馆》，83、122 页。

③ 蔡絛《铁围山丛谈》卷五，94—95 页、邵博《邵氏闻见后录》卷二八，218 页。

④ 孔齐《至正直记》卷二《笔品》，上海古籍出版社，1987 年，28 页。按："三层"，或作"二层"。

笔柱根部缠纸的作用是"欲其体实，得水不化"。从理论上说，这一方法应是很科学的，也是很周到的，但实际效果如何，唯有尝试过的人最清楚。那么，这种制作法为什么会在北宋时期的中国本土不再被采用了，而一衣带水的邻邦日本却一直能够保存下来？

笔者认为，这很可能与唐代以后书法风格发生了较大的转变有关。元代赵孟頫就曾感叹："书法不传今已久，楮君毛颖向谁陈？"[①] 书法"古法"的丧失（也即晋唐书法风格的丧失），势必会影响到毛笔制作技术某些方面的转变。因为什么要保留下来，什么又不必保留下来，本是无须太多理由的，只有实际的需要与不需要是导致其或存或亡的直接原因。"缠纸法"在唐以后制笔技术中的逐渐消失，看来并不完全是一种有意的忽视所致，而是变成了制笔技术中的一种"不需要"的工序罢了。

还有就是其制作工序上的繁难，或许也是导致它逐渐消失的一个原因。而作为颇染唐风的日本，此法之所以能够得以很好的保留，亦并非出于偶然，这实与日本民族对传统文化一贯重视与保存的精神有关。而且在实际的书法学习与创作中，日本带有浓郁的唐代风格的传统书风至今仍为一部分人所取法、继承，而用"缠纸法"进行制作的毛笔应是他们最能展现这种书风的书写工具吧。因而，日本的毛笔制作中至今仍采用此法，正是因为还有这样一部分人的"实际需要"，为它的存在提供了一个现实基础。近年国内制笔者对"天平笔"亦颇有仿制，虽"礼失而求诸野"，然细节不失，也是非常值得称道的。【图三】

考察"缠纸法"的产生、演变、消亡及相关的一些问题，目的不仅是为了满足一下我们的好奇心，而更是为了通过对书写工具所发生的某种变化，从另一个角度来考察、理解书法艺术风格的形成与转变。当然，千万不能以此误以为晋唐间的毛笔制作只此一种制作形式，因为还有许多制作技艺目前我们还无法了解，甚至根本不可能了解。

图三　江西进贤淳安堂李小平仿制的"天平笔"

---

① 赵孟頫《论书》，《赵孟頫集》卷五，94 页。

五、蠡测"二王时代"的笔

　　"自古有书契以来，便应有笔"①，有了笔才有了书法。极言之，中国的书法艺术就是由毛笔所创造出来的。东汉到魏这一阶段，是通常所说的文艺觉醒时期。在书法方面，这一时期一般的书体已渐趋齐备，人们开始在书法中寄寓自己的性情，形成了努力创造美丽文字的时代风气。这阶段作为书写材料的笔、砚、纸、墨等的发展也受到高度重视，因而使书法的条件得到满足。②到东晋时期，王羲之、王献之父子的出现，书法艺术被父子二人又推向了一个崭新的高峰。"二王研究"在古今书学中堪称"显学"，成果迭出，蔚为大观。同时，书写材料在这个时期也发生了重大的变革。张朋川先生认为"书写条件的第一次重大变化发生在东晋时期"③，是很精辟的见解。因此研究二王父子的书法，似又不能不涉及他们与书写材料的关系。然而近今的研究者们于此似未有较深入涉及，这当然不能苛责他们疏陋，或是在方法上的有何不妥，最直接的原因就是资料的罕缺。说到这里，情形似乎令人有些沮丧，好在细心的阅读多少还会有所回报。苏州有一句俗语叫"螺蛳壳里做道场"，空间虽然逼仄，但非不能小展，本文其庶几乎？

　　在书写材料中，笔的作用相对于其他材料无疑是至为重要的。在简帛时代，书写的载体主要是简牍，但人们认为笔是最主要的，《礼记·曲礼》就说："史载笔，士载言。"孔颖达疏："不言简牍而云笔者，笔是书之主，则余载可知。"笔的重要甚于简牍。到了后来，纸张代替了简牍，书写空间得到了拓展，更利于书法风格的展示——"真正对书风起重大影响的是纸和笔，因而书家对纸笔最为注重"④，但笔无论怎样依旧

---

① 崔豹《古今注》卷下《问答释义》，《四部丛刊三编》影宋本。
② ［日］中田勇次郎《中国书法理论史》，卢永璘译，天津古籍出版社，1987年，7页。
③ 张朋川《中国古代书写姿势演变略考》，《黄土上下：美术考古文萃》，山东画报出版社，2006年，226页。
④ 华人德《回顾两千年以来的文房四宝》，《华人德书学文集》，249页。

是"书之主"。因此，这里主要探讨的是二王父子及其时代的笔。当然，如前所指出的，由于资料的罕缺，严格地说，本文相当程度上是种蠡测。

1. 东晋的书法字体

为了更好地探讨二王及其时代的毛笔，有必要先说一下东晋时期的字体[①]，因为这也是"使书法的条件得到满足"的一个因素。

唐代张怀瓘《书断》卷上列有字体十种，分别是：古文、大篆、籀文、小篆、八分、隶书、章草、行书、飞白、草书。[②] 在他之前的南朝时期，如王愔、萧子良、庾元威等人的著述中，所载录的字体从三十多种直达一百余种，即所谓的杂体书。当然，这些被记录的字体在历史现实中是否真的存在，还是值得怀疑的，故不必深论。而张怀瓘所列的十种字体，今天看来虽有重复的缺陷，但放在文字学中加以宽泛地理解，还是能基本得到认可的。我们不妨就以此为标杆，抛开繁琐的论证，直接揭示一下东晋时期被广泛应用的字体。

清代学者阮元将六朝隋唐的书法分为南北两个派别，他说："南派乃江左风流，疏放妍妙，长于启牍，减笔至不可识，而篆、隶遗法，东晋已多改变，无论宋、齐矣。北派则是中原古法，拘谨拙陋，长于碑榜，而蔡邕、韦诞、邯郸淳、卫觊、张芝、杜度篆、隶、八分、草书遗法，至隋末、唐初（贞观、永徽金石可考），犹有存者。"[③] 囿于时代，阮元的观点有绝对化和简单化的缺陷，但晋代人不以篆隶碑榜见长，而长于行草尺牍的看法是成立的。20 世纪 20 年代，日本中村不折说："晋代实际上并非是隶、八分的碑碣时代，而是行草的尺牍时代"[④]，很像是对阮元观点的非常精炼的概括。然而阮元所说的"篆隶遗法，东晋已多改变"现象，其实在西晋亦已发生了。刘涛先生曾将西晋 42 位书家的资料进行制表统计，显示擅长篆隶两种字体的书家拢共才有 8 人。[⑤] 到了东晋则变本加厉，从张怀瓘《书断》中、下两卷所列东晋时

---

① "字体"和"书体"两个概念，经常混用，本文依据启功先生的说法，统称字体。启功《古代字体论稿》，文物出版社，1999 年，1—3 页。
② 张彦远《法书要录》卷七，224 页。
③ 阮元《南北书派论》，《揅经室续三集》卷一，《揅经室集》，中华书局，1993 年，下册，591 页。
④ ［日］中村不折《禹域出土墨宝书法源流考》，李德范译，中华书局，2003 年，162—163 页。
⑤ 详见刘涛《中国书法史·魏晋南北朝卷》，江苏教育出版社，2002 年，140—144 页。

代书家传记考察，除了韦昶作为特例外①，其余书家大都不掌握书写篆隶的技能。唯一的"特例"就是二王父子会写"八分"：

> （王羲之）隶、行、草书、章草、飞白俱入神，八分入妙。

> （王献之）隶、行、草、章草、飞白五体俱入神，八分入能。

"八分"这种字体就是我们所见汉碑上的隶书，是汉魏之际人为了区别于当时已被称为"隶书"的楷书（今又称"正楷""正书"）而取的一个名称。②问题的关键是，二王父子的"八分"作品谁都没有见到过，张怀瓘的依据又是什么？总之，二王父子这两位东晋时期的大书家，确实要比其他书家高明，能够"五体俱入神"，而五体之中，最能够体现他们书法水平和被后世称道的则是正书、行书和草书三体。对此，我们就拿刘涛先生的话做一概括："当我们将中国书法史划分为古体的篆书、隶书阶段，新体的楷书、行书、草书阶段，魏晋时期恰恰是这两个阶段的转型时期。唐朝以后，魏晋书法成为历代书家取法的'源头活水'。所以，书体、书风激变的魏晋书法的意义重大。"具体地说，魏晋时期古体书法的代表人物是卫觊，精工古文、篆、八分和章草；新体书法的代表人物是钟繇，擅长八分、正书和行书，形成了"钟卫并盛的局面"。这种局面，在东晋南朝时期转变为高尚"二王"的形势，再变而成共推"钟王"的历史趋势，隋唐以后，"钟王"成了传统的主流，而"主流"书法的书体是正书、行书和草书。③

本文主要探讨的是笔，正、行、草三种字体于笔又有何讲求呢？下文略做论析。

2. 字体与用笔

不同的字体应当采用相应的不同的毛笔，这并不是什么深奥的道理，似乎也不必特别地加以指出。而能靠一支笔来写各种字体的书家也并非难得一见，且不存在技能上的高下之别，完全是因人而异。一般而言，书家只注重于笔头的大小来对应大小不同的字的书写，而写篆书用一种笔、写隶书用一种笔、写楷书用一种笔、写草书用一

---

① 《书断》卷下"能品"："韦昶，字文休，（韦）诞兄凉州刺史（韦）康之玄孙，官至颍州刺史，散骑常侍。善古文、大篆。"他之所以善写篆书，是和他的家学有关。参见拙文《"二王未足知书"考辨》，《书法报》2002年10月1日第三版。
② 详见启功《古代字体论稿》，28—32页。
③ 刘涛《中国书法史·魏晋南北朝卷》，9、92—94页。

图一　空海像　日本早稻田大学藏

种笔……这样细化而明确的标准好像在实际的操作当中并不多见。当然，作为书法家，专业程度确实要比一般书写者要高，对笔的要求自然会考究些。刘宋时期的虞龢就说过："草书笔悉使长毫，以利纵舍之便。"① 南宋赵构就非常赞同这一说法，认为"其为得法，必至于此"②。

日本人做事的严谨细致程度，给人以深刻的印象，对于制作毛笔，同样也是如此。日本遣唐高僧空海（774—835，即遍照金刚）【图一】在《春宫献笔启》中说："良工先利其刀，能书必用好笔，刻镂随用改刀，临池逐字变笔。字又篆、隶、八分之异，真、行、草、蘽之别，临写殊规，大小非一，对物随事，其体众多。"③ 这样细致的论述，于其他关于字体与用笔的讨论中实不多见。在另一篇作于弘仁三年（812），写给嵯峨天皇的《奉献笔表》中，空海同样提到了四支不同制法的狸毛笔，以及它们所各自对应的字体：

> 狸毛笔四管（真书一、行书一、草书一、写书一）。右伏奉昨日进止，且教笔生坂名井清川造得奉进。空海于海西所听见如此：其中大小长短强柔齐尖者。随字势粗细，总取舍而已。简毛之法，缠纸之要，染墨藏用，并皆传授讫。空海自家试看新作者，不减唐家。但恐星好各别，不允圣爱。自外八分小书之样，蹋书之式，虽未见作，得具足口授耳。谨附清川奉进，不宣，谨进。弘仁三年六月七日，沙门空海进。④

"对物随事"确实严谨不苟，而且显得密致有理。然而中国人的心思似乎不在这上面，更喜欢"宏观"地看待问题。

---

① 虞龢《论书表》，《法书要录》卷二，41 页。
② 赵构《翰墨志》，《历代书法论文选》，369 页。
③ ［日］遍照金刚《遍照发挥性灵集》卷四，祖风宣扬会编纂《弘法大师全集》卷十，57 页。
④ 同上，54—55 页。

　　在古代中国的书写讨论中，似乎不太关注什么样的字体选择什么样的笔，而是相对"宏观"地把握什么样的书法风格应该选择什么样的笔。这样的议题在中国传统的书论、笔记中经常能够见到：如某家书法是用怎样的笔写出来的？当某种书风没有得到延续，原因往往就归结为书写这种风格的笔的消失；如果是一个人引领了一代的书风，并影响到后世，成为传统或模范，那么此人的已不是"个人"，而是象征着一个时代。由此推及其创造这种书风的笔——是怎样的？是如何制作的？若没有实物证据，就通过遗留下来的书迹，通过类似于笔迹学的方法，推测其所用的笔以及那个时代所用的笔。[①] 因此，这种"中国式"的方法自然就被广泛运用于探讨"二王·二王时代的笔"这个历史议题之中。当我们已较清晰地了解了"二王时代"的字体情况之后，问题似乎就变得更加明朗了。

3. "二王传统"的传承、衰落与复兴

　　相形于其他艺术，书法似乎更加讲求对传统的传承。没有传承和汲取传统养分而表现出来的书法创作，往往被视为"野狐禅"而招来鄙夷的目光。那么什么是"传统"呢？书法的"传统"是何模样？虽然传统也未尝不在发生变化——今天崭新的事物，可能就是明天的"传统"。但传统实际的变化总是在缓慢中进行，慢到成为一种能够明确感受得到的相对稳定状态，凝固成一种模式。书法的"传统"无疑也是一种模式，在通过两千来年的发展后，到魏晋时期书法艺术发展达到了巅峰，同时又呈现出一种凝固状态，成为后世公认的"传统模式"。对魏晋人而言，新的书法创作样式自然不是他们的传统，但却成为后世的传统。这种书法创作样式被一代代延续下来，正是所谓的"传承"。可是，传承必须要有较稳定的社会历史环境，还要求人们具有自觉的意识，并身体力行地加以实践。当然，在传统遭到破坏之时，传承也就陷入了困境。

　　唐代无论是政治制度，还是文化学术都上接六朝，魏晋书法所创造的"传统模式"在唐代（尤其是早中期）获得很好地传承，唐代书法自然也成为上窥魏晋传统的阶梯。【图二：1、2】正如近人马宗霍所说："唐代书家之盛，不减于晋，固由

---

① 在近年的研究中，台北故宫博物院何炎泉先生的《北宋毛笔发展与书法尺寸的关系》一文，是这方面的代表作，也是一篇很有意思的研究文字。载孙晓云、薛龙春主编《请循其本：古代书法创作研究国际学术讨论会论文集》，南京大学出版社，2010 年，108—119 页。后何氏又修改成《北宋的毛笔、桌椅与笔法》，载《故宫学术季刊》第三十一卷第三期（2014 年春季号），57—102 页。

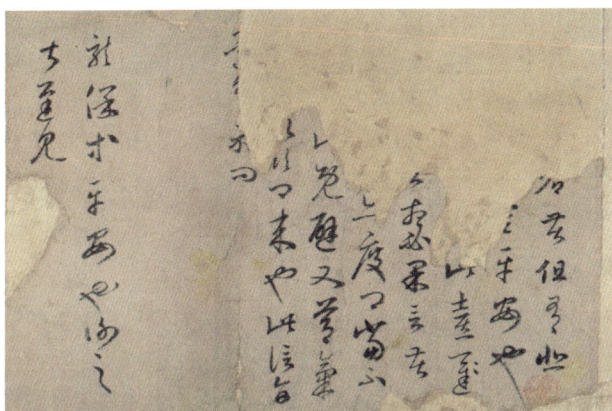

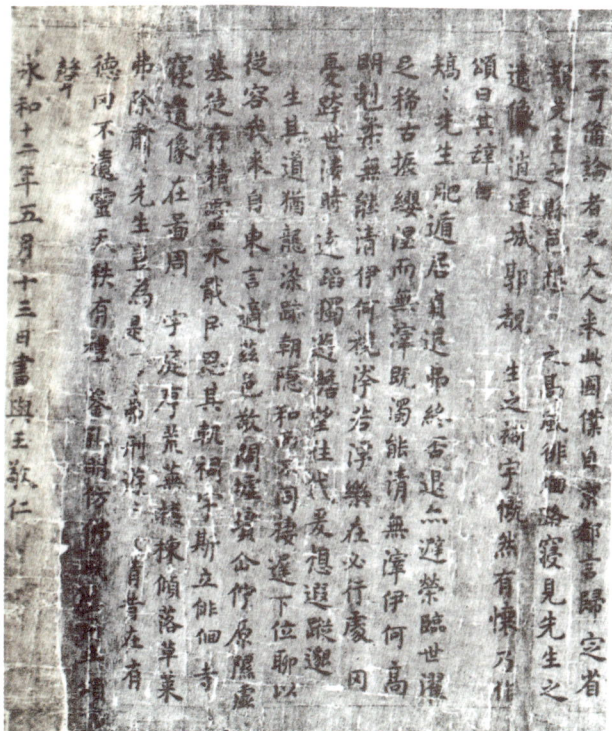

图二：1. 敦煌 S.3753 唐人临王羲之《瞻近帖》《龙保帖》　大英
图书馆藏

2. 唐人临王羲之《东方朔画赞》局部　台北故宫博物院藏

接武六朝，家传世习，自易为工。……世谓唐初犹有晋宋余风，学宜从唐入者，盖谓此也。黄山谷称唐初字学劲健，故由初唐人书，并可推知右军真迹之妙。"[1] 五代时期兵戈四起，魏晋书法传统因历史环境而遭到破坏，传承发生了断裂，直接影响到宋代书法的发展。马宗霍又谓："宋承五代之后，文物催落，艺事旷阙，缥缃散佚，笔札无体"，他将这一原因归咎于《淳化阁帖》之类摹刻失真的刻帖的泛滥所致。[2]

为了振兴，或说是复兴魏晋书法传统，宋人通过各种努力踽踽而行，可是结果并不令人满意。到了元代，大书家赵孟頫打着"复古"的旗号，努力向晋人靠拢，乃至"八十八年间因赵孟頫的影响，元代书法整个表现出全面复古的趋势"[3]。他曾有句十分有名的诗句"千古无人继羲献，世间笔冢为谁高"[4]，这是他在"复古"的旗帜下发出的慨叹，同样也是他行将"出发"前踌躇满志的呼声。

要振兴书法传统，个人的努力固然不可缺少，但还要有个前提，就是依赖对留存下来的书法作品的学习，这样，"师古"就成为继承书法传统的大纛。马宗霍指出刻帖的泛滥，造成对书迹原有神态的丧失，导致宋代书法存在着传统缺失问题，是一方面的因素。但还有一个因素就是，一定程度上，书写工具制作中"古法"的丧失也导致了书法传统难以维系。北宋邵博称："近世薄书学，在笔墨事类草创。"[5] 到了元代，情况同样糟糕，故赵孟頫在诗中又叹道："书法不传今已久，楮君毛颖向谁陈！"[6] 如果我们倒过来理解这句诗，不就是——"毛颖不传今已久"，因此也就使"书法不传"了吗？【图三】

我们不得不面对这个问题，然而这个问题却又没有很直接的材料用以回答。虽然"碑派"书法在近世足以构成一种新的传统书法模式，但以二王谱系立命的"帖派"至今仍有顽强的生命力。黄山谷谓"由初唐人书，并可推知右军真迹之妙"，要想推知这位"帖派"老祖王右军，以及他那个时代的"书法之妙"，还有一种办法值得尝试，就是考察一下那个时代的书写工具——笔。

---

① 马宗霍《书林藻鉴》卷八《唐》，文物出版社，1984 年，77 页。

② 马宗霍《书林藻鉴》卷九《唐》，115 页。

③ 黄惇《中国书法史·元明卷》，江苏教育出版社，2002 年，6 页。

④ 赵孟頫《赠张进中笔生》，《赵孟頫集》卷五，浙江古籍出版社，1986 年，93 页。

⑤ 邵博《邵氏闻见后录》卷二十八，218 页。

⑥ 赵孟頫《论书》，《赵孟頫集》卷五，94 页。

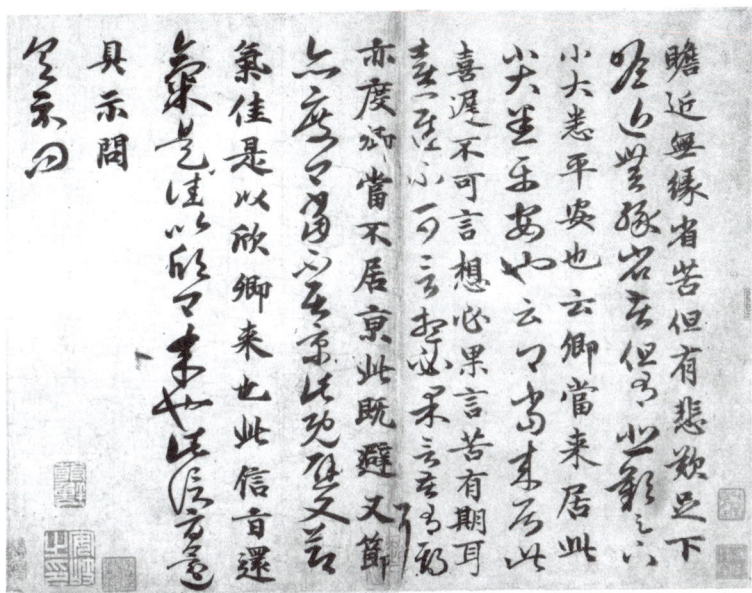

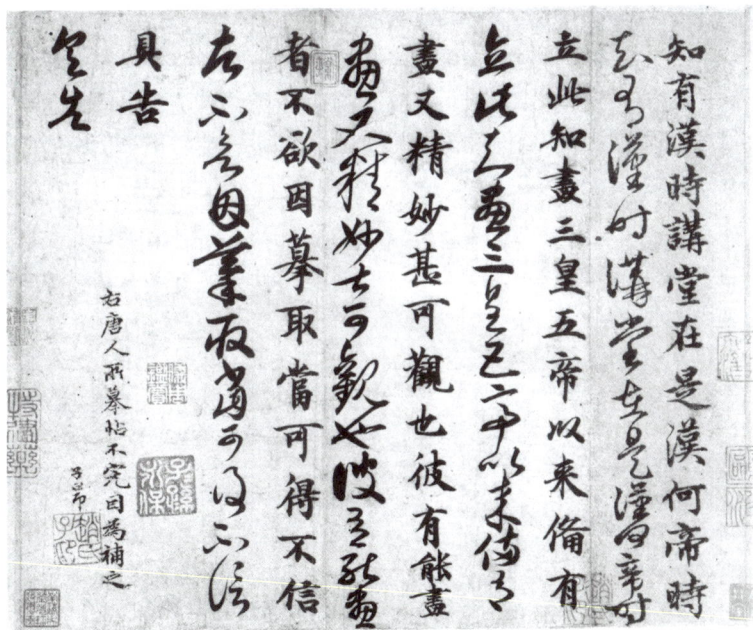

图三　唐人临赵孟頫补临王羲之《瞻近帖》《汉时帖》(《书品》第 199 号，日本 1969 年刊）

4. 后世的推测

资料的稀缺不免会使研究流于悬测。很早的时候，就有人悬测王羲之书写《兰亭序》时所用的毛笔了。唐何延之《兰亭记》说王羲之书写《兰亭序》的时候"用蚕茧纸，鼠须笔，遒媚劲健，绝代更无"①。苏易简也引过世间流传的一种说法："世说：王羲之得用笔法于白云先生，先生遗之鼠须笔。"②好像皆可用以证明王羲之所用的笔是如何的。苏易简所引只是一种坊间的说法，可信度自然不高。而何延之的《兰亭记》披了一件"历史的外衣"，似乎堪为"信史"，宜可证成"世说"。然而这篇文字的真实性，在近来的研究中颇遭质疑③，自然也不宜采信。此类悬测之辞，不必深究，在后面的探讨中，我们会证明王羲之非但没有用过鼠须笔，而且还会举出他对鼠须笔大加诋毁的言论。

北宋离晋代较唐为远，但北宋似乎比唐人更热衷于探究王羲之所用的笔。因为从晋代以来传承有绪的制笔世家，在宋代非常有名，他们的制作中依旧沿袭、保存着晋代的特色。如五代南唐后主李煜的弟弟宜春王李从谦"喜书札，学习晋二王楷法，用宣城诸葛笔，一枝酬十金，劲妙甲于当时，号为'翘轩宝帚'。士人往往呼为'宝帚'"④；蔡京之子蔡絛就说："宣州诸葛氏素工管城子，自右军以来世其业，其笔制散卓也。吾顷见尚方所藏右军《笔阵图》，自画捉笔手于图。"⑤宣州的陈氏是当时与诸葛氏齐名的制笔世家，家族中还保存着王羲之向他们的祖先求笔的书信。邵博的一则笔记告诉了我们这一切：

> 宣城陈氏家传右军《求笔帖》，后世益以作笔名家。柳公权求笔，但遗以二枝，曰："公权能书，当继来索，不必却之。"果却之，遂多易以常笔。曰"前者右军笔，公权固不能用也"。予从王正夫父子，得张义祖所用无心毫，锥锋长二寸许，他人不能用，亦曰右军遗法也。义祖名友正，退传之子，居昭德坊，不下阁二十年，学书尽窥右军之妙，尚以蔡君谟为浅近，米元章为狂诞，非合作，然

① 张彦远《法书要录》卷三，124 页。
② 苏易简《文房四谱》卷一《笔谱上·一之叙事》。
③ 祁小春先生《迈世之风：有关王羲之资料与人物的综合研究》（台北石头出版股份有限公司，2007 年）上编第四章有详细的探讨。另潘德熙先生《文房四宝——中国书具文化》（上海古籍出版社，1991 年，12—15 页）亦否定羲之用鼠须笔之说。
④ 陶毂《清异录》卷下《文用·宝帚》。
⑤ 蔡絛《铁围山丛谈》卷五，94 页。

世无知者。如其所用笔，可叹也。独王正夫父子好之云。①

邵博的记载给我们的启示是：王羲之（或他那个时代）所用的笔在唐中后期的书法家手中已不太适用了，时间的悬隔造成了不同时期毛笔间制作上的差异。②明人谢肇淛认为王羲之与柳公权所用笔的差异，在于刚柔的不同：

> 相传宣州陈氏世能作笔，有右军与其祖《求笔帖》藏于家。至唐柳公权求笔，老工先与二管，语其子曰："柳学士如能书，当留此笔；若退还，可以常笔与之。"既进，柳果以为不堪用，遂与常笔，乃大称佳。陈退叹曰："古今人不相及，信远矣！"余谓柳书与王所以异者，刚柔之分耳。右军用鼠须笔，想当苦劲，非神手不能用也。欧、虞尚用刚笔，兰台渐失故步，至鲁公、诚悬，虽有筋肉之别，其取态一也，宜其不能用右军之笔耳。公权又有《谢笔帖》云："蒙寄笔，出锋太短，伤于劲硬。所要优柔，出锋须长，择毫须细。管不在大，副切须齐。副齐则波撇有凭，管小则运动省力。毛细则点画无失，锋长则洪阔自由。"即此数语，公权之用笔可知矣。③

至于王羲之所用笔的具体形态，邵博依据张义祖所用的推测，是一种没有笔柱的"无心毫"，毛长在二寸左右。蔡絛尽管没有描述，只说明是"散卓笔"，恰好，黄庭坚的一则描述无意间成为一个注脚："宣城诸葛高系散卓笔，大概（笔）头长寸半，藏一寸于管中。"④关于"散卓笔"，宋人多有记载，但言人人殊，近来亦有学者予以讨论。⑤"头长寸半，藏一寸于管中"，应该是东晋时期毛笔制作技术中的一个显著特征，这点将在后面会有所讨论。这里我们先来看一看前人是如何通过书迹，推测用笔的。

在研究中，"推测"在所难免，同时也不失为一种方法，它和"悬测"有着本质上的区别。我们不妨先来看一些有助于推测王羲之所用毛笔的论述。清梁章钜在《退庵随笔》中载录了一则其师阮元为其所藏宋拓《醴泉铭》写的跋语：

> 魏、周、齐、隋书派至欧阳而集其成，尝细玩此等书法是何等毛颖？今湖州

---

① 邵博《邵氏闻见后录》卷二十八，218 页。
② 翁志飞以"宋四家"为例，考察了北宋书风的转变，并从五个方面论证了北宋毛笔制作技艺发生变化的原因。翁志飞《从制毫工艺及用笔姿势的转变看宋四家书风》，《东方艺术》2007 年第 24 期，66—75 页。
③ 谢肇淛《五杂组》卷十二《物部四》，上海古籍出版社，2012 年，213 页。
④ 黄庭坚《笔说》，《宋黄文节公全集·别集》卷十一，刘琳、李勇先、王蓉贵校点《黄庭坚全集》，第三册，1689 页。
⑤ 陈志平《黄庭坚书学研究》，225—231 页；何炎泉《北宋毛笔发展与书法尺寸的关系》。

笔只便写宋元字耳。必如此旧拓本，乃见得古人毫柱踪迹。[①]

阮元的这一观点，在他的另一则题跋中表达得更为充分：

> 凡六朝、唐人之碑，别有一种笔力，良由制笔之工尚存古法。今世之笔，特湖州工人所造，便于松雪（赵孟頫）笔法耳，于北朝、隋、唐之碑直是不合。试观此碑（《醴泉铭》），笔当用何等柱豪，何等裹毛，精思巧制？若得此笔，则古书法不亡矣！[②]

阮元以六朝隋唐遗留下来的碑刻书迹来揣测当时的"毫柱踪迹"，多少有些盲人摸象的味道。然而这些猜测也并非完全没有道理，至少通过这样的推测可以觉察：中晚唐以后，笔的形制发生了较大的变化，书法的"古法"伴随着毛笔制作"古法"的衰亡开始衰亡了。不然宜春王李从谦也不会花大价钱购取诸葛氏的笔用以学"二王楷法"，而邵博记载"柳公权求笔"的例子，也从反面反映了这种情形。

对于书法"传统"的丧失，后人总难以释怀，把原因归咎于毛笔制作成为一种宣泄，近人余嘉锡说："清人喜用羊毫笔，其实柔软不中书，故其书法亦不能佳。"[③]仅以羊毫来证明书法的败坏，确实有些偏颇。马叙伦在一则笔记中的观点则要周全许多：

> 余觉古人所用之笔极须研究。魏碑中有许多笔法，以今笔试之不得。于是有将秃笔书者，有将笔头略焚或小剪用之者，无非欲求抚写，皆得其形肖耳，或谓此乃刀法也。果然耶？余疑亦有笔之制作关系。如余近用高丽人某所缚之笔，便觉曩时以为日本制笔较胜于吾国所制者，此又超胜之矣。吾国制笔，以狼毫为最柔矣，然使转犹不能尽如意也。且制法亦不讲究。日本制者，制法较精，而毫并不甚佳。以之模摹晋唐人书，自较吾华制者为胜，然偏于强，故得劲，而使转亦不尽能如意也。高丽所制，余初用者为一寓天津之高丽人所制。由邵伯䌹先生代使为之。然仅作中楷、小楷者二种。其后高贞白向汉城永兴堂购来赠余者，亦中楷笔，以余作中小楷时多也。伯䌹所使为者，毫色如吾国之所谓紫毫，然细如丝发，柔于狼毫，露出笔管一寸以外，通开及管，而悬

① 梁章钜《退庵随笔》卷二十二《学字》，江苏广陵古籍刻印社，1997年，585页。又据陈鸿森《阮元揅经室遗文胜录》校正。见《传统中国研究集刊》第21辑，2019年，174页。
② 阮元《宋搨〈醴泉铭〉残字跋》，《揅经室续三集》卷三，《揅经室集》，下册，1070页。笔者引文对原文标点做了处理。
③ 余嘉锡《读已见书斋随笔（续）·羊毫笔》，《余嘉锡文史论集》，岳麓书社，1997年，656页。

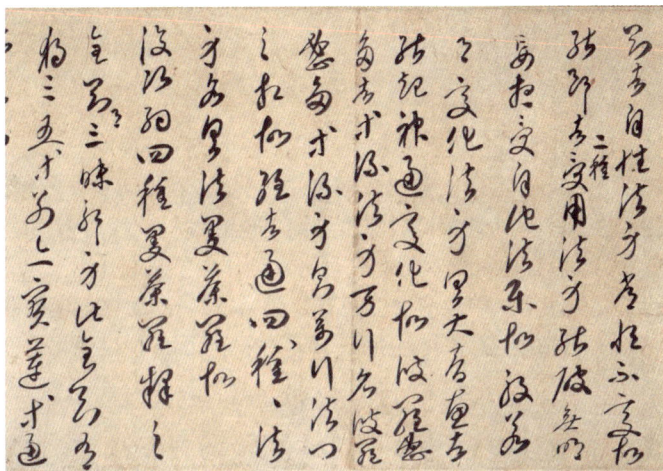

图四　空海《金刚般若经开题残卷》
局部　东京国立博物馆藏

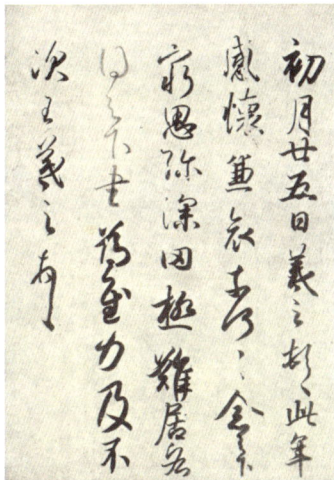

图五　传藤原行成临王羲之帖局部
东京国立博物馆藏

肘运指用之，无不如意。永兴堂制者，色近狼毫，而柔过之，用之亦使转如意。凡晋魏名书中许多笔法及姿态，皆可自然得之，故知有不关笔法而实笔使之然者。①

我们不必深究马叙伦的论断是否严密，至少他能够"礼失而求诸野"，通过对保存中国传统文化较多的邻邦日本、高丽毛笔制作的考察，觉察到关键并不在于笔毫的软与硬，而在制作因素。事实上，我们今天犹能从习染唐风的日本、韩国早期书家作品中，可以领略到"晋魏名书中许多笔法及姿态"，被他们"自然得之"的这一事实。如前面提到的空海，就写得一手纯正的二王风格的字。【图四】其他日本书家中，也不乏如此者。【图五】

但仅靠通过对遗留下来的书迹"推知右军真迹之妙"，再由书迹推测晋代毛笔制作的"古法"，总不免隔靴抓痒，最终还是要从具体的制作记录中去寻找线索。在下文中将涉及此点。

① 马叙伦《石屋余渖》六四《高句丽笔》，山西古籍出版社，1995年，94—95页。

5. 推测"韦昶笔"

作为举世公认的大书家，二王父子对笔的重视见于言表，即使只是只言片语。王羲之在一封写给谢安的一封信中说："复与君，斯真草所得，极为不少，而笔至恶，殊不称意。"① 唐段公路《北户录》中也记载了羲之"叹江东下湿，兔毫不及中山"的意见。② 可见他对毛笔制作的优劣在创作中所起的作用予了相当重视。北宋苏易简的《文房四谱》中录有署名王羲之的《笔经》，大谈毛笔的制作技艺。即使这篇文字目前尚不能坐实为王羲之所撰，但我们在后面的探讨中将会涉及其与羲之的关系。

王献之是羲之最小的儿子，性格兀傲，于人少许可，有时竟把父亲的书法也不放在眼里。然而当时有个叫韦昶的人，不光是擅长写古文、大篆的书法家，还曾经臧否过二王的书法，而且他又是一位制作毛笔的高手，王献之就曾经得到过他制作的笔，却一反往常兀傲的性格，叹为"绝世"。③ 看来，韦昶所做的笔确实高明。但之所以高明，却又不是没有原因的。

韦昶字文休，官至颍州刺史、散骑常侍，事迹及评论略见于唐代张怀瓘的《书断》和梁庾肩吾的《书品论》。最关键的是，他是三国魏大书家韦诞之兄韦康的玄孙，也就是韦诞的五世玄侄孙④。韦诞是"草圣"张芝的弟子，张芝亦制笔名家，韦诞著有《笔方》，于笔的制作工序进行了非常细致地记述，可能是得自张芝。⑤ 可以这么认为，韦氏除了书法，家学渊源，沿及晋代的还有制笔之法，韦昶正是继承发扬者，并且引领了当时制笔的水平。

韦昶所制的笔自然没有流存下来，文献中也未见描述，幸而韦诞的《笔方》却部分保存在北魏贾思勰《齐民要术》之中，韦昶所制的笔，当于此有所本。文字不长，照录如下：

> 韦仲将《笔方》曰：先须以铁梳（梳）兔毫及羊青毛，去其秽毛，盖使不髯茹。讫，各别之。皆用梳掌痛拍整齐，毫锋端本各作扁极，令均调平好，用衣羊

① 严可均《全晋文》卷二十二引《旧写本书钞》，《全上古三代秦汉六朝文》，第二册，1582 页。

② 段公路撰，崔龟图注《北户录》卷二"鸡毛笔"条，吴兴陆氏《十万卷楼丛书》本。

③ 张怀瓘《书断》下《能品》。

④《尔雅·释亲》："孙之子为曾孙，曾孙之子为玄孙。"

⑤ 华人德先生认为："张芝善作笔，韦诞从其学，此《笔方》可能传之于张芝。"（《中国书法史·两汉卷》，江苏教育出版社，1999 年，213 页）

青毛。缩羊青毛，去兔毫头下二分许，然后合扁，卷令极圆，讫，痛颉之。以所整羊毛中或（截），用衣中心，名曰"笔柱"，或曰"墨池""承墨"。复用毫青衣羊（青）毛外，如作柱法，使中心齐，亦使平均。痛颉，内管中，宁随毛长者使深，宁小不大，笔之大要也。①

从韦诞的叙述中可见，他的笔有两个特点：一是笔柱制作之精，二是深纳笔头之法的强调。

所谓"笔柱"，就是笔毛的中心部分，其外围的毛料称作"被"（今称"披毛"）。这种做法称作"披柱法"。据晋代崔豹的记载，此法始自秦代的大将蒙恬，即以"鹿毛为柱，羊毛为被"②。至于实物资料，汉代以前的尚未发现，最早的是出土于内蒙古额济纳土尔扈特旗破城子遗址东汉初期的"汉居延笔"，据马衡先生的观察，是兔毫或鹿毫为笔柱，羊毫为被。③ 还有就是甘肃武威磨咀子四十九号东汉墓出土东汉中期兔毫（？）为柱，狼毫为被的"白马笔"④。披柱法固然不是韦诞所发明，但他在《笔方》中加以强调，并且使之益加精细，成为其制笔技术中一大特色，则完全可以肯定的⑤；所谓"深纳"，就是将笔头深深地插入杆腔内，正是韦诞说的"宁随毛长者使深"。这种做法固然也非韦诞所发明，从考古实物资料可见，至晚在西汉时期就已产生，如江苏连云港西汉墓中发现的毛笔，笔头长 4.1 厘米，而竟有 2 厘米长的部分被插入了杆腔。⑥ 韦诞说"宁小不大，笔之大要也"，更是强调了这一制作技术，同样成为其制笔技术中一大特色。韦昶作为韦诞的后人，他的制笔工序必定对《笔方》所列的原则有较全面地继承。至少，依照其中较为重要的几项原则所制成的笔，是晋代书家如王献之辈所认可的。

---

① 贾思勰《齐民要术》卷九，《龙溪精舍丛书》，中国书店，1990 年，第四册，368 页。参校以《文房四谱》卷一《笔谱上·二之造》。

② 崔豹《古今注》卷下《问答释义》，《四部丛刊三编》影宋本。

③ 马衡《记汉居延笔》，《凡将斋金石丛稿》，278 页。

④ 甘肃省博物馆《武威磨咀子三座汉墓发掘简报》，《文物》1972 年第 12 期，15—18 页。

⑤ 缪启愉曾归纳过韦诞制笔法，并指出他是"三副笔"的创始人："韦诞笔是四层作成的笔，到这一道工序完毕。其最内层是羊毛，次层是兔毛，第三层是'中截'的羊毛，最外第四层仍裹以兔毫，就是'复用'云云这句所记的。《笔史》引黄庭坚《书侍其瑛笔》：'宣城诸葛高三副笔，锋虽尽而心故圆。'引北宋晁说之《赠笔处士屠希诗》：'自识有心三副健。''副'即外覆副佐的'衣'，'圆'、'健'属于笔的四德。所说'有心三副'，正是四重的笔。韦诞可能是'三副笔'的创始人。后来再发展有五重笔。"（缪启愉《齐民要术校释（第二版）》，中国农业出版社，1998 年，687 页）元孔齐《至正直记》卷二《笔品》："予幼时见笔之品，有所谓三副二毫者，以兔毫为心，用纸裹，隔年羊毫副之，凡三层。"（28 页）

⑥ 石雪万《连云港地区出土的汉代"文房四宝"》，《书法丛刊》1997 年第 4 期，87 页。

6.《笔经》所表达的晋笔制作特征

　　《笔经》署为王羲之撰，苏易简《文房四谱》收录。疑者或谓：诸史《经籍志》《艺文志》皆未见著录，苏氏乃北宋时人，何以独见《笔经》？这当然要加以回应的。首先，题为《笔经》，且署作者为王羲之的，并非以苏易简最早，而是唐代玄宗时期徐坚等人编撰的类书《初学记》。其卷二十一《文部·笔》中引有三条佚文，皆冠以"王羲之《笔经》曰"。故马衡先生认为："《笔经》是否为晋时作品，虽不敢必，而非唐以后人所作，则可断言也。"① 那我们是否可以将其撰写时代提前，或更进一步论证为王羲之所作，至少证明与王羲之不无关系呢？相较于简短的《笔方》，《笔经》的文字要翻了两翻，其最完整的文字仅见于《文房四谱》卷一《笔谱上·二之造》。为说明问题，也不妨抄录于下：

　　　　王羲之《笔经》云：《广志会献》云："（汉时）诸郡献兔毫，出（书）鸿都门（题），惟有赵国毫中用。世人咸云：兔毫无优劣，笔手有巧拙。"意谓赵国平原广泽，无杂草木，惟有细草，是以兔肥，肥则毫长而锐，此则佳笔也。凡作笔须用秋兔，秋兔者，仲秋取毫也。所以然者，孟秋去夏近，其毫焦而嫩，季秋去冬近，则其毫脆而秃，惟八月寒暑调和，毫乃中用。其夹脊上有两行毛，此毫尤佳；其胁际扶疏，乃其次耳。采毫竟，以纸裹石灰汁，微火上煮令薄沸，所以去其腻也。先用人发抄数十茎，杂羊青毛并兔毳，裁令齐平。以麻纸裹柱根，令治。次取上毫，薄薄布柱上，令柱不见，然后安之。惟须精择，去其倒毛，毛抄合锋，令长九分，管修二握，须圆正方可。后世人或为削管，故笔轻重不同，所以笔多偏掘（握）者，以一边偏重故也。自不留心加意，无以详其至此。笔成，合蒸之，令熟三斗米饭。须以绳穿管，悬之水器上一宿，然后可用。世传钟繇、张芝皆用鼠须笔，锋端劲强有锋铓，余未之信。夫秋兔为用，从心任手，鼠须难得，且为用未必能佳，盖好事者之说耳。昔人或以琉璃、象牙为管，丽饰则有之，然笔须轻便，重则踬矣。近有人以绿沉漆（竹）管及镂管见遗，录之多年，斯亦可爱玩，讵必金宝雕琢，然后为贵也？余尝自为笔，甚可用，谢安石、庾稚恭每就吾求之，靳而不与。②

这篇文章四百多字，算不得很长，却涉及了毛笔制作的方方面面，可归纳为：毛笔制作首重在毫，毫以兔毫为贵，故先言其产地；兔毫的优劣不仅有地域之异，季节的因

---

① 马衡《记汉居延笔》，《凡将斋金石丛稿》，280 页。
② 引文所据《文房四谱》的版本为吴兴陆氏《十万卷楼丛书》刻本，并以《学海类编》本、景印《文渊阁四库全书》本及《初学记》校勘。或参见本书下卷《王羲之〈笔经〉校笺》。

素及部位上也有差异，故次论兔毫的选择；有了优等的材料，必须要恰当的制作，故最后论兔毫的制作。笔管的作用自不待言，其制作及选择亦有较详的论述。

出于谨慎，马衡先生只将《笔经》定为"非唐以后人所作"。他所依据的实物资料是日本正仓院所藏天平时代（相当于唐玄宗开元十七年至天宝八载，公元729—749）的毛笔——"天平笔之制作，与王羲之《笔经》所记类多相合"。不管怎样，天平笔多反映的是唐代毛笔制作的特征。那晋代毛笔的制作特征体现在哪里呢？我们就从《笔经》中寻求内证，同时结合近来所发现的实物资料加以探寻。

《笔经》中提到了"柱"，也就是笔柱，前面提到的韦诞《笔方》就有"披柱法"，可见这也是晋代毛笔制作上的一个特征，当然这是继承而来的。如果要指明晋代毛笔制作上所体现出的独特性，那就应该是《笔经》中提到的"以麻纸裹柱根"的"缠纸法"。这种制法在此前的文献及实物中的确没有见过，因而可以肯定，这是晋代所发明的一项新技术。具有说服力的实物证据，我们也能找到，就是1993年在江苏江宁东晋砖室墓棺椁头箱内发现的一枚毛笔头。考古报告称，两端均见笔锋，中以宽2.5厘米的丝帛束紧，长10.2厘米、径1.4厘米。[①]我据以命名为"东晋束帛笔头"。[②]此枚笔头中间虽然缠缚的是丝帛而非麻纸，但实际的作用并没有什么区别。至为关键的一点就是，当此枚笔头在插入杆腔后，整个笔头就要有三分之二的部分（连同丝帛块）一起进入腔体，而仅剩三分之一在杆外用于书写。很明显，这与《笔方》的"深纳"原则是一致的。然而深达三分之二的程度，应该是在晋代才出现的，也是晋代所发明的一项新技术。《笔经》中没有提到"深纳"笔头，后世的文献却可用来作为补充。前面曾提到北宋诸葛氏所做的"散卓笔"，黄庭坚《笔说》就描述为"大概（笔）头长寸半，藏一寸于管中"，也就是笔头长1.5寸，一寸插入杆腔，留0.5寸于杆外用于书写，按比例说正完全与束帛笔头纳三分之二于杆腔的形制毫无轩轾。这绝非是一种巧合，所反映的正是——"东晋遗法"。

除了"缠纸法"可以证明《笔经》的写作时间基本上可以上推至晋代，《笔经》中还提及一个不太容易引起人们注意的制作形制——"削管"，也是晋代毛笔制作中的一个重要特征。其云："后世人或为削管，或笔轻重不同，所以笔多偏掘（握）者，以一边偏重故也。"从字面上理解，未必能获得确诂，我怀疑字本应作"掣管"，义为上细下粗之纤长笔管。按《玉篇·手部》："掣，长也。"[③]《广韵·觉韵》："掣，木

---

① 南京市博物馆等《江苏江宁县下坊村东晋墓的清理》，《考古》1998年第8期，51页。
② 见本书本卷《东晋束帛笔头考》。
③《小学名著六种》，中华书局，1998年，24页。

上小，或作梨。梨，上同。”[①]《集韵·效韵》:“梨，剡木杀上也。或省。”[②]《周礼·考工记·轮人》:“望其辐，欲其掣尔而纤也。”郑玄注：“掣纤，杀小貌也。”[③] 文中还有“偏掘”两字，应该是“偏握”之误[④]，因所握是上细下粗（按：由于理解上的分歧，论者有的视笔杆栽毛的部分为上端，有的则视作下端）的“掣管”，所以在执捉的时候会发生偏侧。这种“削管”很像油画笔的笔杆，实物资料也不难找到：1964 年出土于新疆吐鲁番阿斯塔那的晋代木杆画笔【图六】[⑤]，以及 1985 年出土于甘肃省武威松树乡下畦村旱滩坡十九号前凉墓笔【图七】[⑥]，正是这种“剡木杀上”的形制；湖南长沙金盆岭西晋墓出土的陶书写俑和青瓷对书俑[⑦]，手中所执的笔尽管不是写实性的塑造，似乎也象征性地表现了这种形制【图八、九】；在唐代西部少数民族地区，这种形制的笔依旧被运用。在中村不折所藏吐鲁番维吾尔经卷的后面，有一幅唐装写字人物画像，该人所执的笔似乎就是上细下粗笔杆。尽管该画不算精细，但应该是一幅以写实为目的的画作。[⑧]【图十】当然，我们不是说东晋时期

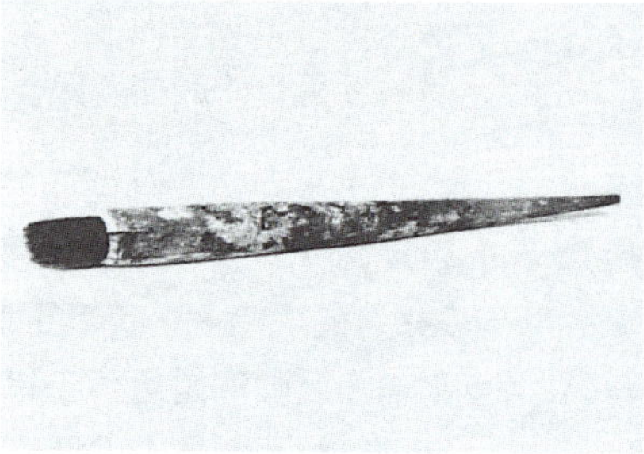

图六　新疆吐鲁番阿斯塔那晋代木杆画笔

图七　甘肃武威旱滩坡十九号前凉墓笔

图八　湖南长沙金盆岭西晋墓陶书写俑

---

① 《广韵》(泽存堂本)。

② 《小学名著六种》，135 页。

③ 《十三经注疏》，上册，907 页。

④ 偏掘，《四库全书》本同。《学海类编》本作“偏握”是，《四库全书》本《墨池编》卷六亦作“偏握”。

⑤ 新疆维吾尔自治区博物馆《新疆出土文物》，文物出版社，1975 年，29 页。

⑥ 田建《甘肃武威旱滩坡出土前凉文物》，《文博》1990 年第 3 期，49—50 页。

⑦ 湖南省博物馆《湖南省文物图录》，湖南人民出版社，1964 年，114 页；湖南省博物馆《长沙两晋隋墓发掘报告》，《考古学报》1959 年第 3 期，84—85 页；湖南省博物馆《湖南省博物馆》，文物出版社，1983 年，158、201 页。

⑧ [日]矶部彰《台东区立书道博物馆所藏中村不折旧藏禹域墨书集成》，东京：二玄社，2005 年，245 页；[日]中村不折《禹域出土墨宝书法源流考》卷中，李德范译，中华书局，2003 年，159 页。

图九　湖南长沙金盆岭西晋墓青瓷对书俑

图十　中村不折所藏吐鲁番维吾尔经卷写字人物人物画像

的毛笔，只有这种"削管"形制，《笔经》中为什么会提到"削管"，而前代及后世都未有说，这难道不值得我们深思吗？

前面已经提到，韦诞是张芝的弟子，张芝亦制笔名家，韦诞的《笔方》可能是传自张芝，因而唐段成式在《寄余知古秀才散卓笔十管软健笔十管书》中说："其中仲将（韦诞）稍精，右军益妙，张芝遗法，庾氏新规。"[①]王羲之在韦诞的制作基础上是后出转精。至于前面提到的"鼠须笔"，《笔经》中说："世传钟繇、张芝皆用鼠须笔，锋端劲强有锋铓，余未之信。夫秋兔为用，从心任手，鼠须甚难得，且为用未必能佳，盖好事者之说耳。"直接否定了后世附会他用鼠须笔的谬论。

至此，我们将《笔经》的写作时间向前推到东晋，不是没有根据的。《笔经》最后说："余尝自为笔，甚可用，谢安石、庾稚恭每就吾求之，靳而不与。"可见王羲之亲自参与过毛笔的制作。这一点其实并不奇怪，世家大族中擅长制作文房用具的人并不罕见，从三国名臣韦诞，到东晋的韦昶，乃至东晋的望族郗氏，都有所从事。直至南朝时期，宋齐的吴郡望族张永、羲之后人王僧虔，都有他们从事制作文房用具的记载。[②]那么，王羲之撰有《笔经》的可能性就大大提升了。至少可以这么认为，《笔经》即使非王羲之亲撰，却有某个和他时代较近的有心人，对他的论笔言论做了忠实的记录。

结　语

"二王时代的笔"，实在是一个不错的议题。但由于这个时期毛笔实物资料及文献资料的过于稀少，因此以往的研究只能迂回地从流传下来的字体、书迹等方面着手，甚至是从相反的方向，对东晋时期的毛笔制作进行推测。其结果只能说明，东晋时期毛笔与后世制作上有所差异，而不能充分揭示具体的制作特征；《笔方》《笔经》这两篇文献，提供了非常重要的具体制作细节，从中可以了解到东晋时期毛笔继承了汉代以还制作中的"披柱法"和深纳笔头的法则，同时还创造出了"缠纸法"这样一项新的技术，并记载了"削管"这一特殊的制作。

然而，正如本文开头即表明的那样，本文在相当程度上还是种蠡测，并不奢望能够完全充分地解决二王及其时代毛笔的方方面面的问题，只是想通过这样一个机会，勾连一些零星的资料，提供一些不算成熟，但还算有根有据的看法而已。

---

① 段成式著，元锋、烟照编注《段成式诗文辑注》，济南出版社，1995 年，83 页。
② 虞龢《论书表》云，王僧虔于文房"虽不及古，不减郗家所制"。

六、兔毫二题

《淮南子·本经》云："昔者苍颉作书，天雨粟，鬼夜哭。"东汉高诱注："鬼或作兔，兔恐见取豪（毫）作笔，害及其躯，故夜哭。"[①] 认为"鬼"字有可能是"兔"字之误。西晋成公绥《弃故笔赋》："有仓颉之奇生，列目四而兼明。……乃发虑于书契，采秋毫之颖芒。"[②] 典出《淮南》，而义循高氏。[③] 依此或可认为，兔毫用于制笔的历史相当悠久，早至古史传说中的"五帝时代"，大致相当于今所谓之"新石器时代"。

目前所能见到的最早的兔毫笔是 1954 年出土于湖南长沙左家公山战国木椁墓中的一件实物。据制笔的老技工观察，认为笔毛是用上好的兔箭毛制成[④]，这说明战国时期的笔工已经能够很好地鉴别出兔毫品质的优劣了。在其他的一些战国墓葬中也曾发现有毛笔实物，所恨笔毛的种属在考古报告中均未做出鉴定，这不能不说是种遗憾。但我们完全有理由相信，战国时期的制作笔者已经能够熟练地鉴别和选择出优质的兔毫，并将其当作一种主要的制笔原料普遍地用于制作中。本文主要探讨与兔毫有关的两个有趣的问题。

1. 唯兔谓之毫

自古及今的毛笔制作中，动物身上的皮毛是最主要的制作原料，其中兔和羊身上的皮毛是用于制作的两大宗。通过对众多古代文献的考察可以发现，大致在清代以前，人们将兔身上那部分用于制笔的皮毛称作"毫"，而羊及其他动物身上可以充作

---

① 刘文典《淮南鸿烈集解》，中华书局，1989年，上册，252页。
② 《艺文类聚》卷五八引，上海古籍出版社，1982年，上册，1055页。"颖"原误作"颣"，此正。
③ 参见梁章钜《浪迹丛谈》卷九《记笔三则》，中华书局，1981年，164页。
④ 湖南省文物管理委员会《长沙左家公山的战国木椁墓》，《文物参考资料》1954年第12期，8页。

笔材的皮毛都称作"毛"，也就是说，只有兔身上的可以称作"毫"。这与现今将所有可以用来制笔的动物皮毛都称作"毫"的习惯，有着较大的不同。

　　这里可举出几个较为典型的例子，《齐民要术》卷九引三国韦仲将《笔方》："先须以铁（当作纤）梳（当再补一梳字）兔毫及羊青（青当是脊字之讹）毛，去其秽毛。"① 晋傅玄《笔赋》："简修毫之奇兔，撰珍皮之上翰。"② 王隐《笔铭》："岂其作笔，必兔之毫？调利难秃，亦有鹿毛。"③ 西晋崔豹《古今注》卷下"问答释义"："蒙恬始造秦笔耳，以枯（当作柘）木为管，鹿毛为柱，羊毛为被，所谓苍毫，非兔毫竹管也。"④ 有的版本中羊毛作"羊毫"，或是后人臆改，如五代马缟《中华古今注》内容大多照抄《古今注》，此条仍作"羊毛"⑤，可以为证。唐玄奘《大唐西域记》卷二《印度总述·数量》："拘卢舍者，谓大牛鸣声所极闻，称拘卢舍。分一拘卢舍为五百弓，分一弓为四肘，分一肘为二十四指，分一指节为七宿麦，乃至虮、虱、隙尘、牛毛、羊毛、兔毫、铜、水，次第七分，以至细尘，细尘七分，为极细尘。"⑥ "羊毛""兔毫"区分十分清楚。又明代屠隆撰有《考槃余事》，其卷二《笔·毫》中列举有多种制笔毛料，其亦唯兔谓"毫"，诚为最佳例证："笔之所贵者在毫。广东番禺诸郡多以青羊毛为之，以雉尾或鸡鸭毛为盖，五色可观。或用丰狐毛、鼠毛、鼠须、虎毛、羊毛、麝毛、鹿毛、羊须、胎发、猪鬃、狸毛者，然皆不若兔毫为佳。"⑦ 以上诸例皆足证古人但视兔身上的皮毛为"毫"，其余皆为"毛"。

　　在有些宋代的文献中存在着"毫"与"毛"不分的现象，区分开始不太严格。但至少在清中期以后，人们于此已不甚讲究了，就连当时的文人雅士亦是如此。如钱泳《履园丛话》卷一二："笔以吴兴制者为佳，其所谓狼毫、兔毫、羊毫、兼毫者，各极其妙。"⑧ 包世臣《艺舟双楫·记两笔工》："试其羊毫，尤圆健。"⑨ 梁同书《频罗庵论书·与张芑堂论书》："今人喜用硬笔，故枯，若羊毫便不然。"⑩ 清末民国王伯恭《蜷

① 文字校勘参考桂馥《札朴》卷四《笔柱》，中华书局，1992年，165页；华人德《中国书法史两汉卷》，213页。
② 苏易简《文房四谱》卷二《笔谱下·五之辞赋》。
③《初学记》卷二一引，第三册，516页。
④《四部丛刊三编》影宋本，上海：商务印书馆，1936年。
⑤ 马缟《中华古今注》卷中，中华书局，1998年，111页。
⑥ 玄奘等撰，季羡林等校注《大唐西域记校注》，中华书局，2000年，上册，166页。
⑦ 屠隆《考槃余事》，浙江美术出版社，2011年，254页。
⑧ 钱泳《履园丛话》，中华书局，1979年，上册，317页。
⑨ 包世臣《艺舟双楫》，黄山书社，1993年，426页。
⑩《丛书集成初编》，中华书局，1985年，2页。"今人"原误作"人人"，据《续四库》本改。

庐随笔》："盖彼时专用羊毫，不免甜俗之病。"① 我们现今称羊毛笔为"羊毫笔"的习惯，应就是沿袭清代以来的称法。

那么，古人为什么唯视兔为"毫"呢？这是由于兔毫与其他可以用于制笔的毛料质地上的差异所决定的。《说文解字》对"毛"的解释，概念十分宽泛，指眉毛、头发及兽毛，凡是一切动物的皮毛都属于"毛"。② 而"毫"虽属于毛，但古人在概念上已另作界定，《素问·刺要论》："病有在豪毛腠理者。"王冰注："毛之长者曰毫。"③《集韵·豪韵》："毫，长锐毛。"④ 又唐虞世南《狮子赋》："劲毫柔毳，钩爪锯牙。"⑤ 作劲毫而不作"劲毛"，是也。兔身上被选作制笔部分的皮毛都是相对较长、较尖，而且弹性极佳者，故其被称为"毫"。⑥《汉书》卷二一《律历志上》："度长短者不失豪氂。"孟康注："豪，兔豪也。"⑦《文房四谱》卷一《笔谱上·二之造》载有传为王羲之的《笔经》，其中有云："杂青羊毛并兔氀。"原注："凡兔毛长而劲者曰毫。"是为确诂。

古人认为"有毛之虫三百六十"⑧，然可用于制笔者盖在百名以下。兔毫虽居其一，而在概念上已成独立之一种，其余皆只能称作"毛"。其中羊毛是在制笔原料的运用上堪与兔毫并驾齐驱的一种，但其在质地特征上却与兔毫有着很大的不同，主要是它十分柔软。《礼记·曲礼下》："羊曰柔毛。"孔颖达疏："羊肥则毛细而柔弱。"⑨ 因而，羊毛可视为制笔原料中称"毛"者之典型。其他如鹿毛、黄狼毛等虽然在质地上要比羊毛弹性强得多，属于"硬毫"一类，但它们与兔毫相比则无论从毛锋的尖锐和弹性上都还稍逊一筹，所以它们在仍属于"毛"。

后世羊毛被称为"羊毫"，虽恐为前人视为有悖物理，然亦不为无因，是犹可考者。

羊毛用于制笔的历史并不算短，但其起初的用途只是用于披柱的"副毫"，《古今

① 王伯恭《蜷庐随笔》，《民国笔记小说大观》（第四辑），山西古籍出版社、山西教育出版社，1999 年，36 页。
② 许慎撰，徐铉校订《说文解字》，中华书局，1963 年，173 页。
③ 王冰撰注，鲁兆麟主校《黄帝内经素问》卷十四，辽宁科学技术出版社，1997 年，80 页。
④《小学名著六种》，46 页
⑤《初学记》卷二九引，第三册，698 页。
⑥《庄子·齐物论》："天下莫大于秋豪之末。"陆德明释文："'秋豪'，如字。依字应作毫。司马云：兔毫在秋而成。王逸注《楚辞》云：锐毛也。案毛至秋而奚细，故以喻小也。"（郭庆藩《庄子集释》，第一册，79、82 页）
⑦《汉书》，中华书局，1962 年，956 页。
⑧ 王聘珍《大戴礼记解诂·易本命》，中华书局，1983 年，259 页。
⑨《十三经注疏》，上册，1269 页。

注》说秦蒙恬用"鹿毛为柱，羊毛为被（披）"正是指此。20 世纪 30 年代初出土于居延的"汉居延笔"，据马衡先生描述，其笔头外围即是用羊毛为被的。① 另外如韦诞的《笔方》及王羲之的《笔经》里亦都有对羊毛用于披柱的记述。纯以羊毛制笔的情况古亦有之，甘肃省博物馆陈列有武威地区出土的汉晋时期大笔和抓笔，笔毫有长短之别，长锋有 9 厘米左右，短锋的形状如今之"玉笋"笔，应是用羊毛所制。② 但这些纯羊毛笔大多用于特殊的写作，运用并不普遍。总之，羊毛在很长一段时间内只是充当制笔的辅助原料或仅用于制作特殊用途的大笔而已。

羊毛笔长期受到人们的轻视，并见诸古人的言论。南宋度正《性善堂集》卷一《蒙谓卿机宜学士佳章宠寄，依元韵酬谢》诗有云："瓦札带尘壤，羊毛拂烟霏。"于羊毛下自注云："笔之最下者。"可见南宋之末虽有羊毫笔，尚为时人所贱视也。③ 南宋绍兴年间，米芾之子米友仁因友人仲谋的一再请求，推辞不过，乃作《潇湘奇观》水墨小横卷。他在后面的跋语中说："此纸渗墨，本不可运笔。"又云："羊毫作字，正如此纸作画耳。"【图一】纸笔不称，是因为纸渗墨，笔则因为是羊毫。明代董其昌在其五十九岁时所书的一本册页后跋中也说："以羊毫画笔作书差如意，遂能终卷。"【图二】至少说明，他对羊毫笔作书也不完全称意。晚明时流行高堂大轴，必须用大笔书写，只有此时才不得不求之于羊毫。但晚明书家书写巨轴行草，大多数人仍以健毫或兼毫为主，用羊毫写仍是出于不得已，王铎在一幅写给契玄和尚的立轴中就特别声明"笔乃羊毫"。【图三】清康熙以后，篆隶书兴起，羊毫乃渐为书家所青睐，笔工始有专工者。④

明谢肇淛说："今书家卖字为活者，大率羊毫，不但柔便耐书，亦贱而易置耳。"⑤ 只是从价格上考虑。稍后的王士禛说："今吴兴兔毫，佳者直百钱，羊毫仅二十分之一，贫士多用之，然柔而无锋。"⑥ 杨宾则径称："羊毫为下。"⑦ 就是一种在身份和品质上的认定了。

米友仁、董其昌和王铎等人用羊毛笔作书，只能算作一种权宜，并不反映当时羊毛笔运用的普遍风气，相反还是一种不得已而偶一为之的特殊行为。从三人用羊毛笔

① 马衡《记汉居延笔》，《凡将斋金石丛稿》，278 页。
② 参阅华人德《中国书法史两汉卷》，212 页。
③ 余嘉锡《读已见书斋随笔（续）·羊毫笔》，《余嘉锡文史论集》，656 页。
④ 薛龙春《工具、材料与王铎的书作》，《故宫学术季刊》第三十三卷第三期（2016 年春季号），114—119 页。
⑤ 谢肇淛《五杂组》卷十二《物部四》，212 页。
⑥ 王士禛《香祖笔记》卷二，上海古籍出版社，1982 年，34 页。
⑦ 杨宾《大瓢偶笔》卷七《论笔墨·书之佳否笔居其半》，183 页。

图一　米友仁《潇湘奇观图题跋》　故宫博物院藏

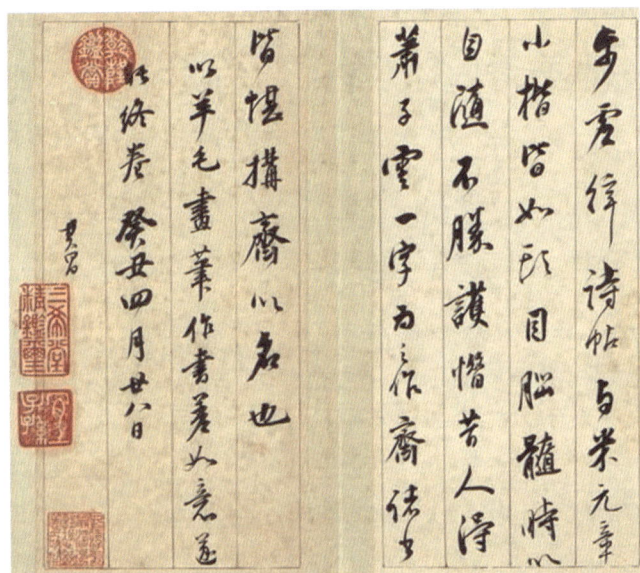

图二　董其昌书册　台北故宫博物院藏

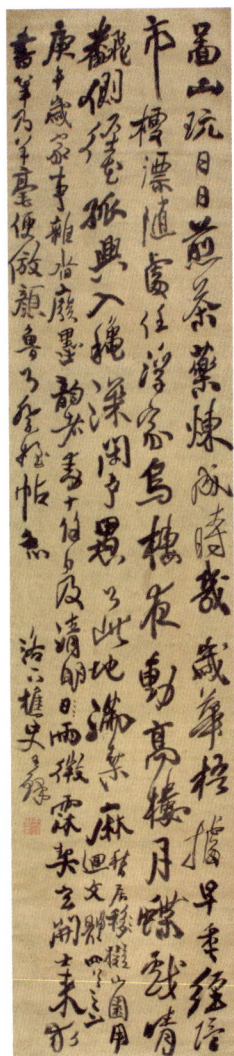

图三　王铎试羊毫书七律诗轴　私人收藏

所作的作品效果上看，确实也能感到与他们平时所作意态上的差别。大约到了清康熙以后，尤其是乾嘉以后，碑派书法兴起，羊毛笔才成为这一流派主要的创作工具，制作上得到了空前地发展和完善，庶几堪与兔毫相颉颃。①羊毛之所以在这时被普遍称为"羊毫"，大概是由于清代的制笔者们逐渐地掌握并总结了它的特性，在制作中选择相对长、尖和富有弹性的优质部分，而这部分羊毛就有意无意地被普遍称为"毫"了。相应地，其他如黄狼毛、鹿毛，甚至是最为柔软的鸡毛等制笔原料也都被一个个缀以"毫"的美称。这应是缘于各自的质地特征被人们充分地认识和发展了的结果，就算称"毫"又有何妨？然而有一点可以肯定，无论怎样，兔毫是最具备"毫"的综合特质。"唯兔谓之毫"，尤见古人对物性的观察和区分是相当准确精微的。

2. 唯兔毫为贵

兔毫作为一种优质的制笔原料历来受到人们的重视，且并不因其他名目繁多的原料出现，从而削减、替代其利用价值，可谓经久不衰。虽然王隐《笔铭》说："岂其作笔，必兔之毫？调利难秃，亦有鹿毛。"这恰好反证古人制笔所采用的多为兔毫。韦诞的《笔方》、王羲之的《笔经》中也主要记述的是兔毫笔的制作技艺。《新唐书·艺文志》载：唐玄宗创集贤院，每年太府须供给学士们"河间、景城、清河、博平四郡兔千五百皮为笔材"②，可见兔毫主要的制笔原料，需求量是很大的。

历代帝王所用之笔主要也是由兔毫所制，据说西汉天子之笔"毛皆以秋兔之毫"，并由掌管百工的官师路扈亲自制作。③东汉时，灵帝立"鸿都门"，要题署门额，于是"诸郡献兔毫"。④南朝刘宋时，帝王之笔"专用北兔"，"大管丰毛，胶漆坚密"。⑤唐代帝王所用的兔毫每年由宣城地区进贡，其中青毫六两、紫毫三两、次毫六两，品质上虽分等级，但都是"劲健无以过也"的上品。⑥直至清代，帝王所用还都是兔毫【图四】，姚元之《竹叶亭杂记》卷一："御用笔，向皆选取紫毫之最硬者方得奏进。"⑦紫毫是兔

---

① 但有一点还必须说明，就是羊毫笔虽然趁着碑派书法兴起的这个势头，一定程度上得以广泛流行，较之以往确实有了明显的运用空间，但这并不是说它取代了兔毫、狼毫等笔的地位。

② 《新唐书》卷五十七，中华书局，1975年，1422页。

③ 葛洪撰，周天游校注《西京杂记校注》卷一，三秦出版社，2005年，11页。

④ 《艺文类聚》卷五八引《广志》，上册，1054页。

⑤ 张彦远《法书要录》卷二虞龢《论书表》，41页。

⑥ 段公路撰，崔龟图注《北户录》，吴兴陆氏《十万卷楼丛书》本。

⑦ 姚元之《竹叶亭杂记》，中华书局，1982年，3页。

图四　清乾隆年玳瑁管紫毫笔
故宫博物院藏

毫中的极品，御用文具用料上自然是最考究的。至于文人雅士亦多推重兔毫，认为有不可替代的优点和价值，宋董逌《广川书跋》卷七《欧阳通碑》：

> 汉世郡贡兔毫，当时惟赵国为胜，而工制或异，亦复不良。议者谓兔豪无优劣，工手有巧拙，豪非优劣，正应工手不得，则不复论其豪也。路扈一世名手，且重以杂宝为趺，然其善，不过秋兔之毫。及其后世，渐以丰狐为柱，然锋须颖芒，非兔翰莫可为者。欧阳通于书过自矜重，至以狸毫为覆兔豪，管皆象犀。然笔用兔颖，自昔不能改。至于为柱，则或假用他毛，若遂用狸为锋心，恐不得若兔豪之刚柔顺适，能中人意也。后世或假胎发、羊毳、鸡毛、鼠须，亦皆成笔，不能尽其利用，知其特贵异耳①。

唐段公路在《北户录》卷二"鸡毛笔"条中称举各色笔毛之后总结道："然未若兔毫。"宋朱彧也说："造笔用兔毫最佳，好事者用栗鼠须或猩猩毛以为奇，然不若兔毫便于书也。广南无兔，用鸡毛，虽毛偏不可书，代匮而已。"② 陈槱："笔以兔颖为正。"③ 明屠隆称"（笔）所贵者在（兔）毫"，并也认为其他制作笔原料"皆不若兔毫为佳"。④ 清王士禛亦曾列举了多种"奇品"制作笔毛料，但他最终还是认为它们"醇正得宜不及中山兔毫"。⑤ 总之，"考制笔之法，兔毫为最"。⑥ 虽然千百年来人们发现了各种各样的原料可以用来制作毛笔，书法家们有些也根据自己实际的创作需要有所选择，但兔毫以其优良的质地普遍为人们所喜爱，在制笔原料中独揽一面，成为大宗。可见，"唯兔毫为贵"的观念并非完全来自于古人对兔毫价值认识上的主观感受和迷信，而是他们在长期的实践中所得出的必然结论。

---

① 董逌《广川书跋》，《丛书集成初编》，中华书局，1985年，86页。

② 朱彧《萍州可谈》卷二，中华书局，2007年，145页。

③ 陈槱《负暄野录》卷下《论笔料》，《丛书集成初编》，中华书局，1985年，12页。

④ 屠隆《考槃余事》卷二《笔·毫》，254页。

⑤ 王士禛《香祖笔记》卷二，上海古籍出版社，1982年，34页。

⑥ 朱履贞《书学捷要》，《历代书法论文选》，610页。

七、出土"狼毫"笔存疑

2006 年常州常宝钢管厂宋墓中出土了一支保存十分完好的毛笔，甚为难得。收藏单位所写的图录说明这样描述道：

> 笔杆、笔帽为竹管制作，狼毫笔头，接入笔杆的一端用丝质物包裹。这件毛笔保存几近完美。①

说此笔的笔头是狼毫所制，我还是有些怀疑。确实，我们通常所见的狼毫毛笔，笔毛颜色都是黄褐色的，而图录中这支宋笔笔头所呈现的正是这种颜色，这就很容易被当作是狼毫来看。于是我就向当今的制笔名家李小平兄请教，他很肯定地认为这支毛笔的笔头不是狼毫，而是兔毫所制——由于年代久远，一直存放在墓室棺木中，特殊的环境导致了笔毛的颜色发生了变化。他还告诉我，据他多年的制作经验，即使是兔毫中颜色最深的纯紫毫，在存放两年后颜色会泛红，很像小孩子头发的颜色；存放十年后，颜色会明显变淡，不可能永久保持原色。况宋代至今已近千年，这支宋笔笔毛既是兔毫所制，颜色发生了变化是完全可能的，恰巧颜色褪变得又与狼毫的黄褐色接近，才有了"狼毫笔头"的判断。

在本书的《兔毫二题》中，我考察了兔毫制笔的悠久历史，还揭示了直至清代，制笔材料犹以兔毫为贵的这一现象。因此，这支宋代毛笔的笔毛犹应是兔毫的看法值得考虑。同时，因为是出土文物，我还联想到考古报告中那些年代更早的出土毛笔，其中有些笔头因呈黄褐色，也都被鉴定为狼毫所制。对此，我也表示怀疑，至少是存疑：

第一件：1986 年出土于甘肃天水放马滩一号秦墓（时代约在公元前 239 年以后，属战国晚期），笔毛长 2.5 厘米，0.7 厘米插入杆腔，毛质经鉴定为狼毫；

---

① 常州博物馆《常州博物馆五十周年典藏丛书 漆木·金银卷》，文物出版社，2008 年，14 页。

第二件：1979 年出土于甘肃敦煌马圈湾汉代烽燧遗址，时代为西汉。笔毛残长 1.2 厘米，虽已残损，但仍有一定的弹性，也被鉴定为狼毫；

第三、四两件：1990—1992 年间，同时出土于甘肃敦煌悬泉置遗址，时代为东汉。其中一件笔杆刻有"张氏"二字的，笔毛长 2.2 厘米，软硬相间，弹性强。两件毛质都鉴定为狼毫；

第五件：1985 年出土于甘肃武威松树乡下畦村旱滩坡十九号前凉（317—376）墓。笔毛长 4.9 厘米，直接被研究者鉴定为狼毫。

这五支笔的年代都要比常州出土的宋笔早很多，而且出土地点都在西北地区。然而西北地区并不出产狼毫，狼毫的主要产地在东北。其中除了第一件没有见到彩色图版，第二、三、四 3 件都有彩色图版可供观察，它们的颜色确实都呈黄褐色，肉眼观察也确实与狼毫颜色很相近。但这并不足以说明它们的材质就是狼毫，因为前面已经说过，紫毫经过长时间的存放也会褪色，更何况这些笔都经历了近两千年？还有一个有趣的例子，就是 1972 年出土于甘肃武威磨咀子四十九号东汉墓笔，就是那支杆身阴刻"白马作"隶书三字的汉笔。该笔毛长 1.6 厘米，考古报告认为笔柱可能是兔毫，而外面黄褐色的披毛是狼毫，虽然犹疑不决，但描述还算慎重。

至于第五件旱滩坡十九号前凉墓笔，笔毛长 4.9 厘米，这已然超出了狼毫可用于制笔的长度。认为是"狼毫"的观点值得商榷①，后来鉴定为"羊毛"②，当符合实际。另据李小平估计，该笔的笔毛应该是当地所产的一种羊毛——当然，这种羊毛和后世湖笔所采用羊毛并不相同，性能上还是有所差别。

相比之下，有的考古报告在笔毛材质的鉴定上就很合乎实际：如 1954 年出土于长沙左家公山十五号楚墓的毛笔，毛质请教于老笔工的观察，为上好的兔箭毫；1993 年出土于江苏连云港尹湾六号汉墓的毛笔，也被很明确地鉴定为兔箭毛制成；最值得称道的是对 1985 年连云港西汉中晚期西郭宝墓出土毛笔的鉴定，考古报告认为其笔头出土时的色泽与现今用旧了的狼毫笔毛色相近，但该笔毛质依然还是兔毫。

当然，由于没有经过科学地检验分析，仅通过目验就断定这些出土毛笔的笔毛是狼毫，自然是缺乏说服力的。因为兔毫无论在古代实际的制作上，还是文献的记载中，都是"大宗"，所以我倾向于大多数出土毛笔的笔毛都是兔毫的这一观点——同

① 田建《甘肃武威旱滩坡出土前凉文物》，《文博》1990 年第 3 期，49 页。
② 中国文房四宝全集编辑委员会编《中国美术分类全集·中国文房四宝全集》第 3 卷《笔纸》"图版说明"，北京出版社，2008 年，3 页。

样我也不胶着于这一观点，毕竟中国毛笔的制作选材上还是十分丰富的——我只对全然判断为"狼毫"，表示存疑。

在本书的中卷《古笔图说》中，出于客观审慎，我还是依照原考古报告，保留原来的鉴定结论，暂且不将以上这些带有疑问的"狼毫"改为"兔毫"，只在所有的"狼毫"两字旁添个"？"。希望以后的毛笔研究者和考古学家于此能够"多留个心眼儿"，庶免于"想当然"耳。以上诸例的图像与资料俱载《古笔图说》，兹不赘引。

八、汉唐时期的兔毫产地

1. 汉唐的兔毫产地

前文已经揭示，在制笔原料中，古人最重兔毫。但中国幅员辽阔，北有关西、邺下之殊，南有吴、越之异，淮南甘甜的橘子到了淮北会变异为酸涩的枳。正是由于地理气候的不同，造成了同一物性之间的差异。兔是一种繁殖能力极强的动物，或平原或山陵，或南或北，都能很好地生存，但它们之间也因地理环境的不同而产生了生理的差异，导致了制笔者对兔毫的去取。当今有经验的制笔家曾这样总结道：制笔当以产于长江中下游地区和江南各地的山兔毛为佳。这些地区产的山兔毛长，毛杆粗壮挺拔，锋颖细长，尖锐如锥，深受笔工欢迎。安徽省南部、湖北省北部和江西省北部一带，是我国山兔毛的最佳产地。我国北方地区各地都产野兔，不过名称不一。江苏省称淮兔，山东、河北等省称草兔。这些地区产的兔毛，长度一般不超过3厘米，毛杆脆，锋颖较短，呈秃状，很少选来制笔，有时和山羊毛、马毛等掺在一起制成低档小楷笔。[1] 这种经验之谈来源于实践，自然是有根据的，但与较早的文献记载比较，认识上确实有着南北之殊与古今之别。寻绎载籍不难发现，古人多认为北方所产的兔毫要优于南方，而且产地多集中在以中原地区为主的北方。

《太平御览》卷九百七引有托名春秋时期计然所撰的《万物录》一则，云："兔毫出玄菟、乐浪。"[2] 玄菟、乐浪是汉武帝时所置的郡，地在今朝鲜境内，但由于《万物录》是汉魏间人伪托[3]，若用这条资料来证明春秋时代的兔毫产地，自然是不恰当的。或许用以证明玄菟、乐浪乃汉魏时期的兔毫产地，倒可成一说。据可靠的文献记载，

---

① 李兆志《中国毛笔》，新华出版社，1994年，41—43页。

②《太平御览》，中华书局，1960年，4023页。

③ 孙启治、陈建华《古佚书辑本目录（附考证）》，中华书局，1997年，218页。

唐代以前的产地则主要是在今河北地区，唐代的兔毫产地主要集中于今河北、河南、山东、山西地区。《文房四谱》卷一《笔谱上·二之造》：

> 王羲之《笔经》云：《广志会献》云："（汉时）诸郡献兔毫，出（书）鸿都门（题），惟有赵国毫中用。时人咸云：兔毫无优劣，笔手有巧拙。"意谓赵国平原广泽，无杂草木，惟有细草，是以兔肥，肥则毫长而锐，此则佳笔也。①

唐段公路也说：

> 今岭中亦有兔，但才大于鼠，比北中者，其毫软弱，不充笔用。是知王羲之叹江东下湿，兔毫不及中山。②

这两条资料分别提到了赵国和中山，而这两个地方都在今河北省境内。赵国在秦代为邯郸郡，汉高帝四年为国，汉景帝四年冬复为邯郸郡，治所在今河北邯郸③；中山，汉景帝三年六月分常山郡东部地置中山国，成帝建始二年除为郡，阳朔二年又复为国，治所在今河北定州。④ 出土文献还证明，赵国石邑（今河北鹿泉东南）及河内郡（今河南武陟西南）所产的毛笔在汉代就已远销至西北边郡。⑤《笔经》所谓"（汉时）诸郡献兔毫，（书）鸿都门（题），惟有赵国毫中用"，是说东汉灵帝光和元年二月所置的鸿都门⑥，门额是用赵国所献的兔毫笔所题写的。汉代的赵国和中山都在今河北省境内，说明汉代的兔毫产地主要是在北方。

　南朝刘宋虞龢在《论书表》中记载张永制笔"笔则一二简毫，专用白兔。大管丰毛，胶漆坚密。"我怀疑"白兔"应该作"北兔"⑦，是南朝时人犹以北方所产兔毫为贵。隋代，炀帝取今河北沧州所产之兔，养于扬州海陵县（今江苏泰州）⑧，实亦为北兔。

---

① 《文房四谱》卷一《笔谱上·二之造》，与《初学记》卷二十一引参校。
② 段公路撰，崔龟图注《北户录》卷二"鸡毛笔"条，吴兴陆氏《十万卷楼丛书》本。
③ 参见周振鹤《汉书地理志汇释》，安徽教育出版社，2006 年，441 页。
④ 同上，448—449 页。
⑤ 陈直《居延汉简研究》，中华书局，2008 年，282 页。按：石邑治今在河北鹿泉东南。李吉甫《元和郡县图志》卷十七《河北道二·恒州》："石邑县，本战国时中山邑也，《史记》赵武灵王攻中山，取石邑是也。汉于此置石邑县，属常山郡，後汉至隋不改，皇朝因之。"（陈直《两汉经济史料论丛》，中华书局，2008 年，204 页）
⑥ 《后汉书·灵帝纪》：（光和元年二月）"置鸿都门。"李贤注："鸿都，门名也，于内置学。时其中诸生，皆敕州、郡、三公举召能为尺牍、辞赋及工书鸟篆者相课试，至千人焉。"（中华书局，1962 年，340 页）
⑦ 见本书下卷《虞龢论笔墨事笺》。
⑧ 段公路撰，崔龟图注《北户录》卷二"鸡毛笔"条，吴兴陆氏《十万卷楼丛书》本。

到了唐代，兔毫的重要产区，除了今河北地区，今河南、山东、山西等地也是产区。据《唐六典》记载，河南府、许州、卫州、怀州、汝州、潞州诸府州产兔皮①，但这些地方所产兔皮的用途是什么，没有说明。另据《新唐书·艺文志》载：

> （玄宗）创集贤书院，学士通籍出入。既而，太府月给蜀郡麻纸五千番，季给上谷墨三百三十六丸，岁给河间、景城、清河、博平四郡兔千五百皮为笔材。②

《唐六典》载诸府州所产兔皮，当作笔材的可能性是极大的。

唐代290年间的行政区划前后颇有变化。先是改郡为道，贞观元年（627）因山川形便，分天下为十道，至玄宗开元二十一年（733），分为十五道。道下析州县，天宝元年（742）改州为郡，肃宗乾元元年（758）又改郡为州。因此地志中所记兔毫产地，名称上不太统一，而且和现在的行政区划也已有很大的不同。我们不妨将上面两则史料中唐代的诸兔毫产地制一简表：

唐代兔毫产地简表

序号	开元（州）	天宝（郡）	属 道	今 地
1	瀛州	河间郡	河北道	河北沧州
2	沧州	景城郡	河北道	河北沧州
3	贝州	清河郡	河北道	河北清河
4	博州	博平郡	河北道	山东聊城
5	怀州	河内郡	河北道	河南焦作
6	卫州	汲郡	河北道	河南卫辉
7	许州	颍川郡	河南道	河南许昌
8	汝州	临汝郡	河南道	河南汝州
9	河南府	河南府	河南府	河南洛阳地区
10	潞州	上党郡	河东道	山西长治
11	泽州	高平郡	河东道	山西晋城地区

说明：本表参考《简明中国历史地图集》《旧唐书·地理志》《新唐书·地理志》编制。

---

① 李林甫等撰，陈仲夫点校《唐六典》卷二十《两京诸市署·右藏署》，中华书局，1992年，546页。

② 《新唐书》卷五十七，中华书局，1975年，1422页。

从表中可以看出，唐代兔毫的重要产区主要是在今河北、河南地区，今山东、山西等地也是产区。这些地方所产的兔子属于草兔，与当今制笔家所说的，制笔当以产于长江中下游地区和江南各地的山兔毛为佳的说法，恰恰相反。

2. 兔毫的"北优南劣"

《宣和画谱》卷十八"崔悫"条：

> 大抵四方之兔，赋形虽同，而毛色小异，山林原野，所处不一。如山林间者，往往无毫，而腹下不白。平原浅草，则毫多而腹白，大率如此相异也。①

很显然，宋代人依旧倾向于北方所产的兔毫要优于南方的观点。苏轼在《记南兔毫》一文中也记述了南方所产之兔毫不佳的情况：

> 余在北方食獐兔，极美，及来两浙江淮，此物稀少，宜其益珍。每得食，率少味，及微腥，有鱼虾气。聚其皮数十，以易笔于都下。皆云："此南兔，不经霜雪，毫漫不可用。"乃知此物本不产陂泽间也。②

据古代文献所记载的整个情势来看，长江以南的地域并不盛产兔毫，或是兔毫的质量不高，于是制笔原料上就出现了其他替代品种。如刘恂谓"番禺地无狐兔，用鹿毛、野狸毛为笔"③；周去非谓"岭外亦有兔，其毫乃不堪为笔。静江府羊毫笔则绝佳"④；庄绰谓"江浙无兔，系笔多用羊毛，惟明、信州为佳，毛柔和而不牵曲；亦用鹿毛，但脆易秃。湖南二广又用鸡毛，尤为软弱。高丽用猩猩毛，反太坚劲也。其用鼠须，只一两茎置笔心中。如狸毛则见于《唐史》，疑亦太弱"⑤。采用兔毫以外品种的原料制笔，苏易简认为原因是"盖江表亦少兔也"，因此还导致"商贾赍其（兔）皮南渡以取利"的局面。⑥

---

① 《宣和画谱》，浙江人民美术出版社，2012 年，208 页。
② 苏轼《苏轼文集》卷七十《题跋·笔砚》，中华书局，1986 年，2233 页。
③ 刘恂《岭表录异》卷上，《丛书集成初编》，中华书局，1985 年，4 页。
④ 周去非著，杨武泉校注《岭外代答校注》卷六《器用门·笔》，中华书局，1999 年，201 页。
⑤ 庄绰《鸡肋编》卷上，中华书局，1983 年，24 页。
⑥ 《文房四谱》卷一《笔谱上·二之造》。

苏轼所记南方兔毫不佳的原因是"不经霜雪",因为"兔经霜则毫健"①,这是从气候方面着眼。《宣和画谱》则从地理环境因素着眼,说"山林间者,往往无毫"。为什么南方的山兔"无毫"?北宋张耒在《明道杂志》中阐明了理由:

> 白乐天作《紫毫笔》诗云:"宣城石上有老兔,食竹饮泉生紫毫。"余守宣时问笔工:"毫用何处兔?"答云:"皆陈、亳、宿数州客所贩;宣自有兔,毫不堪用。盖兔居原田,则毫全,以出入无伤也。宣兔居山,出入为荆棘树石所伤,毫例短秃。"则白诗所云非也。白公宣州发解进士,宜知之,偶不问耳。②

结合气候和地理这两大因素,古人看重北方所产的兔毫,可以总结为:因为北方气候寒冷,致使毫毛劲健。同时北方平原广袤,兔在奔跑出没时不会被"荆棘树石"伤到毫毛。

以上所列举的观点大致地反映了古人对兔毫"重北轻南"的倾向,但北兔的毫伤于劲硬,有失婉转。段公路就说隋炀帝取沧州所产,养于扬州海陵县之兔,毫毛"劲快",但"不堪全用",原因"盖兔食竹叶故耳"③,因而掺合相对柔软的南兔毫,才能达到刚柔兼济的效果。南宋陈槱就采取了这种折中的观点:

> 韩昌黎为《毛颖传》,是知笔以兔颖为正。然兔有南北之殊,南兔毫短而软,北兔毫长而劲,生背领者其白如雪,霜毫作笔,绝有力。然纯用北毫,虽健且耐久,其失也不婉,用南毫虽入手易熟,其失也弱而易乏,善为笔者但以北毫束心,而以南毫为副,外则又用霜白覆之,斯能兼尽其美矣。④

陈槱看到南北两种兔毫各自的特点,应该属于较为全面的看法。⑤但"北优南劣",是宋及以前人们对兔毫的较普遍的看法。

---

① 《古文苑》卷七蔡邕《笔赋》:"惟其翰之所生,于季冬之狡兔。"章樵注:"兔经霜则毫健。"《文房四谱》卷二《笔谱下·五之辞赋》载唐张碧《答张郎中分寄翰林贡余笔歌》:"圆金五寸轻错刀,天人摘落霜兔毛。"然明谢肇淛《五杂组》卷十二《物部四》则认为:"南北异宜,兔毫入北地,一经霜风即脆。"

② 张耒《明道杂志》,中华书局,1985年,1页。

③ 段公路撰,崔龟图注《北户录》卷二"鸡毛笔"条,吴兴陆氏《十万卷楼丛书》本。

④ 陈槱《负暄野录》卷下《论笔料》,12页。

⑤ 当今制笔家李兆志也有类似的说法:"兔颖产量少,紫毫笔造价较高。单纯用兔颖制成的紫毫笔刚性也过强,通常把兔颖和优质山羊毛掺合在一起,制成七紫三羊、五紫五羊等。"(《中国毛笔》,105页)

3. 宣城兔毫

张耒在《明道杂志》中的论述，曾引起后世的争议。争议的焦点，主要围绕着"宣城是否出产兔毫"。同时代的严有翼对张耒的观点表示认同，他在《艺苑雌黄》中说：

> 《寰宇记》言溧水县中山又名独山，在县东南十里，不与群山连接。古老相传：中山有白兔，世称为笔最精。韩退之《毛颖传》云："唯居中山者，能继父祖业。"李太白《怀素草书歌》云："笔锋杀尽中山兔"，得非此乎？比观张文潜（张耒）《明道杂志》，首载白乐天《紫毫笔》诗云："'宣城石上有老兔，食竹饮泉生紫毫。'余守宣，问笔工：'毫用何处兔？'答云：'皆陈、亳、宿州客所贩；宣自有兔，毫不堪用。盖兔居原田，则毫全，以出入无伤也。宣兔居山中，出入为荆棘树石所伤，毫例短秃。'则白诗所云非也。白公宣州发解进士，宜知，偶不问耳。"予按《北户录》说兔毛处云："宣城岁贡青毫六两，紫毫三两。"其后又云："王羲之叹江东下湿，兔毫不及中山。"由是而言，则宣城亦有兔毫，要之不及北方者劲健可用也。然则《毛颖传》、李太白诗所言"中山"，非溧水之中山，明矣。[1]

张、严二人认为宣城不产兔毫或所产不佳，但有一个问题就是，《北户录》引王羲之的话中所说的"中山"到底是哪里的中山？

前文已经指明，汉代的中山即今河北定州。据史书地志的记载，其命名与其所处地理环境有关。《后汉书·光武帝纪》："复北击中山。"李贤注：

> 中山，国，一名中人亭，故城在今定州唐县东北。张曜《中山记》曰："城中有山，故曰中山。"[2]

唐李吉甫《元和郡县图志》卷十八《河北道三·定州》详述这个中山的历史沿革：

> 《禹贡》冀州之域，亦尧帝始封唐国之地。春秋时鲜虞白狄之国，《左传》曰"晋荀吴侵鲜虞"，是也。战国时为中山国，与六国并称王，后为赵武灵王所灭。中山之地，方五百里，秦兼天下，今州盖秦赵郡、钜鹿二郡之地。汉高帝分赵、

---

① 胡仔《苕溪渔隐丛话后集》卷十载严有翼《艺苑雌黄》，人民文学出版社，1962年，71页。
② 《后汉书》，14页。

钜鹿置常山、中山二郡，城中有山，故曰中山。景帝改为中山国，封子胜为中山王。哀帝崩，立中山孝王之子衍，是为平帝。后燕慕容垂僭号，建都于此，仍置中山尹。后魏道武帝平慕容垂子宝为中山郡，置安州，又改为定州，以安定天下为名也。隋开皇元年，以"中"字犯庙讳，改中山郡为鲜虞郡。大业三年，改为博陵郡，遥取汉博陵郡为名也。九年，又改为高阳郡。隋末陷贼，武德四年讨平窦建德，复置定州，复开皇之旧名也。天宝元年改为博陵郡，乾元元年复为定州。①

然而《元和郡县图志》卷二十八《江南道四·宣州》又载：

> 中山，在（溧水）县东南一十五里。出兔毫，为笔精妙。②

据《寰宇记》所言，溧水的中山，因"不与群山连接"，故名"独山"，这与因"城中有山"而的北方中山，得名上颇有相似之处，当出于一种巧合。更巧的是，两个中山都出产兔毫，这就容易造成混淆与误解。

那么，王羲之所说的"中山"到底是哪里的中山呢？我们认为，应是北方的那个自汉代开始就以出产兔毫闻名的中山。王羲之说"江东下湿，兔毫不及中山"，正说明产于北方中山的兔毫优越，因此不可能是指位于江东宣城溧水县的中山。可是，这又招来一个质疑——明末大学者方以智就疑惑地问道："东晋已失中原，右军安能必得中山毫？"③这一看似敏锐的诘问，实际并不难以回答：东晋时期，中山（郡）虽一直被北方少数民族政权所占据，但东晋时期南北互市贸易却非常活跃，并非像一般理解得那样隔绝。④这同样也给前面提到南朝虞龢说张永制笔"专用北兔"，提供了解释。

溧水中山只是一个小小的地方，属于唐代江南西道宣城郡的一个山区，在唐代以前似乎并不有名。可是到了唐代中后期，却因与毛笔发生了密切的关系，名气大了起来。《旧唐书·韦坚传》载天宝年间，宣城郡船所载的货物中就有纸、笔。⑤《新唐书·地理志》亦载宣州宣城郡的土贡中有纸、笔。⑥宣城所产的兔毫笔，在中晚唐时期名气渐著，直接被当时的诗人称为"宣毫"。如王建《宫词》："延英引对碧衣郎，

---

① 李吉甫《元和郡县图志》，中华书局，2005 年，510 页。

② 同上，685 页。

③ 方以智《通雅》卷三十二《器用·纸笔墨砚》，《方以智全书》，上海古籍出版社，1988 年，第一册下，994 页。

④ 参见唐长孺《魏晋南北朝隋唐史三论》，《唐长孺文集》，中华书局，2011 年，129—130 页。

⑤《旧唐书》卷一百五，中华书局，1975 年，3223 页。

⑥《新唐书》卷四十一，中华书局，1975 年，1066 页。

江砚宣毫各别床。"① 皮日休《二游诗·徐诗》:"宣毫利若风,剡纸光于月。"② 齐己《谢人自钟陵寄纸笔》:"霜雪剪裁新剡砸,锋铓管束本宣毫。"③ 薛涛《十离诗·笔离手》:"越管宣毫始称情,红笺纸上撒花琼。"④ 这在之前的诗文中似未见。而上引《元和郡县图志》称溧水县"出兔毫,为笔精妙",则更能明确这里出产兔毫。至于张耒的观点,陈寅恪先生认为是"拘于时代","未必可为定论"⑤,然而张耒援引笔工的话说"(兔毫)皆陈、亳、宿州客所贩;宣自有兔,毫不堪用",作为直接参与制作的笔工,这种基于实践的经验自然也是值得考虑的。

我们不是亲与其事的制笔者,对兔毫的优劣实无太多的发言权。无论是否承认宣城产兔毫,还是宣城兔毫的是优是劣,都来自于对文献的理解,更直接地说,我们只有纸上谈兵的本领。当然这个本领确实比一般人更具备解释各种情况的能力,不妨再举一例,佐证本人的看法。前面已经明确,唐代"兔毫"的重要产区主要是在今河北、河南地区,今山东、山西等地也是产区。从文献对这些地区所产兔毫的记述看,严格说来只是"兔皮",明显属于最原始的、没有加工过的原材料。但宣城所产却已是实实在在的,经过精心加工过的兔毫,唐段公路《北户录》卷二"鸡毛笔"条为我们提供了有力的线索:

> 其宣城岁贡青毫六两、紫毫三两、次毫六两,劲健无以过也。⑥

从质量上看,宣城进贡的是紫毫、青毫和次毫,这些都是兔毫中的优质产品。其中紫毫堪称极品,因而产量最低,每年只有三两。我们可以通过段公路的这条记述,得出这样的一个结论:在唐代,尤其是在其中后期,宣城所产的兔毫属于产量极低的高端产品;宣城的兔毫并不针对面广量大的普通的市场需求,它们主要提供给帝王权贵那样的高端的客户。汪篯先生曾概括唐代工商业的特点说:

> 唐代的手工业和商业的特点是在普通地主经济逐渐发展的情况下形成的。它不但为贵族官僚服务,而且为众多的普通地主服务。高级奢侈品固然不少,但从

---

① 《全唐诗》,上海古籍出版社,1986 年,上册,761 页。此诗一署元稹作。见范摅《云溪友议》卷下《琅琊忤》,古典文学出版社,1957 年,67 页。

② 《全唐诗》,下册,1542 页。

③ 同上,2077 页。

④ 同上,1970 页。关于"宣毫"的简要资料,还可参见张泽咸《唐代工商业》,中国社会科学出版社,1995 年,198—199 页。

⑤ 陈寅恪《陈寅恪集·元白诗笺证稿》,生活·读书·新知三联书店,2001 年,291—292 页。

⑥ 段公路《北户录》,吴兴陆氏《十万卷楼丛书》本。

手工业生产力来看，我们的着眼点更应放在为普通地主服务的一些手工业产品如瓷器、铜镜、文房四宝（反映大量读书人出现）上面。唐代大抵中小地主较多，他们用不起最高级的奢侈品，如玉器之类，但他们也需要质量比较好的一些手工业品，如比较精好的纸张、文具、美酒、瓷器等。这些都要从市场取得。①

在唐代中后期的毛笔制作中，各地所产的兔毫并非不堪用，也完全能够制作出"比较精好"的毛笔，以应对一般市场之需。但宣毫属于笔料中的"极品"，自然也是当时广大"中小地主"所用不起的那种"最高级的奢侈品"。而诗人们总能够敏锐地抓住事物的特殊性，给它取了个响亮的名称——"宣毫"。

---

① 汪篯《汉唐史论稿》，北京大学出版社，1992年，176页。

九、管杆小识

1. "笔管"小识

绝大多数形声字的形旁，只是跟字义有某种联系[①]："管"字从竹，官声，是形声字；从字形看，"管"的质料无疑是竹。"管"，据《说文》的解释，最早是指一种古老的竹制乐器。《说文·竹部》："管，如篪，六孔，十二月之音，物开地牙，故谓之管。从竹，官声。"[②] 其实，"管"最早的意思即是竹管。"管"字还具有其他许多义项，其中重要的一项就是笔管。

《诗经·邶风·静女》有："静女其娈，贻我彤管"之句，东汉郑玄笺："彤管，笔赤管也。"唐陆德明释文："彤，赤也。管，笔管。"[③] 东汉应劭《汉官仪》："尚书令、仆、丞、郎，月给赤管大笔双，篆题曰'北（宫）工作'，楷于头上。"[④] 研究者认为，东汉后期始称笔杆为管。[⑤] 这个观点大致不差，但在一些出土文献的记述中，"管"是指装笔的套筒[⑥]，如江陵张家山二四七号西汉早期墓遣册记"笔一，有管"[⑦]；尹湾村六

[①] 裘锡圭《文字学概要》，商务印书馆，1988 年，167 页。

[②] 许慎撰，徐铉校订《说文解字》，98 页。

[③]《十三经注疏》，上册，310 页；陆德明撰，黄焯汇校《经典释文汇校》，中华书局，2006 年，136 页。

[④]《艺文类聚》卷五八引，上册，1054 页。《文房四谱》引有"宫"字，据补。按：《汉官仪》在正史书志中多署为东汉应劭所撰，原书已佚，后世有辑本多种。见孙启治等《古佚书辑本目录（附考证）》，183 页。

[⑤] 孙机《汉代物质文化资料图说（增订本）》，318 页；孟娟娟《网疃汉代刻单管短套毛笔之管见》，《东南文化》2007 年第 2 期，78 页。

[⑥] 有些考古报告称作"笔筒"。

[⑦] 张家山汉墓竹简整理小组《江陵张家山汉简概述》，《文物》1985 年第 1 期，15 页；张家山二四七号汉墓竹简竹简整理小组《张家山汉墓竹简（二四七号墓）：释文修订本》，文物出版社，2006 年，190 页。

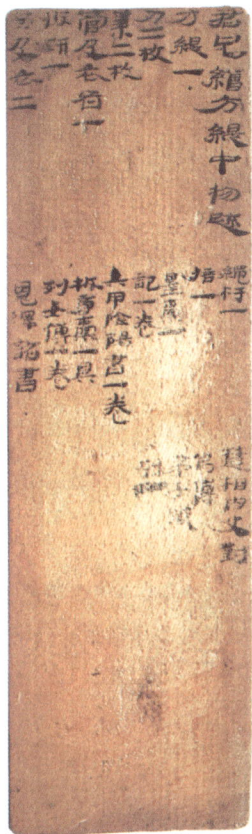

图一 尹湾汉墓《君兄缯方缇中物疏》

图二 尹湾汉墓针刻漆套竹杆对笔及笔套（管）

号汉墓中出土西汉成帝时期（前32—前7）的东海郡简牍《君兄缯方缇中物疏》所记随葬物品中有"笔二枚。管及衣各一"的记载。【图一】学者都一致认为，此"管"字指的当是装笔的笔套（笔筒）[1]，而此墓也相应出土了两支装在木胎髹漆双管笔套内的实物，是坚确的印证。【图二】

从词性上说，"管"一般作为名词使用。在古汉语中，名词作量词的情况却非常普遍，因此"管"亦充作量词用。但它的这一义项产生较晚，大概在南北朝时期还没有产生[2]，通常还是用作名词。

----

[1] 范常喜《尹湾六号汉墓遣册木牍考释二则》，《简帛》第7辑，上海古籍出版社，2012年，171—177页；张显成、周群丽《尹湾汉墓简牍校理》，天津古籍出版社，2011年，111—112页；马怡《一个汉代郡吏和他的书囊——读尹湾汉墓简牍〈君兄缯方缇中物疏〉》，《中国社会科学院历史研究所学刊》第九集，商务印书馆，2015年，101—132页。

[2] 刘世儒《魏晋南北朝量词研究》："'管'的本义是'竹管'。笔干是由竹管制成的，因此，'管'就引申而用成'笔'的专用量词。但在南北朝这样用并不多见，而况又是出自《搜神记》之类的书，因此，这个量词在南北朝是否已经产生，实在还成问题。"并引《搜神记》卷二"但将取……笔十管，墨五挺，安我里"为例证，继续说："现代语尽管笔干已经不是竹制的了（当然是说铅笔、钢笔），可是还可论'管'（如"一管钢笔"），但毕竟已经开始衰落，可以预见，它迟早总是要被淘汰而完全让位给'枝'或'根'的。"（中华书局，1965年，169页）

　　笔的量词在唐以前主要是"枚"：出土文献除西汉《君兄缯方缇中物疏》"笔二枚"之称，还有敦煌悬泉置遗址出土帛书《元致子方书》"笔五枚，善者"①；江西南昌三国吴国早期高荣墓遣册"笔三枚"②；江西南昌东湖区永外正街一号晋墓衣物疏牍③，及武威旱滩坡十九号前凉（369）墓衣物疏牍中均称"故笔一枚"④；传世文献则唐段公路《北户录》卷二"米饼"条："广州南尚米饼……且前朝短书杂说即有呼……笔为双、为床、为枚。"崔龟图注引《梁令》云："写书笔一枚一万字。"刘世儒说，"枚"的本义是树杆，引申作计数工具，再由此引申就成量词。"枚"是适应力最强的量词，除了抽象名词及个别事物它还不习惯陪伴外，几乎是无所不适应的。⑤

　　到了唐代，笔的量词以"管"为称明显多了起来，普遍代替了"枚"：出土文献如《唐开元九年（721）十月至十年正月于阗某寺支出簿》："笔两管、～别一十五文、抄文历用。"⑥敦煌S.4411《樊崇圣纳笔帐》记樊崇圣在某年四月廿九日至十一月三日八个月间，每月纳笔若干"管"，最后共"计纳二百六十八管"。⑦【图三】还有S.3875《杂写》则记五代后唐末帝"清泰叁年丙申岁十一月十一日新造此笔一管写此文本"。⑧传世文献则段公路《北户录》卷二"鸡毛笔"条，崔龟图注引郑虔云："麝毛笔一管，写书直行四十张。狸毛笔一管，界行写书八百张。"同书同卷"米饼"条崔龟图注："南朝呼笔四管为一床。"⑨《能改斋漫录》卷十四载柳公权《谢惠笔帖》："后有管小锋长者，望惠一二管。"⑩唐段成式有篇文章即名为《寄余知古秀才散卓笔十管软健笔十管书》。⑪

① 胡平生、张德芳《敦煌悬泉置汉简释粹》，上海古籍出版社，2001年，187页。
② 江西省博物馆《江西南昌市东吴高荣墓的发掘》，《考古》1980年第3期，227页。
③ 江西省博物馆《江西南昌晋墓》，《考古》1974年第6期，375页。
④ 何双全《简牍》，敦煌文艺出版社，2004年，82页；张俊民《武威旱滩坡十九号前凉墓出土木牍考》，《考古与文物》2005年第3期，74页。
⑤ 刘世儒《魏晋南北朝量词研究》，76—82页。按："枚"与另一个量词"个"都属于"泛指性量词"，见李建平《泛指性量词"枚／个"的兴替及其动因》，附录于《先秦两汉量词研究》，西南大学博士论文，2010年。
⑥ ［日］池田温《中国古代籍帐研究》，中华书局，2007年，205页；池田温《麻札塔格出土盛唐寺院支出簿小考》，敦煌研究院编《段文杰敦煌研究五十年纪念文集》，世界图书出版公司，1996年，210—216页；王仲荦《金泥玉屑丛考》卷六《唐西陲物价考·于阗物价考·纸笔价》，中华书局，1998年，220页。
⑦ 中国社会科学院历史研究所等合编《英藏敦煌文献（汉文佛经以外部分）》，第六卷，61页。
⑧ 中国社会科学院历史研究所等合编《英藏敦煌文献（汉文佛经以外部分）》，第五卷，185页。
⑨ 段公路撰，崔龟图注《北户录》，吴兴陆氏《十万卷楼丛书》本。
⑩ 吴曾《能改斋漫录》，上海古籍出版社，1979年，下册，433页。
⑪ 陈颖认为"到了宋代，苏轼作品中'管'的量词身份不但可以完全确定下来，而且也不止称量'笔'，还可以称量形状相似的'竹'，都是直形中空。"（《苏轼作品量词研究》，59页）这个结论明显过晚。

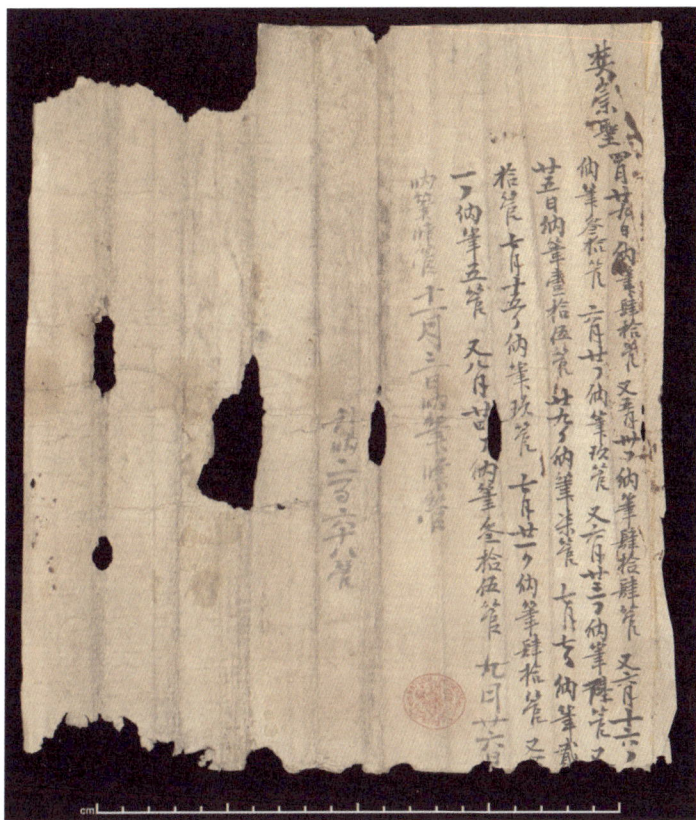

从此,"管"充作笔的量词用逐渐普遍起来。[1]

通常所说的笔管,在古文献中还有一种几乎不用的异称"弫",《说文解字义证·弓部》:"笔管亦谓之弫。《内则》:'右佩玦、捍、管',注云:'管,笔弫。'"[2] 唯例证实在太少,这里聊加揭示。

---

[1] 按:"管"作为笔的量词产生于唐代,唐代以前用"枚"来称量。笔者对此将另撰文详细讨论。

[2] 桂馥《说文解字义证》,上海古籍出版社,1987年,1113页。《礼记·内则》文据阮刻本校正。

2. 所谓"枯木为管"

《艺文类聚》卷五八引西晋张华《博物志》云："蒙恬造笔。"蒙恬如何造笔，造的是怎样的笔？张华同时代的崔豹在其《古今注》卷下"问答释义"中有较详细的交代：

> 牛亨问曰："自古有书契已来，便应有笔，世称蒙恬造笔，何也？"答曰："蒙恬始造，即秦笔耳。以枯木为管，鹿毛为柱，羊毛为被，所谓苍毫，非兔毫竹管也。"①

此条中值得注意的是"枯木为管"。【图四】从字面理解，"枯木为管"就是干枯的木头所做的笔杆，似不必大费周章地加以探究，但北宋的大型类书《太平御览》卷六百五所引，却作"柘木为管"。② 一字之差，意义颇殊，势必就要费些考证的功夫。

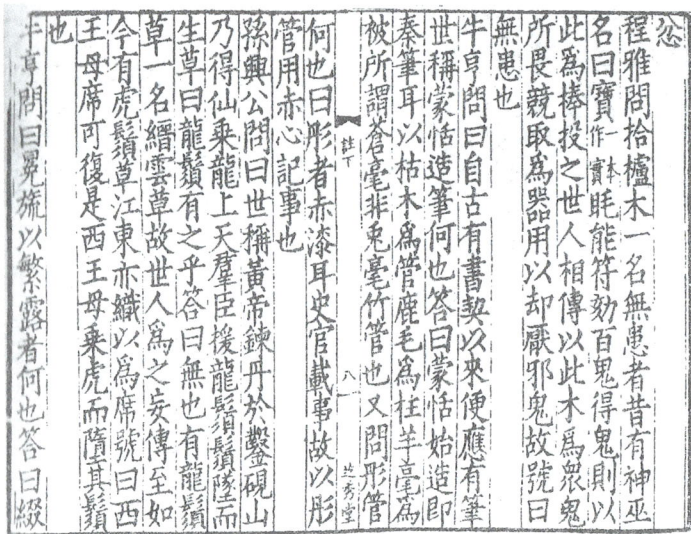

图四　影宋本《古今注》

---

① 据《四部丛刊》影宋本。
② 然《古今逸史》及《汉魏丛书》本《古今注》并作"枯木"。

按：五代人马缟有《中华古今注》一书，其中许有多条目袭自《古今注》，其卷中有"牛亨问书契所起"条，可以说完全抄自崔豹所述，但"枯木"却与《御览》同作"柘木"。苏易简《文房四谱》卷一《笔谱上·一之叙事》录崔豹《古今注》亦作"柘木"。另有唐人苏鹗的《苏氏演义》，其卷下亦有抄袭《古今注》此条，却又作"枯木"。① 那么究竟作"枯"是，还是作"柘"是呢？笔者认为作"柘木"是。②

柘属落叶灌木或乔木，《说文·木部》："柘，柘桑也。"段玉裁注："《淮南注》'乌号'云'柘桑，其木坚劲，乌峙其上'，是也。"柘的质地坚硬，于制笔杆当为宜矣。《晋书·五行志》载晋惠帝时童谣曰："荆笔杨板行诏书。""荆笔"即以荆木为笔杆，荆亦属落叶灌木。作为一种木名，柘木又称"杆"，读作去声，同"榦"。《广雅·释木》："杆，柘也。"王念孙疏证："杆与榦同。《禹贡》：'荆州，厥贡杶榦栝柏。'《考工记疏》引郑注云：'榦，柘榦也。'又注《考工记》'荆之榦'云：'榦，柘也，可以为弓弩之榦。'又《弓人》：'凡取榦之道七，柘为上。'此柘之所以名榦也。"作为笔管或称的"笔杆"的"杆"字，读作入声，但"笔杆"之称似不经见于古人的叙述。

关于木管毛笔，20 世纪 30 年代初，西北科学考查团于蒙古额济纳土尔扈特旗发现了一支汉代的实物，马衡先生定名为"居延笔"。他对此笔的材质及产地略有考证：

自来器物，必利用天然之材，而后事半功倍。笔管皆圆形，虚其中以纳毫，宜于用竹。而此以木者，盖西北少竹，材不易得，木则随地有之。征之简牍，亦木多而竹少，可以知其故矣。崔豹《古今注》言蒙恬造笔曰"以柘木为管"。《晋书·五行志》曰，"晋惠帝时谣曰：'荆笔杨板行诏书。'"是古有以木为笔管者矣。③

"以木为笔管"的毛笔在后来的考古发掘中陆续有出土，如：江苏连云港网疃西汉墓的两枚笔头的残杆④；甘肃省武威松树乡下畦村旱滩坡十九号前凉（317—376）墓的松

① 对《古今注》《中华古今注》《苏氏演义》关系的考证，见余嘉锡《四库提要辨证》卷十六，中华书局，1980 年，第三册，857—868 页。
② 牟华林亦认为作"柘"是。（崔豹著，牟华林校笺《古今注校笺》，线装书局，2015 年，210 页）
③ 马衡《记汉居延笔》，《凡将斋金石丛稿》，277 页。见本卷《"汉居延笔"的发现、图像与踪迹》。
④ 石雪万《连云港地区出土的汉代"文房四宝"》，《书法丛刊》1997 年第 4 期，87 页。

木笔 [①]；新疆吐鲁番阿斯塔那晋代木质画笔 [②]，及唐代西州时期（640—792）唐笔 [③]。

　　"柘"字从木，石声；"杆"字从木，干声，皆是形声字，其形旁与字义自有某种联系。因此，"以木为笔管"的毛笔笔头后部用于执捉的部分，从语言的准确性上说，应该称作"笔杆"，但无论怎样，"枯木为管"的"枯"字应是"柘"字的形讹。

---

① 田建《甘肃武威旱滩坡出土前凉文物》，《文博》1990 年第 3 期，49—50 页。
② 新疆维吾尔自治区博物馆《新疆出土文物》，29 页。
③《吐鲁番博物馆》编委会《吐鲁番博物馆》，83、122 页。

十、"彤管"——古笔研究中一个被误解的名物

　　传统的"诗经学"在学理上大致分为两派：诗义派和名物派。孔子认为，诗可以"多识于鸟兽草木之名"①，这是名物派努力的方向。扬之水先生认为，尽管"博物学"一系的名称研究，往往只在"多识"一面用力，而把诗义的推阐置于一边，但无论古今，诗经研究，归根结底，都是为了阐发诗义。诗，第一义是文学的，但是因为它终究不能脱离产生它的时代，所以，它又是历史的，并且，在不同程度上反映了那一叶历史中的诸多方面。而历史中的细节，在很大程度上是由所谓"名物"体现出来。②

　　说到毛笔的笔管这个名物，对古代文史较为留心的人，脑际立刻会浮现出"彤管"这两字来，因为这两个字最早出现于《诗经·邶风》中的《静女》诗中：

> 静女其姝，俟我于城隅。
> 爱而不见，搔首踟蹰。
> 静女其娈，贻我彤管。
> 彤管有炜，说怿女美。
> 自牧归荑，洵美且异。
> 匪女之为美，美人之贻。③

《静女》是一首优美曼妙的爱情诗篇，描写一对恋人在城角边幽会的情形。与《诗经》中那些诘曲聱牙、古奥艰涩之作相比，此诗似乎算不得难懂，但古来注释家们对其解释的热情却丝毫不减，尤其是对诗中"彤管"这一名物所做的考证，可谓连篇累牍。

---

① 《论语·阳货》，《十三经注疏》，下册，2525 页。
② 扬之水《诗经名物新证》，北京古籍出版社，2000 年，1—5 页。
③ 《十三经注疏》，上册，310 页。

　　"诗经学"中最有名的两部著作，莫过于《毛传》和《郑笺》，它们是研究《诗经》的起点，因而深受尊崇。很自然地，它们对《静女》中的"彤管"也不会无释。《毛传》的解释从政治伦理方面着眼，故较为宏观：

　　　　以君及夫人无道德，故陈静女遗我以彤管之法。德如是，可以易之为人君之配。

又云：

　　　　既有静德，又有美色，又能遗我以古人之法，可以配人君也。古者，后夫人必有女史彤管之法，史不记过，其罪杀之。后妃群妾以礼御于君所，女史书其日月，授之以环以进退之：生子月辰，则以金环退之；当御者，以银环进之，著于左手；既御，着于右手。事无大小记以成法。……彤管，以赤心正人也。①

正因为"宏观"，所以《毛传》只提供了"彤管"这个名物产生的"现实基础"和"历史背景"，而没有做具体的细节性的解释。相较而言，《郑笺》则具体而微：

　　　　彤管，笔赤管也。②

寥寥数字，却体现了郑玄这位道地的名物学家的做派。③

　　从传统的注释体式上说，《毛传》和《郑笺》是对《诗经》所作的注。④ 但由于时代的悬隔，前人的注对于后人来说，有些已经不易理解，于是在南北朝时期，就出现了一种为注作注的新型注释体式——"疏"（又称"正义"）。《诗经》除了毛、郑两家的注，同样也有疏，就是唐代孔颖达的《毛诗正义》。孔颖达自然也没有错过对毛、郑两家"彤管"注的疏释：

　　　　正义曰：传以经云"贻我彤管"是女史之事，故具言女史之法也。《周礼》："女史八人。"注云："女史，女奴晓书者。"其职云："掌王后之礼，职掌内治之贰，以诏后治内政。逆内宫，书内令，凡后之事，以礼从。"夫人、女史亦如之。故此总云"后夫人必有女史彤管之法"也。女史若有不记妃妾之过，其罪则杀

---

① 《十三经注疏》，上册，310 页。
② 同上。
③ 宋程大昌指出：毛、郑说《诗》多异，唯有对"彤管"的解释相通，其必有所本。见《演繁露》卷十四"彤管"条，《考古编（外六种）》，上海古籍出版社，1992 年，185 页。
④ 顾炎武著，黄汝成集释《日知录集释》卷十八"十三经注疏"条："其先儒释经之书，或曰传，或曰笺，或曰解，或曰学，今通谓之注。"（岳麓书社，1994 年，641 页）

图一 《本草纲目》中的古兰

之，谓杀此女史，凡后妃群妾，以礼次序御于君所之时，使女史书其日月，使知某日某当御，某日当次某也。……传"彤管以赤心正人"正义曰：必以赤者，欲使女史以赤心正人，谓赤心事夫人而正妃妾之次序也。……正义曰：以女史执此赤管，而书记妃妾进退日月所次序，使不违失。宜为书说而陈释之，成此妃妾之德美，故美之也。①

旧时代注疏的一个重要特点是疏不破注，也就是疏必须维护注的观点，在注的基础上引申发挥，补充资料，以把原文和注释的每一句话解释清楚为目的。②从上引文可见，孔疏的确是维护了对毛、郑两家对"彤管"的注，并补充了资料（所引《周礼》）。

以毛、郑两家对"彤管"的注为起点，历代对"彤管"的解释，除"笔说"外，还产生了"饰物说""乐器说""植物说"等见解。"植物说"最后出，却最为当今学者所认可，认为"彤管"实即"彤菅"，是一种红色的茅草。③更进一步说，"菅"即古兰，属于菊科，字又通假作"蕑""蕳"，是汉代以前最重要的香草之一。④【图一】

试想，一对恋人在城角边幽会，美丽的女孩拿着一束香草赠与心上人，总比拿一支毛笔要来得浪漫许多，更合情合理吧？然而即便如此，在历史上，"彤管为笔"说的影响实在太大了，特别是《毛传》"古者，后夫人必有女史彤管之法"和"彤管，以赤心正人也"的观点，一直主宰着人们的头脑——城边的幽会顿时变成宫墙内的说教，怎不教人兴味索然呢？

当然，文学家大多能够笔妙生花，"彤管"无妨成为他们作

---

① 《十三经注疏》，上册，310—311 页。
② 董洪利《古籍的阐释》，辽宁教育出版社，1993 年，239 页。
③ 详见刘卫平《〈诗经〉"彤管"诸解辨义》，李浩、贾三强主编《古代文献的考证与诠释：海峡两岸古典文献学术会议论文集》，上海古籍出版社，2007 年，414—427 页；桂馥认为"菅"通"蕳"，即"蕑"，是一种香草，兰之属。见《札朴》卷一《蕑》，22 页。
④ 孙机《古兰与今兰》，孙机、杨泓《寻常的精致》，辽宁教育出版社，1996 年，168—169 页。

品中经常出现的一个意象。如傅玄在他的辞赋中就多次提到："嘉竹挺翠，彤管含丹"（《笔赋》）、"华髦被体，彤管以制"（《鹰兔赋》）、"韡韡彤管，冉冉轻翰"（《笔铭》）①，好坏也说得不那么干瘪无趣。落到实处，真正使之成为一项固定的制度，并加以实践的，盖自汉代。《汉官仪》："尚书令、仆、丞、郎，月给赤管大笔双，篆题曰北工作，楷于头上，象牙寸半著于笔下。"②晋崔豹《古今注》卷下《问答释义》中还有更详尽的诠释，有个叫牛亨的人就问："彤管何也？"答曰："彤者赤漆耳。史官载事，故以彤管，用赤心记事也。"③直至清代"彤管"的"遗像"仿佛犹存，继续保存在衙门里头。郝懿行就做过考证：

> 彤管见《诗》，《毛传》以为"古者，后夫人必有女史彤管之法"，似彤管专为宫廷而设，实不然也。……《刘琨传》卢谌、崔悦等上表理琨曰"臣等祖考以来，世受殊遇，入侍翠幄，出簪彤管"；《宋书·百官志上》"丞、郎，月赐赤管大笔一双、隃糜墨一丸"，此汉制也。然则彤管所施，不独专于女史，今官府笔管或染以绛蓿，韬以红纸，皆其遗像也。④

通过以古观今或以今衡古的方式，"彤管"又使考据学家们展开了丰富的联想。然则，今更有论者展开了更大胆的联想，认为《静女》之"彤管"即"赤色芦苇管削制的硬笔"，并结合吐鲁番出土的唐代苇笔遗物，而得出"从知此类苇管笔早在东周时期已颇流行"的结论。⑤凭空臆测，令人舌挢难下，自可不论。但自"后夫人必有女史彤管之法"这个解释确立之后，"彤管"成为颂赞女性美好德行时所普遍使用的一个修辞，却也是不可否认的事实。《后汉书·列女传》："赞曰：端操有踪，幽闲有容。区明风烈，昭我管彤。"李贤注："妇人之正其节操有踪迹可纪者，及幽都闲婉有礼容者，区别其遗风余烈，以明女史之所记也。"⑥尤其是在历代记载妇女的碑志中，更是个频频出现的一个词语："凭彤管以彰烈，托玄石而阊风"⑦"早崇俭节，躬衣浣濯。女史识彤管之箴，雅颂合关雎之训"⑧"夫人肃教孝门，鉴诗彤管。始问名于华

---

① 《文房四谱》卷二《笔谱下·五之辞赋》。
② 《艺文类聚》卷五十八引，上册，1054 页。
③ 崔豹《古今注》，《四部丛刊三编》影宋本。
④ 郝懿行《晋宋书故·彤管》，《丛书集成初编》，中华书局，1991 年，6—7 页。
⑤ 李正宇《敦煌古代硬笔书法》，甘肃人民出版社，2007 年，13—14 页。
⑥ 《后汉书》，2803 页。
⑦ 《大魏扬列大将军太傅大司马安乐王第三子给事君夫人韩氏之墓志》。
⑧ 《大唐奉圣保忠功臣左神策军散兵马使押衙充昭弋都都知兵马使金紫光禄大夫检校刑部尚书兼御史大夫上柱国弘农杨公夫人陇西县君李氏墓志铭并叙》。

图二　女性墓志中所载的"彤管"

冕，终舍族于轻轺"①"摭实征词，稽诸彤管。传芳播美，刊于贞石"②"传妇则母仪于当世，书清规令范于彤管"③。【图二】

　　"彤管"在古典中，有着文学，更有政治的、历史的意蕴，即使《毛传》《郑笺》的解释并不符合《诗经》的本意，掩没了"彤管"是一种植物的事实，但也无妨于把对它的这种误解看作是一个"历史中的细节"，演绎成另一种具体的名物——成为中国古代毛笔研究中的一个"佐证"。

---

① 《大唐河东柳尚远妻宇文夫人墓志铭并序》。
② 《大唐故王府君夫人故赞皇郡太君赵郡李氏墓志铭并序》。
③ 《唐故清河张氏女殇墓志铭并序》。按：以上所列墓志录文及图像，采自日本京都大学人文科学研究所所藏石刻拓本资料"文字拓本データベース"。

十一、汉唐时代笔管的奢丽制作

勿用汝锐，可以百岁。

——钱大昕《笔管铭》

字书中载有一个十分罕见的字，这个字从玉筆声，写作"瑾"。除了字书、人名，似未见于其他文献。《玉篇》对之的解释是"青白玉琯（管）也"[①]，《广韵》的解释稍微详细些"青白玉管，天之所授"。[②] 这个僻字，或许是道教徒生造出来的一个和笔有关的字，也未可知。因为说不清道不明，我们就放弃对这"天授"笔管的讨论，而说一些实实在在的世间之物。

说到笔管，具备一点文史常识的人还会想到《诗经·邶风·静女》中的诗句"静女其娈，贻我彤管"来。所谓"彤管"，最有影响的解释，自然是毛公那带有政治色彩的解说"古者后夫人必有女史彤管之法"，以及郑玄朴实无华的笺注"笔赤管也"。[③] 从传统诗经研究路数上看，毛公属于"诗义派"，郑玄则属"名物派"。虽然路数不同，但对"彤管"的认识上他们却是一气相通。[④] 可是这个所谓的"彤管"，其真实含义却被当今学者考定为一种植物（彤菅）的名称，和笔管实了无系属。[⑤] 然而，由于"彤管为笔管说"的影响实在太大，人们已很习惯地将它当作一件具有政治讽喻性质的"名物"看待，用以反映某种"历史的细节"。正如扬之水先生所说的"历史中的细节，在很大程度上是由所谓'名物'体现出来"那样[⑥]，历代围绕"彤管"而产

---

① 《玉篇·玉部》，《小学名著六种》，7 页。

② 《广韵·质韵》，《小学名著六种》，121 页。

③ 《毛诗正义·邶风·静女》，《十三经注疏》，上册，310 页。

④ 宋程大昌指出，毛、郑说《诗》多异，唯有对"彤管"的解释相通，其必有所本。见《演繁露》卷十四"彤管"条，《考古编（外六种）》，上海古籍出版社，1992 年，185 页。

⑤ 刘卫平《〈诗经〉"彤管"诸解辨义》，李浩、贾三强主编《古代文献的考证与诠释：海峡两岸古典文献学术会议论文集》，414—427 页。

⑥ 扬之水《诗经名物新证》，1—5 页。

生出来的历史性考论真是连篇累牍——基于毛公和郑玄这两位学识渊博的经学大师的"论定"，后世注释家们秉承"疏不破注"的家法①，直将"彤管"视作先秦时期笔管的"遗型"。而笔者的意见是：无论"彤管"确实是赤色的笔管也好，还是实指某种植物的彤菅也罢，它与"天之所授"的"青白玉管"，同样对探讨古代毛笔笔管没有什么实质性的帮助。

本文所要探讨的是文献中所载汉唐时期毛笔笔管的诸多精彩制作——尽管相应的实物资料不多，但纸上谈兵犹贤于捕风捉影。

1. 笔管的功用

历来书写者在判断一支毛笔的好坏时候，首先关注的是笔头。敦煌 S.5073 文书背面有一行七言诗句就说："若人造笔先看头，腰麁（粗）尾细似箭镞。"② 笔头直接影响到书写者的感受，以及书写风格的表现。至于笔管的好坏，似没有太多的考虑。因为笔管和纸墨不直接发生关系，人们往往就将笔管的作用忽视了。其实，一些有经验的书写者对笔管的制作及功能还是相当关注的，笔管的恰当与否同样也会影响到书写者的感受及书写风格的表现。传为王羲之所撰的《笔经》就说："管修二握，须圆正方可。后世人或为削管，或笔轻重不同，所以笔多偏握者，以一边偏重故也。自不留心加意，无以详其至此。"③ 所谓"管修二握"的"握"是一个计量单位名词，《仪礼·乡射礼》："箭筹八十，长尺有握。"贾公彦疏："云长尺复云有握，则握在一尺之外，则此筹尺四寸矣。"④《穀梁传》昭公八年："流旁握，御鼙者不得入。"范宁注："握，四寸也。"⑤ 据此，"二握"为八寸，东晋南北朝的一寸为今 2.45 厘米，则八寸约今之 19.6 厘米。王羲之认为笔管长约 20 厘米最利于书写，这与今天大多数毛笔笔管

---

① 由于时代的悬隔，前人的注对于后人来说，有些已经不易理解，于是在南北朝时期，就出现了一种为注作注的新型注释体式，称作"疏"（又称"正义"）。所谓"疏不破注"，就是疏必须维护注的观点，在注的基础上引申发挥，补充资料，以把原文和注释的每一句话解释清楚为目的。（董洪利《古籍的阐释》，239 页）

② 中国社会科学院历史研究所等《英藏敦煌文献（汉文佛经以外部分）》，第七卷，23 页。

③ 苏易简《文房四谱》卷一《笔谱上·二之造》。马衡先生认为："《笔经》是否为晋时作品，虽不敢必，而非唐以后人所作，则可断言也。"（《记汉居延笔》，《凡将斋金石丛稿》，280 页）笔者认为，《笔经》撰写与王羲之不无关系。参见本卷《蠡测二王时代的笔》。

④《十三经注疏》，上册，1012 页。

⑤《十三经注疏》，下册，2435 页。

的长度是较为一致的。同时又必须考虑到，从传世摹本、刻帖中王羲之书法作品的尺幅大小判断，这样长短的笔管应主要适用于书写尺牍类书法的毛笔上。笔管除了要有恰当的长度，在形制上还要求"圆正"，也就是管要圆得均匀，才把握舒适。作为书法史上最优秀的书家，王羲之对毛笔的制作确实非常"留心加意"，不然也就"无以详其至此"。

　　除了对笔管的长度十分关注，王羲之对笔管的重量也同样留心加意，他主张"笔须轻便"，《笔经》中还写道："昔人或以琉璃、象牙为笔管，丽饰则有之，然笔须轻便，重则踬矣。近有人以绿沉漆（竹）管及镂管见遗，录（用）之多年，斯亦可爱玩，讵必金宝雕琢，然后为贵也？"我想，古今凡是重功用的书写者对这个意见都会有所响和，因为笔管太重就"踬"，《广韵·至韵》云："踬，碍也、顿也。"[1] 南齐王僧虔云"驰之不已则踬，引之不已则逸"[2]，"踬"与"逸"对文，互为反义词。书写者在书写时总是希望书写顺畅，笔管太重自然就变得不顺。可见，笔管对于书写也是相当重要的。

　　除了长度和重量因素之外，笔管的粗细（管径）也是需要考虑的一个因素。唐代柳公权在其《谢惠笔帖》中就谈到了这一点。他的意见是"管不在大"，理由是"管小则运动省力"，因此最后在信中还特地嘱托友人"后有管小锋长者，望惠一二管，即为妙矣"。[3] 柳公权之后，似乎很少有人特别议论过笔管的粗细这一话题，直到近年，孙晓云先生才在其《书法有法》中"旧话重提"。她通过大量的考古实物资料，进行了数据统计，再结合自己的实践，得出"笔杆在 0.6 至 0.7 厘米时，笔在手里最稳当妥帖"的结论。[4] 无论怎样，毛笔笔管在书写者的书写过程中所起的作用，细细想来还是不可小觑的：它对于最为重要的笔头的有效控制和提升笔头运用效率起着关键的作用。

　　笔管本身是一个实用的构件（正如上面所讨论的），但人们的审美天性，往往又在它身上平添了不少实用以外而有功于审美的东西，有许多文献正记述了汉唐时代的一些毛笔笔管所具备的这项功能。

――――――――――――――

① 《小学名著六种》，90 页。
② 王僧虔《为飞白书题尚书省壁》，严可均《全齐文》卷八，《全上古三代秦汉六朝文》，第三册，2839 页。
③ 吴曾《能改斋漫录》卷十四载录，433 页。
④ 孙晓云《书法有法》，江苏美术出版社，2010 年，50―54 页。

2. 汉唐笔管中以犀象为主的名贵质料

现存的文献对秦汉以前毛笔笔管没有任何记载和描述，虽然战国的毛笔实物多有发现，但它们笔管的质料不是普通的竹，就是低档的芦苇①，而且上面毫无纹饰。1972 年甘肃武威磨咀子汉墓出土有一件残笔，笔杆仅为嵌纳笔头一端的残段，以细丝线严密周裹后髹漆，匀平规整。笔头呈深棕色，毛锋收束，嵌入笔杆的一端缠有多周原本紧绕而今松散了的细银丝，还套有三道印箍，当为增强笔头镶嵌牢度而设。此笔做工精细，规格罕见，品位甚高。②【图一】只可惜残损太过严重，但从制作工艺及选材上看，其笔管原本想必是非常华美的。

图一　武威磨咀子汉墓出土的残笔

明人屠隆曾列举过古代各种质料的笔管"有金管、银管、斑管、象管、玳瑁管、玻璃管、镂金管、绿沉漆管、棕竹管、紫檀管、花梨管"③，这些质料的笔管大多在汉唐时期的文献中有所提及。实物虽然有限，而文献尚足考征。除了似是而非的"女史彤管"，前引《笔经》说"昔人或以琉璃、象牙为笔管，丽饰则有之"，在我们看来，这个"昔"，至少可以上溯到西汉时期，因为各类文献中对此时的笔管已有较多的描述了。东晋时期葛洪所辑的《西京杂记》，是一部利用汉晋以来流传的稗乘野史、百家短书抄撮编集而成的文献，其在文史研究中的地位和价值受到学者们的重视④，其中就有一则对西汉帝王所用笔管的记述："天子笔管，以错宝为跗，毛皆以秋兔之毫，官师路扈为之。以杂宝为匣，厕以玉璧翠羽，皆直（值）百金。""跗"即是笔管栽毛的部分，"以错宝为跗"是指在跗上镶嵌珍宝。⑤这条记述没有说明笔

---

① 描述见湖北荆沙铁路考古队《包山楚墓》，上册，264 页。图版见同书，下册，彩版一五。
② 中国文房四宝全集编辑委员会《中国美术分类全集·中国文房四宝全集》第 3 卷《笔纸》，北京出版社，2008 年，2 页。
③ 屠隆《考槃余事》卷二《笔·管》，254 页。
④ 参见成林、程章灿《西京杂记全译·前言》，贵州人民出版社，1993 年，9 页。
⑤ 成林、程章灿解释为"指在宝石上镶刻金银和彩色的纹饰"，不妥。（《西京杂记全译》卷一，5 页）周天游认为是笔帽，亦不确。（《西京杂记校注》卷一，11 页）

管的具体材质，但足见其华丽而贵重。

犀象角牙制作的笔管历代都有，尤其是象牙。《盐铁论·力耕》说："珠玑犀象出于桂林，此距汉万有余里。"其实，西汉时期就有非洲象牙传入。[①] 象牙和犀牛角是从远方朝贡而来的珍贵物材[②]，古人在讨论记述奢靡之风的言辞中多有提及，如秦代李斯说"夜光之璧不饰朝廷，犀象之器不为玩好"[③]；唐孔颖达说"采翡翠之羽毛，拔犀象之牙角，磬荆山之石，所得者连城"[④]。连贵族死后，亦有将象牙和犀角制作成明器模型，用以从葬。[⑤] 尽管苏轼说"象犀珠玉怪珍之物，有悦于人之耳目而不适于用"[⑥]，但它们也毫不例外地被用作笔管或其上的配饰。东汉应劭的著作《汉官仪》就载汉代："尚书令、仆、丞、郎，月给赤管大笔双，篆题曰北（宫）工作，楷于头上，象牙寸半著于笔下。"[⑦] 西晋成公绥在《弃故笔赋》中有"建犀角之玄管，属象齿于纤锋"的描述。[⑧] 应劭和成公绥所说的，应该就是栽毛的部分（跗）用象牙，后部用犀牛角制作的笔管。西晋的傅玄还曾见到过汉末的一件装笔的匣子，上面"雕以黄金，饰以和璧，缀以随珠，发以翠羽"。虽然装在里面的笔早已没了踪影，但他推测"此笔非文犀之植（桢），必象齿之管"，有资格使用它的人，必定是"被珠绣之衣，践雕玉之履"的显贵。[⑨] 傅玄举这个例子，原意是在批判奢靡之风对国家的危害，却没想到成为我们研究古代毛笔制作工艺的一则鲜活的资料。

文献描述固然可贵，若能目睹实物自然更好——台北故宫博物院藏有玉丁宁馆捐

① 广州市文物管理委员会、中国社会科学院考古研究所、广东省博物馆《西汉南越王墓》，文物出版社，1991 年，上册，138 页。
② 关于秦汉间犀象及的分布、产地，可参见汪桂海《汉代的贡纳制度》，吴荣曾、汪桂海主编《简牍与古代史研究》，北京大学出版社，2012 年，170—171；王子今《秦汉时期生态环境研究》，北京大学出版社，2007 年，149—177 页；周永卫、邓珍、万智欣、温淑萍《秦汉岭南的对外文化交流》，暨南大学出版社，2014 年，78—111 页。犀牛最迟在西汉晚期的关中地区已经绝迹，汉代开始，犀角已从国外进口。见孙机《古文物中所见之犀牛》，《文物》1982 年第 8 期，80—84 页。
③ 李斯《谏逐客书》，《史记》卷八十七《李斯列传》，中华书局，1959 年，2543 页。
④ 孔颖达《尚书正义序》，《十三经注疏》，上册，110 页。
⑤ 如马王堆一号汉墓木楬记"文犀角象齿筍"。（湖南省博物馆、中国科学院考古研究所《长沙马王堆一号汉墓》，上集，112—114 页、下集图版二二五）
⑥ 苏轼《李氏山房藏书记》，《苏轼文集》卷十一，359 页。
⑦ 《艺文类聚》卷五八引，上册，1054 页。《文房四谱》引有"宫"字，据补。按：《汉官仪》在正史书志中多署为东汉应劭所撰，原书已佚，后世有辑本多种。见孙启治、陈建华《古佚书辑本目录（附考证）》，183 页。
⑧ 《文房四谱》卷二《笔谱下·五之辞赋》。
⑨ 《傅子·校工》，钱熙祚辑，道光金山钱氏刊《指海》本。

图二　汉雕象牙笔管
台北故宫博物院藏

　　赠的一件雕象牙杆，长 17.8 厘米，径 0.5—0.7 厘米，呈长圆柱形，一端中空，较小径的一端有一圆榫突。近榫突的一端阴刻弦纹、直线纹、与弧线纹，刻痕内填黑彩为饰，刻工纤细流畅。此器的功能一度被认为是"他器之零件"，后经专家研究，从阴刻纹饰特征，以及与东汉悬泉置毛笔尾部有榫突特征对比，基本认定是汉代的象牙笔管。①【图二】尤其是一端有"中空"的腔体，更凸显了笔管毛腔的特征。如此，我们今天还有幸能见到汉代的象牙笔管实物。

　　犀象角牙制作的笔管历代都有，尤其是象牙笔管。如南齐时的高士庾易"志性恬静，不交外物"，因而"安西长史袁彖钦其风，赠以鹿角书格、蚌盘、蚌研、白象牙笔"。②梁代的范岫"恭敬俨恪，进止以礼"，"每所居官，恒以廉洁著称"，"在晋陵，惟作牙管笔一双，犹以为费"。③梁元帝萧绎在做湘东王的时候，曾获得过太子所赐的白牙镂管笔④。尽管奢侈的犀角象牙笔管，未必有助于书艺的提升，但有些书法家却到了非此不用的地步。最有名的例子莫过于唐代欧阳询的儿子欧阳通，笔记载其"常自矜能书，必以象牙、犀角为笔管，狸毛为心，覆以秋兔毫"。⑤

① 嵇若昕《风骨犹昔——玉丁宁馆捐赠牙骨竹木雕器选萃》《"汉代的文具"补续》，《外双溪文物随笔》，"国立故宫博物院"，2011 年，78、118 页。
② 《南史》卷五十《庾易传》，中华书局，1975 年，1245 页。《文房四谱》卷一《笔谱上·一之叙事》作"庾庾"，误。
③ 《梁书》卷二十六《范岫传》，中华书局，1974 年，392 页。
④ 梁元帝《谢东宫赐白牙镂管笔启》，《艺文类聚》卷五十八，上册，1056 页。
⑤ 张鷟《朝野佥载》卷三，中华书局，1979 年，67 页。

《笔经》还提到"琉璃笔管"。古人所谓的琉璃，差不多就是现在玻璃的早期形质，至少在战国时期，琉璃的制作工艺就已达到相当的水平，尤其在色彩上丰富多样。到了汉代，制作技术上又有了重大发展，可以制作体量较大的琉璃器皿[1]，这样，要制作一支琉璃笔管已是轻而易举。但琉璃施用于笔管，在当时似不经见，据西晋陆云给他兄长陆机的信中说，他在邺都因公巡察的某日，见到曹操遗留下来的许多器物，其中有一支从未见过的琉璃笔，信云："一日案行，并视曹公器物……笔亦如吴笔，砚亦尔，书刀五枚，琉璃笔一枚，所希闻。景初三年七月七日，刘婕好折之。见此期复使人怅然有感处！"[2]陆云是吴人（今江苏苏州人）[3]，后与兄陆机同往洛阳为官。从他的信中知，曹操生前所用的笔只是"如吴笔"那样通常的制作，而琉璃笔则非同寻常，所以是"希闻"的。

笔管的质料可以任意采择，制作技艺亦可踵事增华，以金以银亦无不可。五代孙光宪《北梦琐言》记载韩定辞的话说："昔梁元帝为湘东王时，好学著书，常记录忠臣义士及文章之美者。笔有三品：或以金银雕饰，或用斑竹为管。忠孝全者用金管书之，德行清粹者用银笔书之，文章赡丽者以斑竹书之，故湘东之誉振于江表。"[4]金银笔管虽然贵重，但相比其他质料，分量上太重，因此古来制作中极为少见。

3. 汉唐笔管的奇丽之饰

以犀以象，乃至以金以银所做的笔管，可谓极尽奢华。此外，汉唐时期的文献还记载了一些并不奢华，却选材奇僻，形制奇特的笔管。有个传说称，晋代学者张华因完成了他的名著《博物志》，晋武帝因此赏赐他辽西国进贡的麟角笔。[5]所谓"麟角"是指麒麟角，这种传说中的瑞兽，实乃世间所无。如果此事属实，那也应该是用其他动物的角来冒充的吧？另一个传说是，司空图隐于中条山，芟松枝为笔管。人问他为

---

① 参见王树村《中国工艺美术史》，文化艺术出版社，1994 年，164—165、227—228 页。
② 陆云《与兄平原书》，陆云著，刘运好校注整理《陆士龙文集校注》卷八，下册，1034 页。《太平御览》卷六百五："《荆楚岁时记》曰：陆士衡云：魏武帝刘婕好，以七月七日折璃琉笔。"（2722 页）误作陆机（士衡）。又按：信中"一枚"，严可均《全晋文》卷一百〇二作"一枝"，不确，乃后人所改。
③ 过去许多著作都将陆机兄弟的籍贯标为华亭（今上海松江）人，据曹道衡先生考证应是苏州人。见氏著《中古文史丛稿》，河北大学出版社，2003，195—196 页。
④ 《太平广记》卷二百《文章三·韩定辞》引《北梦琐言》，中华书局，1961 年，1502 页。又见《文房四谱》卷一《笔谱上·一之叙事》，"清粹"作"精粹""赡丽"作"赡逸"。
⑤ 王嘉撰，萧绮录《拾遗记》卷九，中华书局，1981 年，210—211 页。

何要用此制笔？他回答道："幽人笔正当如是。"① 方外高人亦不乏奇举，隋代高僧敬脱"游学时担一笔，长三（尺），大如臂。有人乞书大小字，随笔而成，曾无修饰，观者无厌"②。

传说或不可信，自述庶几近实。唐段成式曾给好友温庭筠写过一篇夫子自道式的书信，说他在桐乡获有两支葫芦笔管。他不无自恋地认为，这种笔管是高雅的制作，而前人所谓的"绿沉、赤管过于浅俗"。他还寄了一支给温庭筠，温答书云"足使玳瑁惭华，琉璃掩耀"③，也同声附和了一番。只可惜这种葫芦笔管，段成式却未做形象描述。段成式还记载过唐开元时期，有个叫铁头的笔匠，能将笔管打磨得像玉一般晶莹美观，是一种"绝活"。④

笔管的质料可以极尽奢华，形制可以翻奇出新，汉唐时期笔管上的纹饰（或"丽饰"）当然也值得一说。

笔管上的纹饰可以体现当时雕刻和髹漆等工艺的水平。《笔经》中王羲之提到"镂管"，不知是何材质，而梁元帝的"白牙镂管"，自然是用象牙雕镂而成。实物虽不可见，但在明清时期的象牙笔管中或许可以领略其仿佛。【图三】除了雕镂技艺，尤其是汉唐时期在笔管上刻字作画的技艺也很突出。前引《汉官仪》说汉代的赤管大笔上，刻有篆书"北宫工作"的题款铭文，这在今天出土的汉代毛笔实物上也颇有所见，如西北地区发现的刻有"白马作"⑤【图四】、"史虎作"⑥"张氏"⑦款识的三支汉笔。

图三　清象牙龙凤纹毛笔

① 冯贽《云仙散录》引《汗漫录》，中华书局，1998 年，1 页。
② 释道诚《释氏要览》卷中《志学》，《佛藏要籍选刊》，上海古籍出版社，1995 年，第二册，304 页。
③ 段成式《寄温飞卿葫芦管笔往复二首》、温庭筠答，见《文房四谱》卷二《笔谱下·五之辞赋》。
④ 段成式撰，许逸民校笺《酉阳杂俎校笺》前集卷六《艺绝》，中华书局，2015 年，第二册，531 页。
⑤ 甘肃省博物馆《武威磨咀子三座汉墓发掘简报》，《文物》1972 年第 12 期，15—18 页。
⑥ 中国科学院考古研究所、甘肃省博物馆《武威汉简》，文物出版社，1964 年，86 页。
⑦ 甘肃省文物考古研究所《甘肃敦煌汉代悬泉置遗址发掘简报》，《文物》2000 年第 5 期，15 页。

但这只反映了所谓的"物勒工名"的制度，技术含量并不算很
高，但前面提到的台北故宫博物院所藏的东汉象牙笔管，无疑
是汉代笔管雕刻的杰作。再据《西京杂记》《傅子》的描述，结
合汉代工艺美术所达到的成就，完全可以猜想出汉代的一些笔
管，制作必定是异常精美的。唐代的一则杂记载：德州王倚"家
有笔一管约一寸，粗于常用笔管"，中间用鼠牙刻《从军行》一
铺。人马毛发屋木亭台远水，无不精绝。每一事刻《从军行》两
句，若'庭前琪树已堪攀，塞外征人殊未还'是也。似非人功。
其画迹若粉描，向明方可辨之"。① 从文中所引的两句诗判断，这
首《从军行》乃隋代卢思道所作，全诗近二十八句，字数长达
一百九十二字。② 按照"每一事刻《从军行》两句"的说法，可
见这支笔管上的画至少要有十三幅，还要配上十三四段相应的诗
句。其雕刻技艺的高超，也就可想而知了。

　　汉晋时期，漆笔管应是普遍流行的制作。《汉官仪》对"赤
管大笔"的质料没有交代，但据崔豹《古今注》卷下《问答释
义》牛亨又问："彤管何也？"答曰："彤者赤漆耳。"③ 汉代的
赤管大笔笔管应为漆笔管。晋代文献《东宫旧事》就明确记载：

---

① 《太平广记》卷二一四《书五·杂编》引《卢氏杂记》，1643 页；郭若
　　虚《图画见闻志》卷五《故事拾遗·卢氏宅》，人民美术出版社，1964
　　年，131—132 页。
② 逯钦立《先秦汉魏南北朝诗》，中华书局，1983 年，下册，2631 页。
③ 崔豹《古今注》，《四部丛刊三编》影宋本。

"皇太子初拜，给漆笔四枝（枚），铜博山笔床副。"①《笔经》中记载王羲之曾获得过他人所赠的"绿沉漆竹管"笔而对它深加爱惜，收藏了多年，认为有胜那些"金宝雕琢"的奢华制作。所谓"绿沉漆"，就是以较深沉的绿色髹漆底色的漆器，是魏晋南北朝时期漆器工艺中的一项创造②——尽管段成式曾讥笑"绿沉、赤管过于浅俗"，或许仅是文学家所怀有的一种排异性说辞。

人类具有审美和好奇的天性，但与天性相伴的还有理性。上述汉唐时期的笔管制作不仅名贵、奇特，而且华美异常，当然不会是普遍的制作形态。因此，使用它们的人自然也就不是一般的人。然而，即使这些"不一般的人"，在其间也不乏理性地看待这一问题者：他们不是从批判奢靡的立场来对待这一问题，就是从笔管的实际效能上予以否定，我们不妨称这类人为"实用主义者"。他们所表现出来的理性值得我们赞赏，同时，我们又将通过他们的睿智见解，来结束本文。

结语、"实用主义者"的意见

从《傅子》一书中的议论可以看出，傅玄是明确地站在批判的立场批评汉末毛笔的奢华制作的。相较而言，梁元帝《谢东宫赐白牙镂管笔启》中的意见就显得矫情："春坊漆管，曲降深恩；北宫象牙，猥蒙沾逮。雕镂精巧，似辽东之仙物。图写奇丽，笑蜀郡之儒生。……方觉琉璃无当，随珠过侈。"既然"琉璃无当，随珠过侈"，他接受的这支"雕镂精巧，似辽东之仙物"的白牙镂管笔，难道就不算奢侈了吗？何况他还用过金银笔管写作。

历来有两种观点："择笔"和"不择笔"。虽然两者各自都有其充分的理由，但后者往往被认为是可贵的行为——受到赞誉的欧阳询正是历史上"不择纸笔"的典范③，而其子欧阳通却因为对笔过于讲究，以至非犀象笔管不书，就被批评为："矜持太过，失其常理。是有愧不择纸笔者，非能其父书也。"④明代谢肇淛说："笔之所贵者，毫中用耳，然古今谈咏多及镂饰。……噫，精则极矣，于笔何与？譬之择姝者，不观其

---

① 《艺文类聚》卷五十八引，上册，1054 页。按《太平御览》卷六百五"四枝"引作"四枚"，当是。《东宫旧事》据考为晋人张敞撰。（孙启治、陈建华《古佚书辑本目录（附考证）》，179 页）
② 王树村《中国工艺美术史》，261 页。古人的见解详见本书下卷《王羲之〈笔经〉校笺》。
③ 刘餗《隋唐嘉话》中，中华书局，1979 年，27 页。
④ 董逌《广川书跋》卷七《欧阳通碑》，86 页。

貌，而惟衣饰之是尚也，惑亦甚矣！……欧阳通，能书者也，犹以象牙、犀角为笔管，况庸人乎？右军谓：'人有以琉璃、象牙为笔管者，丽饰则有之，然笔须轻便，重则踬矣；惟有绿沉，漆竹及镂管可爱。'余谓笔苟中书，则绿沉、漆镂，亦不必可也。"[1]毛笔笔头和笔管的书写功能是第一性的，作为世家大族出身的书法家王羲之说笔管"讵必金宝雕琢，然后为贵也？"充分地说明他是一位理智的、重功用的书写者；屠隆在列举古时各种奇丽的笔管名称之后，反而认为"然皆不若白竹之簿（薄）标者，为管最便持用。笔之妙尽矣！他又何尚焉？""薄标"意思应该是指笔管的轻巧，有利于书写，他也是一位理智的、重功用的书写者。对笔管的认识，发表具体而微意见的是清代唐秉钧，他说："王右军《笔经》曰：'惟有赵国毫中用。然时人咸言兔毫无优劣，管手有巧拙'之语。予意匠工果需巧手，而毫管亦须选择。我俦寒素，日事砚北，使用毛颖，何求华美？但竹篁必选坚重圆直，则手执转运，可以从心，无牵强掣肘之病。"[2]其实在对笔管的认识上，充满理性而又概括简当的意见，傅玄早在《笔赋》中就已提出，即"丰约得中，不文不质"，是最足深味的一句话！

---

① 谢肇淛《五杂组》卷十二《物部四》，213 页。
② 唐秉钧《文房肆考图说》卷三《纸笔墨考·笔说》，书目文献出版社，1996 年，199—200 页。

十二、释"答"——笔帽的异称

唐越州法師神楷造維摩經疏亦然後迎入長安

酉陽雜俎云長安宣平坊有賣油而至賤者人久疑之逐入樹窟乃蝦蟆以筆苔籤盛樹津以市於人發掘而出尚挾苔瞪目氣色自若今都會間有運大筆如椽者寫小字小如半麻粒許瞬息而就或於稻粒之上寫七言詩一絕分間布白歷歷可愛

闕史云術士如得一故筆可令於都市中代其

图一　吴兴陆氏《十万卷楼丛书》本《文房四谱》

《文房四谱》卷二《笔谱下·五之辞赋》载晋成公绥《弃故笔赋》，其中有句云："建犀角之玄管，属象齿于纤锋。"苏易简句下小注："答也。"[1]同书卷一《笔谱上·二之造》苏氏说："宣城之笔，虽管答至妙，而佳者亦少。"这个"答"是何义？"管答"是否即同义复词，指笔管？历来似无人注意。至少可以明确的是，这里的"答"应是一种物品，究竟是何种物品，须进一步考证。

"答"也可写作"苔"，《文房四谱》卷一《笔谱上·四之杂说》引有唐人段成式《酉阳杂俎》中的一则文字：

> 《酉阳杂俎》云：长安宣平坊有卖油而至贱者，人久疑之，逐入树窟，乃虾蟆以笔苔籤盛树津以市于人，发掘而出，尚挟苔瞪目，气色自若。【图一】

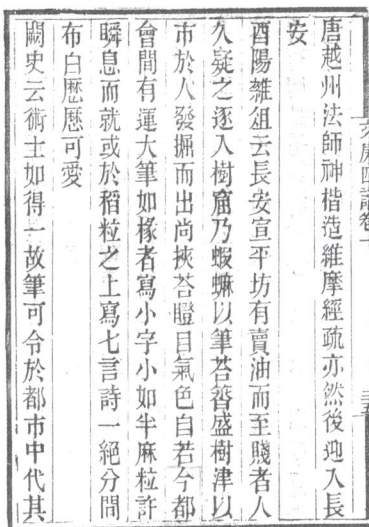

存世《文房四谱》的版本有好几种，以上引文所据的是光绪年间吴兴陆氏《十万卷楼丛书》刻本。但道光年间所刻的《学海类编》本《文房四谱》这则引文中的"笔苔籤"和后文的"挟苔"，则作"笔管"和"挟管"：

---

[1] 彭砺志先生据"答也"，判断《弃故笔赋》"属于对话体结构"的作品（《〈先唐赋辑补〉拾遗四则》，《古籍整理研究学刊》2007年第4期，2页）显然是出于字面上的误解。

《酉阳杂俎》云：长安宣平坊有卖油而至贱者，人久疑之，逐入树窟，乃见虾蟆以笔管盛树津以市于人，发掘而出，尚挟管瞪目，气色自若。【图二】

依据《学海类编》本的提示，那《十万卷楼丛书》本所作的"笔苔箸"，是否就是"笔管"之意呢？没有寻得证据之前，不能贸然论定，而我们所掌握的证据却有利于否定的一方。《文房四谱》还有一种版本就是《文渊阁四库全书》本，其中的这则引文中，与前两种版本的文字都有所不同，不妨也抄录对勘：

《酉阳杂俎》云：长安宣平坊有卖油而至贱，人久疑之，逐入树窟，乃虾蟆以二笔錯盛树津以市于人，发掘而出，尚挟錯瞪目，气色自若。【图三】

除了略有脱漏，可以明显地看到，《四库全书》本所显示的不是"笔苔箸"，也不是"笔管"，而是"笔錯"。既然各种版本的《文房四谱》都标明该则引文出自《酉阳杂俎》，那就核对一下原书。在原书卷十五《诺皋记下》里的原文如下：

京宣平坊，有官人夜归。入曲，有卖油者张帽驱驴驮桶，不避，导者搏之，头随而落，遂遄入一大宅门。官人异之，随入，至大槐树下，遂灭。因告其家，即掘之。深数尺，其树根枯，下有大虾蟆如叠，挟二笔錯，树溜津满其中也，及巨白菌，如殿门浮沤钉，其盖已落。虾蟆即驴矣，笔錯乃油桶也，菌即其人也。里有沽其油者月余，怪其油好而贱，及怪露，食者悉病呕泄。①【图四】

可见，苏易简在编辑《文房四谱》时隐括了《酉阳杂俎》的原文，并未忠实地抄录。这种情况在古书中并不少见，然而由于版本较多，之间难免存在抄写和刊刻上的歧异。《文房四谱》的三种版本所引录的同一则文字却各自不同，

———————————————

① 据《津逮秘书》本。

今之筆故者往往尋不見或會府吏千百輩用筆至多亦不知所之或云鬼取之判冥昔有僧惠遠製涅槃經疏訖其筆曰如合聖意此筆不墜乃擲于空中卓然不落唐越州法師神楷造維摩經疏亦然後迎入長安西陽雜俎云長安宣平坊有賣油而至賤者人久疑之逐入樹窟乃見蝦蟆以筆管盛樹津以市于人發掘而出尚挾管瞪目氣色自若今都會閑有連大筆如椽者寫小字小如牛麻粒許瞬

图二　《学海类编》本《文房四谱》

小字小如半麻粒許瞬息而就或於稻粒之上寫七言
高挾鐥睒目氣色自若令都會間有運大筆如椽者寫
入樹窟乃蝦蟇以二筆鐥盛樹津以市於人於拙而出
酉陽雜俎云長安宣平坊有賣油而至賤人久疑之逐
經疏亦然後迎入長安
不墜乃擲於空中卓然不落唐越州法師神楷造維摩
昔有僧惠遠製涅槃經疏訖呪其筆曰如合聖意此筆
亦不知所之或云毘耶取之判冥
欽定四庫全書

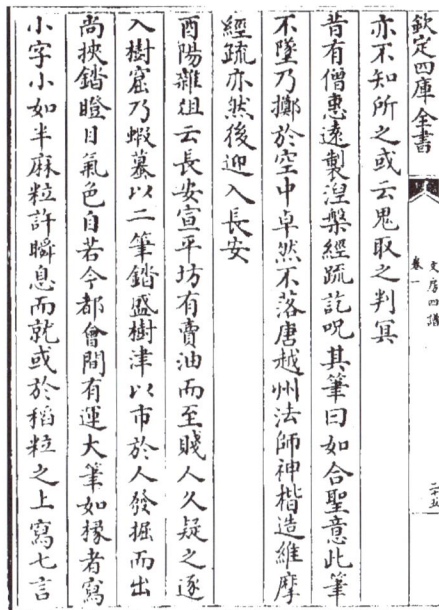

图三　《文渊阁四库全书》本《文房四谱》

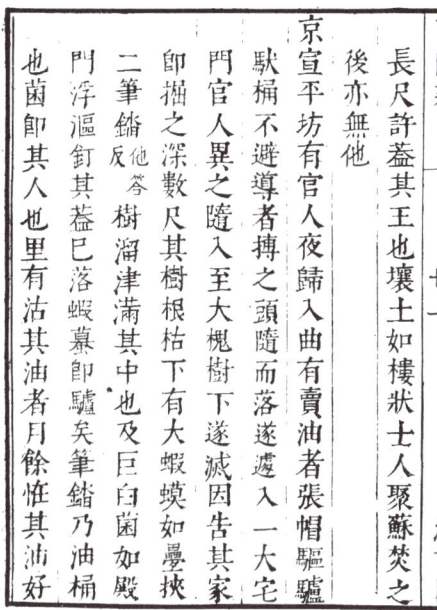

也菌卽其人也里有沽其油者月餘惟其油好
門浮漚釘其菌巳落蝦蟇卽驢矣筆鐥乃油桶
二筆鐥他筌樹潤津滿其中也及巨白菌加殿
卽掘之深數尺其樹根枯下有大蝦蟇如疊栞
門官人異之隨入至大槐樹下遂滅因告其家
駞桶不避導者摶之頭隨而落遂邊入一大宅
京宣平坊有官人夜歸入曲有賣油者張帽驅驢
後亦無他
長尺許蓋其王也壞土如樓狀士人聚蘇焚之

图四　《津逮秘书》本《酉阳杂俎》

那哪一个版本更接近于原文呢？很显然，《四库全书》本作"二笔鐥"最接近于《酉阳杂俎》中的原文。

那"笔鐥"是什么？当然不是笔管。"鐥"字，《说文》云："以金有所冒也。从沓金声。"① 古汉字中，"沓"及与之相关之字多具"冒""蒙""套"之含义。对此，古文字学家刘钊先生做过详细考证：

在古汉字中，"沓"及从"沓"的字大都有"冒""蒙"的意思（《集韵·合韵》："搭，冒也。"），所谓"冒""蒙"就是今日常言的"套"。说到"沓""搭"与"套"的关系，可以举《说文》对"搭"和"鐥"的说解为证。《说文·手部》："搭，缝指搭也。一曰韬也。"段玉裁《注》谓："缝指搭者，谓以针紩衣之人恐针之契其指，用韦为箍，韬于指

---

① 许慎撰，徐铉校订《说文解字》，298 页。

以藉之也。"王筠《说文句读》云："揩，要皆套物之物，故通其名。揩，今谓之套。"此"揩"即今日缝纫时所用之"顶针"。不过今日的顶针一般用金属制成，与《说文》所说最早用皮革制成的"揩"不同。目前已知考古出土的"揩"也都是用金属制成的，如辽宁瓦房店马圈子汉墓出土的银顶针和辽宁北票房身晋墓所出的金顶针即是。又《说文·金部》："鐏，以金有所冒也。""鐏"是金属套，《史记·鲁周公世家》："郈氏金距"裴骃《集解》引汉服虔曰："以金鐏距。"所以王筠《说文句读》谓："是知古所谓鐏，即今所谓套也。"①

这样，"笔鐏"就是用以保护笔毛的笔帽（帽，古亦作"冒"）。

"笔鐏"的意思已经很明白了，那么《十万卷楼丛书》本《文房四谱》作"笔苔箸"，如何加以解释呢？笔者认为，"箸"很可能是苏易简或后世阅读者编录这则文字时的旁注小字，用于解释"苔"字，可后来又不慎误窜入了正文。"箸"从竹沓声，依照上面所揭示的"沓"及与之相关之字多具"冒""蒙""套"之含义，"箸"的意思也是一样的，《集韵·合韵》："箸，竹冒也"，即是最好的证明。从音韵上看，"苔（苔）"与"鐏""箸"，三字都在同一韵②，读音都相同或相近。因此，"苔（苔）"即是笔帽，而非笔管（杆）。

战国秦汉的毛笔，大都是整支放在竹木套筒中，单个套笔帽的很少见，江苏连云港网疃汉墓出土有一枚笔头，上冒针刻短单套一个，在汉笔实物中，迄今为仅见者。③【图五】成公绥是西晋时期的文学家，他说的"属象齿于纤锋"的正是指象牙笔帽。大概也正是在这个时期，毛笔上开始普遍使用笔帽。从考古发现及传世的实物看，甘肃武威旱滩坡出土前凉墓出土的松木杆笔，就是目前所见到的晋代实例。④唐代除了段成式的记述，实例就是日本正仓院所藏的一些"唐笔"。⑤【图六】图像则有五代周文矩《文苑图》中一个支颐而思的文士，所据叠石案右上角放着的一枚笔帽。⑥【图七】宋代及以后，毛笔基本都配以笔帽，其形制万千，实物举不胜举。⑦【图八】

---

① 刘钊《书馨集：出土文献与古文字论丛·说"耩"》，上海古籍出版社，2013年，320—321页。
② 见《广韵·合韵》《集韵·合韵》。
③ 石雪万《连云港地区出土的汉代"文房四宝"》，《书法丛刊》1997年第4期，87页。
④ 田建《甘肃武威旱滩坡出土前凉文物》，《文博》1990年第3期，49—50页。图版见本书中卷《古笔图说》。
⑤ 奈良国立博物馆《正仓院展》第五十三回，2001年。
⑥ 浙江大学中国古代书画研究中心《宋画全集》第一卷第一册，浙江大学出版社，2010年，10页。
⑦ 如合肥北宋马绍庭夫妻合葬墓（合肥市文物管理处《合肥北宋马绍庭夫妻合葬墓》，《文物》1991年第3期，35页），如常州博物馆所藏宋墓出土的两支竹质毛笔（常州博物馆《常州博物馆五十周年典藏丛书 漆木·金银卷》，14页），以及各博物馆等收藏的明清以来的毛笔实物。

图五　连云港网疃汉墓针刻短单套

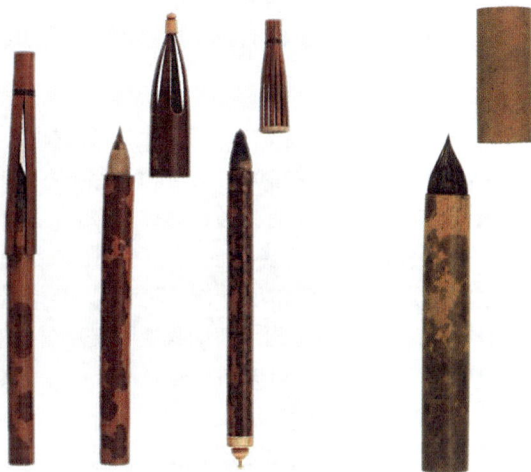

图六　唐笔及各式笔帽　日本正仓院藏

图七　五代周文矩《文苑图》　故宫博物院藏

图八　宋代芦苇杆毛笔及笔帽　常州市博物馆藏

　　附记：本文结稿后，寄请暨南大学教授陈志平兄指教。感谢他为本文提供了清吴
玉搢《别雅》卷四中的一则资料，使本文益为充实。现将吴氏考证移录于下：

> 笔镃，笔套也。《诺皋记》"笔镃"，即笔套也。《避暑录话》："晏元献不弃
> 一纸，千百为沓。"《宋志》："金辂有金镀铜套筒。""套"字仅见于此。古但曰
> "沓"，"沓"与"套"乃一声之转，故相通。用"镃"则又加以金耳，或云"套"
> 当用"韬"或用"縚"。

按：明方以智《通雅》卷三二《器用·装治》："负袠，袠犹帙也，或谓之沓。黄长睿
以为书搵，升菴以为縚。……《避暑录话》：'晏元献不弃一纸，千百为沓。'《诺皋
记》'笔镃'，即笔套也。《宋志》：'金辂有金镀铜套筒。'始见于此，可知今日'套'，
古曰'沓'，一声转耳。"①吴氏所考似全袭《通雅》，而略加增益。据此，则"答"与
"镃""箸"，亦一声之转。另外，笔套亦可称作"笔韬"。李详《媿生丛录》卷三：
"陆玑《毛诗草木鱼虫疏》：'长楚，近下根，刀切其处（皮），着热灰中，脱（之）可
以韬笔管。'案：今之笔套，可名笔韬，声转则为韬矣。"②按：《仪礼·士昏礼》："姆
纚、笄、宵衣，在其右。"郑玄注："纚，縚发。"③"縚"同"韬"，《玉篇·糸部》：
"縚，亦作韬。"④则"縚发"亦可作"韬发"，即套发也。反之，头发之套今称"发套"，
即可称"发縚"或"发韬"，故笔套亦自可呼作"笔韬"。

---

① 《方以智全书》，第一册下，984 页。

② 李详《媿生丛录》，江苏古籍出版社，2000 年，49 页。按：李氏引文见《毛诗草木鱼虫疏》卷
　　上《隰有苌楚》，然不尽从原文。原文为："苌楚，今羊桃也。叶长而狭，华紫赤色，其枝茎弱
　　过一尺，引蔓于草上，今人以为汲灌，重而善没，不如杨柳也。近下根，刀切其皮，着热灰
　　中，脱之，可韬笔管。"（陆玑《毛诗草木鸟兽鱼虫疏》，《丛书集成初编》，中华书局，1985 年，
　　21 页）

③ 《十三经注疏》，上册，965 页。

④ 《小学名著六种》，102 页。

图一 敦煌 S.5073 文书背面 大英图书馆藏

敦煌 S.5073 文书背面有一行七言诗句："若人造笔先看头，腰麤（粗）尾细似箭镞。"①【图一】敦煌研究院编《敦煌遗书总目新编》及马德先生《敦煌工匠史料》中的录文，将"镞"字录为"镞"②，当是一时疏误。

的确，"镞"与"镞"两个字字形相近，极易彼此相混，即所谓形近互讹。这一情况，在传世文献中恰有所见。如《淮南子·兵略》："错车卫旁，疾如锥矢。"又云："疾如镞矢，何可胜偶？"据王引之考证，引文中的"锥"与"镞"两字，都是"镞"字之误。"锥"之右旁"隹""镞"之右旁"族"，在隶书中字形与"镞"之右旁"侯"尤其相似，故往往相讹③；又如《庄子·天下》："镞矢之疾而有不行不止之时。"魏晋的注家解释此"镞"时，皆习焉不察，并如字读。而清人郭庆藩也认为"镞为镞字之误"，论据与王引之相差无几。④《敦煌遗书总目新编》出现的这一疏误，由此可以得到很好的理解。再则，如果从诗歌的韵律上讲，"镞"与"头"相叶，"镞"则不相叶，亦可成为一种

———————

① 中国社会科学院历史研究所等《英藏敦煌文献（汉文佛经以外部分）》，四川人民出版社，1992 年，第七卷，23 页；马德《敦煌工匠史料》，甘肃人民出版社，1997 年，89 页。

② 敦煌研究院《敦煌遗书总目新编》，中华书局，2000 年，157 页；徐俊先生《敦煌诗集残卷辑考》中的录文不误。中华书局，2000 年，891 页。

③ 详见王念孙《读书杂志·淮南内篇第十五》"锥矢"条引王引之说，江苏古籍出版社，1985 年，899 页。

④ 郭庆藩《庄子集释》，中华书局，1992 年，第四册，1110 页。郭庆藩有可能是剽窃了王引之的观点。

证据。

　　"箭镞"一词对于现在的人来说确实较为陌生，而"箭镞"却已"深入人心"。其实两者即是一物：镞是弓箭的箭头，现在书面一点的语言还是这么说；镞则今天几乎不用，也就让人感到十分陌生。在古代，镞一般指的是箭。《方言》卷九："箭，自关而东谓之矢，江淮之间谓之镞，关西曰箭。"①但在汉代，尤其是在简牍文字中，镞则专指箭头，而作镞之例则似未见。如流沙坠简简文中有"陷坚亶矢铜镞""槀矢铜镞百"的记载，王国维先生考释云："此于亶矢、槀矢之下复云'铜镞'，则非诸书所谓'镞'，以'镞'为'镞'也。"②正说明汉简用"镞"以称箭头。后世的韵书《广韵·侯韵》也说："镞，箭镞。"③则是同类书中解释"镞"字的极个别的义项。因此，"腰粗尾细似箭镞"一句倒也算得援用古义了。

　　S.5073 此件文书的书写年代不明，估计是公元 10 世纪左右的遗物，其背面的这两句诗的年代同样不明确。但"腰粗尾细似箭镞"这句诗的"腰粗"，是用箭镞中段的饱满之状来比喻毛笔头腰部的丰健；而"尾细"之"尾"，初看之下很容易理解为插入笔杆的笔头根部，但确切的应指毛笔笔尖，东汉刘熙《释名·释形体》："尾，微也。承脊之末稍（梢），微杀也。"④据此，"尾细"即指毛笔笔头的尖细部分。⑤那么"腰粗尾细"，正表达了优良的毛笔笔头"四德"中的"健"与"尖"两种品质。

　　总之，这句诗说得非常形象贴切，借以评论古人毛笔制作之精，尤见切当。

---

① 钱绎《方言笺疏》，上海古籍出版社，1984 年，下册，508 页。
② 王国维《流沙坠简·屯戍丛残考释·器物类》，《王国维全集》，浙江教育出版社、广东教育出版社，2010 年，第四卷，89—90 页。
③《小学名著六种》，53 页。同书《侯韵》："镞，《尔雅》曰：金镞翦羽。"111 页。
④ 王先谦撰集《释名疏证补》，上海古籍出版社，1983 年，121 页。
⑤ 此点承李小平兄提示。

十四、茹笔

在毛笔笔头制作中有一道很特别的工序——茹。这道工序出现得似乎很早，贾思勰《齐民要术》卷九载三国大书家韦诞《笔方》中有"先须以铁梳梳兔毫及羊青毛，去其秽毛，盖使不髯茹。讫，各别之"一句。"髯茹"，石声汉先生解释："髯"是人的颌下长须，有弯曲的倾向；"茹"是杂乱，即弯曲杂乱。[①]而缪启愉先生则认为"茹"当属下读，作"茹讫"。其云：

> "茹"，是制笔过程中用口来整治毫锋的一道工序。必须非常细致地使锋头对齐。唐陆龟蒙（？—约881年）《甫里先生文集》（《四部丛刊》本）卷十七《哀茹笔工文》赞叹茹工的极其细致的辛苦劳动说："爰有茹工，工之良者。择其精粗，在价高下。缺齾叉互，尚不能舍。旬濡数锋，月秃一把。编如蚕掌，汝实助也。"梁同书《笔史》说："制笔谓之茹笔，盖言其含毫终日也。……今制法如故，而茹笔之名隐矣。"这一道工序，现在由水盆工来完成，古时是茹工的艰辛劳动。[②]

依石声汉的读法"茹"为形容词，依缪启愉读法则作动词。按"讫"字为结束、完成的意思，此指梳理完毛料和除去秽毛工序的结束。《笔方》下文有"讫，痛颉之"句，"讫"字前无动词，与"讫，各别之"句式正同。缪氏实牵于后世茹笔之说，未能深考"髯茹"之义。"髯"，《说文解字》作"顡"，云："颊须也。"[③]即面颊两侧的胡须；"茹"，谓茅草粘连纠结不顺貌。《周易·泰》："拔茅茹，以其汇。"王弼注："茅之为物，拔其根而相牵引者也。茹，相牵引之貌也。"[④]"髯茹"意即笔毛如胡须杂乱丛错，纠结不顺，实制笔之大忌，故当从石氏之说。

---

① 贾思勰撰，石声汉今释《齐民要术今释》，中华书局，2009年，下册，1011页。
② 贾思勰撰，缪启愉校释《齐民要术校释（第二版）》，中国农业出版社，1998年，683、686页。
③ 许慎撰，徐铉校订《说文解字》，184页。
④《十三经注疏》，上册，28页。

　　那么，制笔工序"茹"，是否就不成立呢？当然不是。至少韦诞《笔方》中这个"茹"字，意思应不是后世所谓的"用口来整治毫锋的一道工序"。正如缪启愉先生所举的唐陆龟蒙《哀茹笔工文》标题所示，"茹笔工"就是专门从事这种工序的制笔者。至宋代尚有其称，林逋《林和靖集》卷四犹有《予顷得宛陵葛生所茹笔十余筒，其中复得精妙者二三焉，每用之如麾百胜之师横行于纸墨间，所向无不如意。惜其日久且弊，作诗二篇以录其功》诗[1]。大约在清代，"茹笔"这道工序一般人都不甚了了，但名亡而实存，故梁同书在《笔史·笔之制》中加以揭表：

　　　　制笔谓之茹笔，盖言其终日含毫也，《笠泽丛书》有《哀茹笔工诗》一首，林逋集有《美葛生所茹笔》诗二篇，元王恽《赠笔工张进中》诗云"进中本燕产，茹笔钟楼市"。今制法如故，而茹笔之名隐矣。[2]

其后，梁章钜在《浪迹丛谈》卷九"记笔三则"中基本袭用了梁同书这段文字：

　　　　制笔谓之茹笔，盖言其终日含毫也，《笠泽丛书》有《哀茹笔工诗》，林逋集有《美葛生所茹笔》诗。今制笔者尚守此法，但以口餂（同舔）之使圆，而茹笔之名，鲜有人道者矣。[3]

似有索隐钩玄，复表而出之之意。

　　"茹笔"意为"含毫"，也就是"用口来整治毫锋"。"茹"字的义项有十余种之多[4]，最切合的义项当是《方言》卷七的解释："茹，食也。吴越之间，凡贪饮食者，谓之茹。"[5]又《汉书·薛宣传》："不吐刚茹柔。"颜师古注："《大雅·烝民》之诗云'惟仲山甫，刚亦不吐，柔亦不茹'，言其平正也。茹，食也，音人庶反。"[6]

　　用"茹"的方法来制作笔头到底始于何时，文献没有确切的记载。由于《笔方》中"茹"字的意思并不作"食"解，因此不能肯定地说这道工序至晚产生于三国时代。但我们也没有足够的证据证明这道工序一定就晚至唐代才出现，就像其在清代

① 林逋著，沈幼征校注《林和靖集》，浙江古籍出版社，2016 年，143 页。
② 梁同书《频罗庵遗集》卷十六，《清代诗文集汇编》编纂委员会《清代诗文集汇编》，上海古籍出版社，2010 年，第 353 册，226 页。
③ 梁章钜《浪迹丛谈》，164 页。
④ 汉语大字典编辑委员会《汉语大字典（缩印本）》，湖北辞书出版社、四川辞书出版社，1992 年，1335—1336 页。
⑤ 钱绎《方言笺疏》，下册，449 页。
⑥ 《汉书》，3391 页。

名虽不为人知，但实际却仍在运用那样，它在很早就可能被制笔者所采用，只是还没有为其命名而已。笔者曾经就此请教过江浙地区的笔工，他们似乎讳言此法，认为这样做不太卫生，但在处理一些特殊的笔毫的时候，也会不经意地用到，只是不称"茹笔"，而正如梁章钜所说的"以口餂（同舔）之使圆"。笔有"四德"——尖齐圆健，舔笔的目的即是使"圆"，不难于理解，然"茹"似乎只是文人想出的一种雅称，反使这道他们认为十分重要的制笔工序不彰显了。

十五、写书笔

六朝隋唐佣书业之兴盛，时贤论之已详①，唯于相应之抄写工具似未究心。王羲之虽古今"书圣"，然其平时所读书，亦必谋诸写书之人，不能亲为也。其一帖云："下近欲麻纸，适成，今付三百，写书竟访得不？得其人，示之。"②"写书"指抄书之人，即佣书者也。【图一】而佣书者所用之笔，当与羲之平素所用之笔当有别，即所谓之"写书笔"也。唐段公路《北户录》卷二"米饼"条："且前朝短书杂说即有呼……笔为双、为床、为枚。墨为螺、为量、为丸、为枚。"崔龟图注："《梁令》云：写书笔一枚一万字。"按《梁令》，南朝蔡法度等撰，三十卷，大抵因《晋令》而增损之。③原书已佚，崔注乃其佚文。周一良先生考古人写字速度及写书人用笔之规定尝引及之。曰：

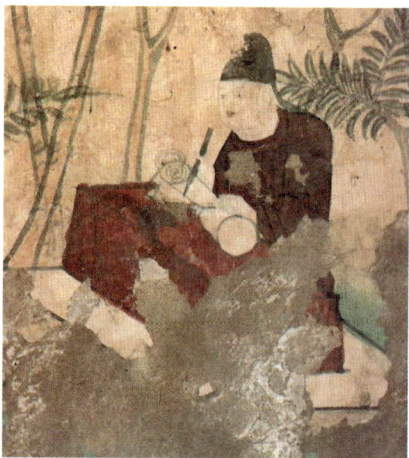

图一 安西榆林窟第25窟北壁东侧壁画《弥勒下生经变·树下写经图》（中唐时期）

> 古人写字速度，据《魏书》五五刘芳传，"芳尝为诸僧佣写经论，笔迹称善，卷直以一缣，岁中能入百余匹"，是则约三日写一卷也。《周书》四二周大圆传，"梁武帝集四十

---

① 陈德弟《试论六朝的佣书业》，《图书馆杂志》2004 年第 10 期，65—68 页；同作者《魏晋南北朝兴旺的佣书业及其作用》，《历史教学》2004 年第 11 期，19—22 页；毛秋瑾《墨香佛音——敦煌写经书法研究》，北京大学出版社，2014 年，166—176 页。

② 《右军书记》，《法书要录》卷十，385 页。

③ 《隋书·经籍志》："《梁令》三十卷，《录》一卷。"（中华书局，1973 年，972 页）《旧唐书·经籍志》："《梁令》三十卷，蔡法度撰。"（中华书局，1975 年，2010 页）参见程树德《九朝律考》，中华书局，2003 年，321 页。

卷，简文集九十卷，各止一本……大圖……乃手写二集，一年并毕"。所述与三日一卷之进度亦相近。写书人用笔之规定，《侯鲭录》载梁令云，"写书笔一枚一万字"，盖魏晋南北朝时一般如此。①

周氏据《侯鲭录》乃北宋赵令畤时所作，赵氏所引《梁令》疑亦据《北户录》崔注，然崔注先见，考镜源流，自宜引崔注。本文所关注者乃"写书笔一枚一万字"也，缘此条资料可贵之处有二：

一、古人于笔罕有记载其耐书写之字数，而多载其易耗。如《非草书》"十日一笔，月数丸墨"②、郑灼家贫"抄义疏，以日继夜，笔毫尽，每削用之"等③。至于字数，北宋章子厚（惇）《论书》云："张侍禁笔甚佳。一管小字笔，写二十万字，尚写得如此，是少比也。"④此似过甚之例，然《北户录》卷二"米饼"条崔注引郑虔云："麝毛笔一管，写书直行四十张。狸毛笔一管，界行写书八百张。"于字数亦不明确。试以最标准之写经纸一纸二十八行，行十七字记⑤，则狸毛笔一管写书八百张，可写三十八万余字。东瀛士流一循唐制，其《造东大寺解案·写经所物资提供文类》中有"菟（兔）毛笔六十二管，以一管写纸百五十张""堺（界）料鹿毛笔六管，以一管堺纸一千六百张"及"题料狸笔七管，管别题百卷"之记载⑥，亦以最标准之写经纸字数推之，则其兔毛笔一管可写七万一千四百字。是知章子厚谓"张侍禁笔甚佳"，盖非夸饰也。而《梁令》"写书笔一枚一万字"，似最为实际，故周氏谓"盖魏晋南北朝时一般如此"，是其有普遍之价值，非极端之例证。第不知南北朝时期之制笔技术及材料之选择上，尚不如唐宋耶？是亦有待深考者也。

二、昔人每喜言笔，名品佳制时见载录，而"写书笔"者似仅见于此。顾名思义，"写书笔"即专用于抄写书籍之笔，当与其他笔有所不同。据此，知六朝时期笔墨尚有专制，非泛泛施用也。另按：日僧空海于弘仁三年（812）上《奉献笔表》，其中提及狸毛笔四管，三种为真、行、草三种字体而作，一种则专用于"写书"。⑦【图二】

① 周一良《魏晋南北朝史札记》，中华书局，1985年，94页。
② 赵壹《非草书》，《法书要录》卷一，3页。
③《陈书》卷三十三，中华书局，1972年，441页。
④ 张邦基《墨庄漫录》卷十引录，中华书局，2002年，267页。
⑤ 荣新江《敦煌学十八讲》，北京大学出版社，2001年，342页。
⑥ 转引自三如堂《公诸同好·正仓院藏唐笔的前世今生》，三如堂微信公众号，2018年9月28日。
⑦ 空海《奉献笔表》："狸毛笔四管。（真书一、行书一、草书一、写书一）右伏奉昨日进止，且教笔生坂名井清川造得奉进。"（遍照金刚《遍照发挥性灵集》卷四，祖风宣扬会编纂《弘法大师全集》卷十，54—55页）按：刘宋虞龢《论书表》中提到"草书笔"，是知至少在（转下页）

可见"写书笔"自是固有之名称，其与一般之笔当有所不同，应较他笔更利于抄写。他若虞龢《论书表》所记张永所造之"草书笔悉使长毫，以利纵舍之便"，则与写书笔显有别矣。除此，崔龟图注又云："宋元嘉中，格写书墨一丸，限二十万字。"唯不知此是否亦采自《梁令》？然有"写书墨"，知此种墨亦专用于抄写书籍也。顷读王元军氏《六朝书法与文化》，其参考周文，而将《梁令》以意读作"写书，笔一枚一万字"[①]，如此则隐没世有"写书笔"此种毛笔之事实，而崔注"格写书墨一丸"又将如何句读耶？故于此揭出，供商榷焉。

　　本文揭出"写书笔"，非惟就事论事，实有感于古今论笔者多着眼于笔与书法艺术之关系，而笔之用于抄写之本质越来越忽视，此种趋势已无可避免，亦势之使然耳。由此，或可瞻前曰：盖汉末六朝以前，书法尚未大兴，尤以纸张未普遍用于书写之时，于狭长之简牍上写字，笔头不宜过大。在非特殊情况之下，笔之形制较为单一，所书字体亦较单一，且足于用，即无所谓此是"写书笔"，彼是"书法笔"也；而顾后则曰：汉末六朝书法大兴，尤以纸张开始普遍用于书写，而字体样式繁多，表现形式亦意态纷呈，如空海《奉献笔表》即举出真、行、草三种字体。于是，笔之形制开始相应地繁多起来，所谓之"写书笔"便凸显出来，渐与"书法笔"犁然有别矣。而后世科举考试所用之"摺笔"，盖即写书笔之类，与书家写真、草、篆、隶所用之笔，亦犁然有别矣。或可谓，写书者与书法家之不同，由各自所用之笔即可体现；中国文字之实用性与艺术性的区别，亦因笔之形制不同而得到体现。

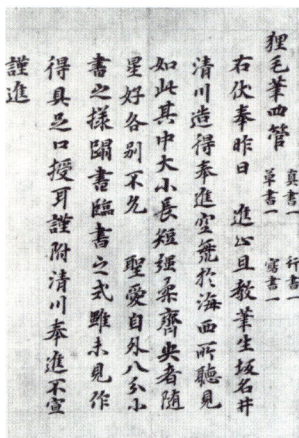

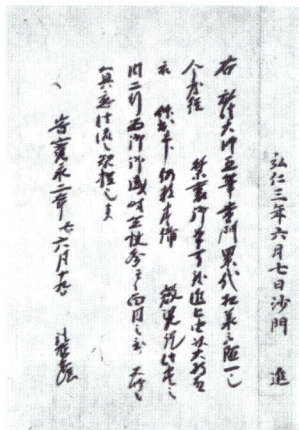

图二　传空海《狸毛笔奉献表》
日本京都醍醐寺藏

（接上页）六朝时期即因字体之不同而制作有相应之笔。图版见《墨美》第二七六号《传空海书迹再检讨》，日本京都：墨美社，1977 年 12 月 15 日，40—42 页。

① 王元军《六朝书法与文化》，上海书画出版社，2002 年，183—184 页。

十六、虞龢《论书表》中的文房论札记

　　虞龢作于宋明帝泰始六年（470）的《论书表》（以下简称虞《表》）是书法史、书论史中的名篇，最早收录于唐张彦远的《法书要录》，后来宋代朱长文的《墨池编》、陈思的《书苑菁华》，直至当今广为流行的《历代书法论文选》等都加收录。范景中先生谓："《论书表》是虞龢等人奉命整理内府秘藏书法之后，向明帝所做的汇报，后来对唐代的书论写作，例如著名的《书谱》和《述书赋》甚至还有《二王等书录》，产生了重大的影响，向为书法史所重。"紧接着又说："但其中也涉及到书籍制度，装裱史，文房用具等重要史料，却久久被人忽略。"①范先生所指的文房用具的重要史料，见于该篇后半部分的一段叙述，兹抄录于下：

　　　　陛下渊昭自天，触理必镜。凡诸思制，莫不妙极。乃诏张永更制御纸，紧洁光丽，辉日夺目。又合秘墨，美殊前后，色如点漆，一点竟纸。笔则一二简毫，专用白兔。大管丰毛，胶漆坚密。草书笔悉使长毫，以利纵舍之便。兼使吴兴郡作青石圆砚，质滑而停墨，殊胜南方瓦石之器。缣素之工，殆绝于昔。王僧虔寻得其术，虽不及古，不减都家所制。

　　对这段文字，笔者曾撰有《简毫与长毫》小文②，就《论书表》中涉及毛笔的一些词语加以训释。似乎可算是对范先生感叹的"却久久被人忽略"的一个小小回应吧！该文发表后不久，蒙张荣庆先生的赞赏，同时又目光如炬地指正了其中的失误③。在拜读张先生的匡正之后，咬文嚼字的积习却复难改，又对张先生的一条解释提出了不同的看法，于是再作题为《复张荣庆先生》一篇小文。④真所谓"疑义相与析"，必往复再三而止。

---

① 范景中《虞龢及其著作》，《新美术》1999 年第 2 期，57 页。
②《书法报》2005 年 6 月 13 日，总第 1067 期 11 版。
③ 张荣庆《读〈简毫与长毫〉与王学雷君商榷》。见本文附录一。
④ 本文附录二《科简与料简》。

光阴荏苒，不觉多年，自讨学问不无寸进，乃于暇日再籀虞《表》一过，于其论文房诸事尤所加意。爰将旧文检出，并张先生匡谬，整合成文，非敢谓能发潜，实怀证成之思而已。按，虞《表》此段，纸、墨、笔、砚依次而论，语虽寥寥，而条理井然，六朝文房之事犹得赖以窥豹，谨依次第，序而论之。

1. 张永及其纸墨

后汉时期，东莱（今山东莱州）人左伯（字子邑）发展了蔡伦的技术，所造的纸张最为优良，当时的大书家韦诞也是非左伯之纸不书，故萧子良《答王僧虔书》云："子邑之纸，妍妙辉光。"[①] 左伯纸为后来两晋时期的纸提高书写质量，开了个好头，做出了榜样。[②] 到了南朝时期，造纸的大家就是刘宋时的吴郡（今苏州）人张永（409—475）。张永的传见于《宋书》卷五十三，附于其父张茂度传后面，兹摘录其中的相关内容：

> （张）永字景云，初为郡主簿，州从事，转司徒士曹参军，出补余姚令，入为尚书中兵郎。先是，尚书中条制繁杂，元嘉十八年，欲加治撰，徙永为删定郎，掌其任。二十二年，除建康令，所居皆有称绩。又除广陵王诞北中郎录事参军。永涉猎书史，能为文章，善隶书，晓音律，骑射杂艺，触类兼善，又有巧思，益为太祖所知。纸及墨皆自营造，上每得永表启，辄执玩咨嗟，自叹供御者了不及也。……（元徽）三年，卒，时年六十六。[③]

按："益为太祖所知"，太祖乃文帝刘义隆，在位二十九年，即元嘉元年（424）至二十九年（452）。可见张永造纸墨的名声早在元嘉之世即著。虞《表》谓"乃诏张永更制御纸""又合秘墨"，事又在太宗明帝刘彧泰始时（465—471）。《表》末题"六年九月中书侍郎臣虞龢上"，据唐窦蒙《述书赋》注云"宋中书侍郎虞龢上明皇帝表"，知虞《表》作于泰始六年（470），距元嘉时至少有十八年之久。又按：张永制御纸、秘墨的时间亦在泰始六年。《宋书》本传载"（泰始）六年，又加护军将军，领石头戍事"，石头即在京师建康。而在此前五年，张永一直在外任职，繁忙

---

① 张怀瓘《书断》下《能品》，《法书要录》卷九，292 页；《太平御览》卷七四七引《三辅决录》，3317 页。
② 王菊华等《中国古代造纸工程技术史》，山西教育出版社，2006 年，116 页。
③ 《宋书》，中华书局，1974 年，1151 页。

异常。① 所以虞龢在叙述中用了一个"更"字，甚是恰当。

虞《表》形容张永所制的御纸为"紧洁光丽"，紧洁这个词，六朝时多用于形容书法字体风格，是指字体笔画结构的紧密清净。《法书要录》卷一王僧虔《论书》："谢综书，其舅云：紧洁生起。"梁释僧祐《出三藏记集》卷七王僧孺《慧印三昧及济方等学二经序赞》："后又有《济诸方等学经》……其轴题云：'燉煌菩萨沙门支法护所出，竺法首笔受，共为一卷，写以流通。'轴用淳漆，书甚紧洁，点制可观。"② 此指张永纸质的细密光洁，故后又以"辉日夺目"饰之。③

2. 简毫、长毫与白兔

虞《表》最早收录于《法书要录》后，《墨池编》《书苑菁华》继之。然版本之间的差异，致使文字有别，范景中先生已指出。若本段中"笔则一二简毫，专用白兔"，《四库全书》本《墨池编》作"笔则简毫，专用北兔"，无"一二"两字，"白兔"作"北兔"。《翠琅玕馆丛书》本《书苑菁华》"笔则"作"笔别"。四库本《书苑菁华》亦"则"作"别"，又"专用北兔"作"崇用北兔"。

按：所谓"简毫"，指柬择、选择兔毫，又称选毫或采毫④，是毛笔制作中一道初步的，也是重要的工序。柬，择也、选也。在许多古文献中"简"时常作为"柬"的假借⑤，如《尚书·囧命》："慎简乃僚。"伪孔传释为："当谨慎简选汝僚属侍臣。"⑥《文选》卷五十六潘安仁《杨荆州诔》："鸟则择木，臣亦简君。"李善注："《左氏传》：仲尼曰：'鸟则择木。'《家语》：孔子曰：'君择臣而任之，臣亦择君而事之。'"⑦ 具可见"简"假借为"柬"，有选择义。在晋傅玄所作的专门描写毛笔的《笔赋》中就有其例，其云："简修毫之奇兔，撰珍皮之上翰。"⑧ 这里的"简"即"柬"，"撰"则与

---

① 见《宋书》本传及《明帝纪》中与此相关之记载。
② 释僧祐《出三藏记集》，中华书局，1995 年，276 页。
③ 四库本《书苑菁华》作"曜日夺目"，义同。而四库本《墨池编》作"曜目夺日"，盖误。
④ 苏易简《文房四谱》卷一《笔谱上·二之造》载王羲之《笔经》："采毫竟，以纸裹石灰汁，微火上煮令薄沸，所以去其腻也。"
⑤ 朱骏声《说文通训定声·履部》，武汉市古籍书店，1983 年，726 页
⑥《十三经注疏》，上册，247 页。
⑦ 萧统编，李善注《文选》，上海古籍出版社，1986 年，第六册，2440 页。
⑧《初学记》卷二十一引，第三册，516 页。

"选"同字。① 又日僧空海《遍照发挥性灵集》卷四《奉献笔表》："简毛之法，缠纸之要，染墨藏用，并皆传授讫。"② 笔者曾据《历代书法论文选》，误将"简毫"属下读，作"笔则一二，简毫专用白兔"，张荣庆先生则指出此"一二"，指"一一""逐一"，谓此句意为"笔，则是专用一一经过柬选的白兔毫。"今按：张先生说诚是。

"白兔"作"北兔"，疑原作"北兔"。按北方之兔历来为制笔者所尚，苏轼《记南兔毫》谓，南方所产之兔毫不佳："余在北方食獐兔，极美，及来两浙江淮，此物稀少，宜其益珍。每得食，率少味，及微腥，有鱼虾气。聚其皮数十，以易笔于都下。皆云此南兔，不经霜雪，毫漫不可用。乃知此物本不产陂泽间也。"③ 陈槱《负暄野录》卷下《论笔料》："韩昌黎为《毛颖传》，是知笔以兔颖为正。然兔有南北之殊，南兔毫短而软，北兔毫长而劲，生背领者其白如云（雪），霜毫作笔，绝有力。然纯用北毫，虽健且耐久，其失也不婉，用南毫虽入手易熟，其失也弱而易乏，善为笔者但以北毫束心，而以南毫为副，外则又用霜白覆之，斯能兼尽其美矣。"④ 因"北兔毫长而劲"，故下文云"大管丰毛"也。

"草书笔悉使长毫，以利纵舍之便"，这是依据草书这种书体的艺术风格特征所总结出的书写工具选择的经验。"纵舍"即纵放或放纵⑤，表现出了草书挥洒自由的一面，正如虞世南《笔髓论·释草》所说的："草则纵心奔放，覆腕转蹙，悬管聚锋。"我们只要检读一下汉末崔瑗的《草势》、晋代索靖的《草书势》和杨泉的《草书赋》中对草书形式特征的描写即可明白。故南宋赵构在《翰墨志》中说："兼昔人自制草书笔，悉用长毫，以利纵舍之便，其为得法，必至于此。"亦即柳公权《谢惠笔帖》所谓"锋长则洪润自由"⑥，是也。古人用长毫笔作草书，不仅深明草书之理，而且洞察各种书写工具之物性。

---

① 《艺文类聚》卷五十八所引即作"选"，上册，1055 页。又可参见《汉语大字典》（缩印本），湖北辞书出版社、四川辞书出版社，1992 年，825 页。

② 遍照金刚《遍照发挥性灵集》卷四，祖风宣扬会编纂《弘法大师全集》卷十，54—55 页。染，一本作"深"，见陆心源《唐文续拾》卷十六，光绪十四年陆心源刻《潜园总集》本。

③ 苏轼《苏轼文集》卷七十《题跋·笔砚》，2233 页。

④ 陈槱《负暄野录》，12 页。

⑤ 《隋书》卷二十五《刑法志》："帝谓之曰：尔为御史，何纵舍自由？"四库本《墨池编》、四库本《书苑菁华》作"纵合"，非。

⑥ 吴曾《能改斋漫录》卷十四引，433 页。

3. 大管丰毛

毛笔的增粗增大是因为字径的增大，字径的增大是因为书写载体的面幅扩大，这种情况大致发生在汉晋时期：

> 在悠久的小字径书写历史里，古人通过长时期的试验摸索，渐渐形成一套书写材料（简牍类）与书写文具（毛笔）相互配合、协调的使用、操作办法，换言之，西汉以上，细笔健毫乃当时简牍书写的最佳选择。东汉时，简片和版牍的尺寸较前有所加大，所书字径变大，毛笔随之略变粗，杆径 0.6—1 厘米为常见尺寸。到六朝时，纸张已取代简牍而成为主要书写材料，纸张幅面大大超出狭窄的简牍，纸上字径增大到二三厘米，为适应增大字径的书写，笔径进一步增粗了。[1]

当然，这绝不是说汉代完全没有形制较大的笔，《汉官仪》载："尚书令、仆、丞、郎，月给赤管大笔一双。"[2] 这种笔到底有多大，没有说明。但"汉魏宫殿都有题榜，假如无如椽大笔是无法写成的"，"甘肃博物馆陈列有武威地区出土的汉晋时大笔和抓笔，笔毫有长锋和短锋之别，长锋有 9 厘米左右，短锋的形状如今之'玉笋'笔"。[3]1972 年出土于甘肃武威磨咀子的残笔，毛长有 6 厘米[4]，是非常粗大的制作。大概汉代时的"大笔"是出于一些特殊需要而制作的，并不普及。而魏晋时期，尤其是纸张普及以后，"大笔"也随之普及，得以广泛应用，如甘肃武威旱滩坡出土前凉（相当于东晋）墓出土的松木杆笔，锋长 4.9 厘米，上端杆径 2 厘米[5]；以及江苏江宁东晋砖室墓出土的"束帛笔头"，锋长约 3.8 厘米，径 1.4 厘米[6]，庶几就是虞《表》所谓的"大管丰毛，胶漆坚密"者吧。"大管丰毛"的毛笔图像，在唐宋绘画中也不时能见到[7]，【图一、二】与战国秦汉细长的笔杆形成鲜明的对比。

---

[1] 王晓光《秦简牍书法研究》，荣宝斋出版社，2010 年，266 页；又氏著《新出土汉晋简牍及书刻研究》，荣宝斋出版社，2013 年，266 页。

[2] 《艺文类聚》卷五八引，上册，1054 页。

[3] 华人德《中国书法史·两汉卷》，212 页。

[4] 中国文房四宝全集编辑委员会《中国美术分类全集·中国文房四宝全集》第 3 卷《笔纸》，2 页。图版见本书中卷《古笔图说》。

[5] 田建《甘肃武威旱滩坡出土前凉文物》，《文博》1990 年第 3 期，49—50 页。图版见本书中卷《古笔图说》。

[6] 南京市博物馆等《江苏江宁县下坊村东晋墓的清理》，《考古》1998 年第 8 期，51 页。图版见本书中卷《古笔图说》。

[7] 如宋佚名《辰星像》、宋佚名《送子天王图》等。浙江大学中国古代书画研究中心《宋画全集》第六卷第一册，286 页、第七卷第二册，98 页。

图一　宋佚名《送子天王图》
大阪市立美术馆藏

图二　宋佚名《辰星像》
波士顿艺术博物馆藏

4. 吴兴青石圆砚

虞《表》还提及吴兴郡所作青石圆砚。按吴兴，即今浙江湖州，是南朝时期一个重要的郡治。《宋书·百官志》："江左以丹阳、吴（郡）、会稽、吴兴并大郡。"[1] 青石圆砚，赵构《翰墨志》："宋虞龢论文房之用，有吴兴青石圆研，质滑而停墨，殊胜南方瓦石。今苕、霅间不闻有此石砚，岂昔以为珍，今或不然？或无好事者发之？抑端璞、徽砚既用，则此石为世所略？"[2] 按苕、霅，苕溪与霅溪，在今浙江湖州。可见，赵宋时期广东的端砚和安徽的歙砚最著，直至今日。而吴兴之砚，似但有名于南朝耳。

5. 王僧虔与郗家

"王僧虔寻得其术"，此"寻"字，似宜作时间副词不久来理解。刘淇《助字辨略》卷二："寻，旋也，随也。羊叔子《让开府表》：'以身误陛下，辱高位，倾覆亦寻而至。'宇文迪《庾子山集序》：'寻转尚书度支郎中。'凡相因而及曰寻，犹今云随即如何也。"[3]《南齐书》王僧虔本传中即有其例："僧虔寻加散骑常侍，转右仆射。"[4] 是也。按王僧虔（426—485），为宋、齐间著名书家，毋庸赘论，而虞《表》所云僧虔"得其术"，亦当在宋明帝时也。《南齐书》本传："泰始中，出为辅国将军、吴兴太守，秩中二千石。王献之善书，为吴兴郡，及僧虔工书，又为郡，论者称之。"[5]【图三】

虞《表》云王僧虔于文房"虽不及古，不减郗家所制"，按

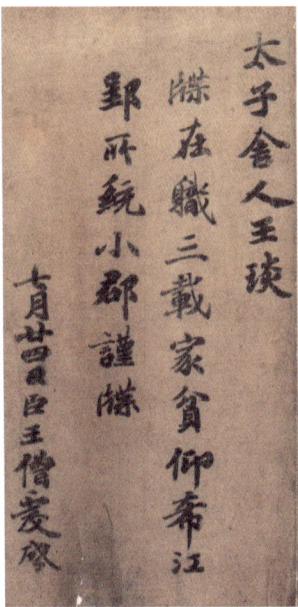

图三 王僧虔《太子舍人帖》
辽宁省博物馆藏

① 《宋书》卷四十，1258 页。
② 赵构《翰墨志》，《历代书法论文选》，370 页。
③ 刘淇撰，章锡琛校注《助字辨略》，中华书局，1954 年，116 页。
④ 《南齐书》卷三十三《王僧虔传》，中华书局，1972 年，594 页。
⑤ 同上，592 页。

《世说新语·德行》载王献之娶高平郗县女郗道茂，后离婚。郗、王两家在东晋是姻亲关系，《晋书》载郗鉴于永嘉时以流民帅之身份过江，后又与高门王氏联姻，共同辅佐东晋政权。[1] 史虽未载有其家族的文房琐事，然其家族于文房之类的具体文化事项，未必不能有所成就。六朝唐代的书学著述中就载有郗鉴、郗愔、郗昙、郗超、郗俭之、郗恢等善书诸人。[2]《陈书·始兴王伯茂传》还记载征北军人盗发丹徒的郗昙墓，获得大量的王羲之书迹及名贤遗迹。[3] 可见郗氏家族于文化的爱好，他们中某些成员留心于文房制作，完全是有可能的。虞龢的提及，绝不是没有根据的不经意之言。

附录一　《简毫与长毫》与王学雷君商榷 [4]　张荣庆

王学雷君关注古代书学文献，读书力求"甚解"，每有高学术含量之文章发表，我都喜欢看。顷读其《简毫与长毫》（《书法报》2005 年 6 月 13 日，总 1067 期第 11 版），文虽不长，却言之有物，尤其是他引了刘宋虞龢《论书表》中涉及"简毫"与"长毫"的一段文字，援用丰富材料，释"简"为"柬""选"之义，甚为精当，觉得也很有意思。赞叹激赏之余，似尚有可商处，以就正于王君诸博雅之士。

王君引虞龢《论书表》云：

> 笔则一二，简毫专用白兔，大管丰毛，胶漆坚密。草书笔悉使长毫，以利纵舍之便。

其断句（标点）所据，是《历代书法论文选》本（上海书画出版社，1979 年，近似有再版）。王君另举《法书要录》范祥雍点校本（人民美术出版社，1984 年，启功、黄苗子参校，近有再版）和刘石校本（辽宁教育出版社，1998 年，"新世纪万有文库"第二辑），二者均将"简毫"二字属上读，作"笔则一二简毫，专用白兔"，他以为是不对的，还说："'笔则一二简毫'的读法实在不通。"

不佞审视琢磨再三，还是以为范、刘二氏断句为是，《历代书法论文选》断句

---

① 田余庆《东晋门阀政治》，北京大学出版社，1996 年，39—62 页。

② 见张怀瓘《书断》、羊欣《采古来能书人名》、王僧虔《论书》、窦蒙《述书赋注》、李嗣真《书后品》等。

③《陈书》卷二十八，359 页。

④ 原载《书法报》2005 年 7 月 18 日 12 版。收入氏著《退楼丛稿》，河北教育出版社，2008 年，42—44 页。

为非。

如按上述断句，"笔则一二"的"一二"是什么意思？王君漏释。手边有《辞源》《汉语大词典》，翻一翻，都有"一二"这个词。其义有多项：（一）两个，表示少数；（二）一一，逐一；（三）犹次第；（四）少许。审度《论书表》这段文字，此处之"一二"，当作"一一""逐一"解。这样的话，"简毫"就必须上属作"笔则一二简毫，专用白兔"，意即：笔，则是专用一一经过柬选的白兔毫（按"柬"，今通作"拣"，或"检"）。如断作"笔则一二"，便失了着落，那倒真是"读法实在不通"了。

熟悉书学史的朋友大都知道，虞龢《论书表》（最早收在唐张彦远所辑《法书要录》中），是唐前一部很重要的史料非常丰富的书学典籍。王君所引这段文字，只是一小段，上下还有不少内容，主要讲虞龢身处时代（大约为晋宋之间），笔墨纸砚的制作已经相当精良，并提到几位兼善研制的书家，挺有意思。此其一。其二，古人为文，遣词用字乃至文句，都甚讲究。因此，我觉得有必要把这段文字全部录出，断句悉依范、刘二家《法书要录》点校本，标点符号略有改动。其文云：

> 陛下（按即宋明帝）渊昭自天，触理必镜，凡诸思制，莫不妙极。乃诏张永更制御纸，紧洁光丽，辉日夺目。又合秘墨，美殊前后，色如点漆，一点竟纸。笔则一二简毫，专用白兔；大管丰毛，胶漆坚密；草书笔悉使长毫，以利纵舍之便。兼使吴兴郡作青石圆砚，质滑而停墨，殊胜南方瓦石之器。缣素之工，殆绝于昔；王僧虔寻得其术，虽不及古，不减郗家所制。

王君于文末又引宋高宗《翰墨志》：

> 兼昔人自制草书，笔悉用长毫，以利纵舍之便，其为得法，必至于此。

这段文字，显然是脱胎于虞龢《论书表》的，但断句错了。第二句，"笔"应上属，作"兼昔人自制草书笔，悉用长毫，以利纵舍之便……"，一查乃知，王君稍不留神，又跟着《历代书法论文选·虞龢〈论书表〉》的点校者受累一回。

顺便一提，《历代书法论文选》上下两册，加上崔尔平先生选编、点校的《历代书法论文选续编》之整理出版，对学书者特别是书学研究者来说，受用不少，好多朋友撰文常常引用，沾溉书林，其功甚大矣。后者没有细检，但在阅读前者当中，则多见误排或断句、标点错讹可商之处。仅举二例：

一是虞龢《论书表》："及群臣所上，数月之间，奇迹云萃，诏臣与前将军巢尚之……料简二王书……"（见上册，51页）"料简"当是"科简"之误。

二是卫恒《四体书势》末引崔瑗《草势》："绝笔收势，余绖纠结，若杜伯揵毒缘蟻，腾蛇赴穴，头没尾垂。"（见上册，17 页）"杜伯"，实是蝎子的别名，而点校者却标作人名，非。

话扯远了，打住。

2005 年 6 月 13 日结稿于退楼

附录二　科简与料简 ①

陶渊明云"读书不求甚解"，这句话经常被一些读书不细心的人，曲解地加以利用。而黄梨洲则云"读书不多，无以证斯理之变化，多而不求于心，则为俗学"。当今是信息时代，要多读书，不成问题；要读书多，也不成问题。问题是"读书不求甚解""多而不求于心"的大有人在。至于这些是否就是"俗学"，当视实际情况而定，不好随便说。但有一点，若想真正地做些学术研究，尤其是对中国传统古籍的研读，无疑是应求甚解的，不仅要多读，更要求之于心。遗憾的是，笔者并未能完全做到。《书法报》2005 年 7 月 18 日第 29 期 12 版刊登了张荣庆先生大作《读〈简毫与长毫〉与王学雷君商榷》一文，针对不佞将虞龢《论书表》中"笔则一二简毫，专用白兔"读为"笔则一二，简毫专用白兔"的错误进行了纠正，并以清通简要的文字加以论证，认为"一二"在此当作"一一，逐一"解。拜读之后，顿感涣然冰释，怡然理顺。张老作为从事书学研究的前辈，却对晚辈如不佞的拙文有如此之关注，令不佞既觉庆幸，又感惭愧！然隋侯之珠不能无颣，拜读之后，复有一处可商，敬祈张老垂教。

上海书画出版社出版的《历代书法论文选》所收的虞龢《论书表》，文中有一段文字为：

> 及群臣所上，数月之间，奇迹云萃。诏臣与前将军巢尚之、司徒参军事徐希秀、淮南太守孙奉伯，料简二王书。

张老据《法书要录》认为，其中的"料简"当是"科简"之误。不佞以为，作"料简"亦不误。今人詹绪佐先生撰有《六朝书论笺识（续）》，认为："'科简'一词当属

---

① 原题《复张荣庆先生》，《书法报》2005 年 10 月 17 日 11 版。

同义复合词，'科'与'简'均为'择取''简择'义。"所释甚当，然其又见《历代书法论文选》本作"料简"，则曰："不知是'科''料'形近而误，还是另有所本。"①其实张老与詹氏都未能对"料"字作进一步的考察。

谨按："科"误作"料"非不可能，然"料简"一词在古籍中亦非无例，《南齐书·王晏传》："料简世祖中诏，得与晏手敕三百余纸。"《南史·何尚之传》："若朔望应有公事，则先遣送祭，皆手自料简，流涕对之。""料"亦有"择取""简择"义，《鬼谷子·捭阖》："捭之者，料其情也。阖之者，结其诚也。"陶弘景注："料谓简择，结谓系束。情有真伪，故须简择，诚或无终，故须系束也。"《三国·吴志·陆逊传》："逊料得精兵八千余人，三郡平。"可见"料简"亦属同义复合词，与"科简"词义、词性皆同。又按：敦煌文献中"料简"多作"聊简"，或作"廖简""寮简"等，义为阐述、解释。词义虽有变化，然都由简择之义的"料简"而来也。②

---

① 《书法研究》2001 年第 5 期，54—55 页。
② 详见曾良《敦煌文献字义通释》，厦门大学出版社，2001 年，96 页。

十七、心同理同：西方的"毛笔"与中国的制作

广义上说，将一束毛料修整后，根部扎紧或黏固，然后插入相应的笔杆腔内，就应该是一支"毛笔"。因此，西方绘画所用的油画笔、水彩画笔，乃至女士们描眉用的眉笔，都可纳入这个范畴；狭义的"毛笔"，只针对中国的制作。和西方不同的是，中国毛笔除了绘画，更用于写字，往往写字和画画用的是同一支笔，很难界定其专属。[①] 囿于闻见，笔者对古代西方的"毛笔"实物未克目验心通，从经验判断，市面上经常见到的水彩画笔，从外观形制上与中国毛笔是较为接近的。新疆阿斯塔那曾出土过一支晋代木杆"画笔"[②]，【图一】或许与西方的"毛笔"较为接近？

宋陆九渊云："东海有圣人出焉，此心同也，此理同也；西海有圣人出焉，此心同也，此理同也；南海北海有圣人出焉，此心同也，此理同也；千百世之上有圣人出焉，此心同也，此理同也。至千百世之下，有圣人出焉，此心同也，此理同也。"地有东西，时有古今，天地间似有一种超越时空的普遍真理存在。[③]

图一　新疆吐鲁番阿斯塔那发现的木杆画笔

[①] 中国毛笔制作中虽有"勾线""山水""兰竹"等名称，但也不排除用它们来写字。同样，没有显示画笔特性的毛笔，画家也时常用于作画。总之，在实际运用中并无硬性的规定。

[②] 新疆维吾尔自治区博物馆《新疆出土文物》，29页。

[③] 葛兆光《中国思想史》第二卷《七世纪至十九世纪中国的知识、思想与信仰》，复旦大学出版社，2001年，250页。

从一般的原理和法则上说，西方的"毛笔"与中国毛笔的制作上不光有相同之处，而且还有相通之处，体现出一种"心同理同"的意味。我们有文献为证：

18 世纪初期，亚陀斯修道士画家和基奥尼西编写过一本名为《叶尔米尼亚》的书（又名《绘画艺术指南》）。虽然它是一本成书较晚的著作，但其内容却记载保留了拜占庭时期（395—1453）美术家们的长期经验。[1] 其第一部分"关于教堂绘画的材料的准备和运用"的第三节，即是"关于画笔的准备"。当读完这段文字之后，我们会惊讶地发现，它的论述竟与中国专著中对毛笔制作技术的论述如出一辙，甚至有彼此间是"互译"的感觉。因为这个"惊人的发现"，就由不得我们不将其全文不惮烦地抄录出来：

> 你要想制作画笔，你就把貂尾拿来，仔细地看一看，但要看的不是长在尾侧的细毛，而是尾尖上的长毛。如果尾尖上的长毛很直，没有一点弯曲，又很匀称，并且适合制作那种能够勾勒和描绘人体的画笔，那么你就用小剪刀把尾尖上的长毛剪下，一绺一绺地分放在木板上。接着，你把它们结扎成束，用水冲洗干净。然后，你用左手的指甲压住它们的根部，用右手捏着它们的梢尖，慢慢地把它们拉出来、放好，使它们的尖梢齐齐整整。最后，你用打过蜡的丝线把它们结扎起来，但是不要使笔的根部过长。至于笔管，你应该事先把它们放在水中，洗掉上面的脏杂之物。你把笔头安装在笔管里，就得到了完整的画笔了。不过，你要注意，莫使探出笔管以外的笔毛过长，否则，你使用起来就会感到不舒服。你剪剩下的那段貂尾，应该好好地保藏，尔后还可以用它们制作大的刷笔。[2]

这段文字是从俄文翻译过来的，相较于思想性较强的文字，这种技术类文字的翻译，在准确性上应该不会有太大的问题。我们暂不讨论这个，我们关心的是其中与中国毛笔制作技术"心同理同"的耦合之处，不妨就按着论述顺序加以对照。

中国最早的一篇记载毛笔制作技术文献，是公元 3 世纪时期的魏国大书法家韦诞（179—253，字仲将）所作的《笔方》，这篇文字基本被保留在 6 世纪的农学巨著《齐民要术》之中。虽然在一千余年的流传过程中，文字抄写和刻印上不免会产生一些脱误，但对毛笔制作的基本原理、法则的表述，还是较为清晰的。为便于比较，我们也校录于下：

---

[1]《叶尔米尼亚·导言》，［苏联］阿·阿·古贝尔等《艺术大师论艺术》第一卷，刘惠民译，文化艺术出版社，1987 年，226 页。

[2] 阿·阿·古贝尔等编《艺术大师论艺术》第一卷，233—234 页。

　　韦仲将《笔方》曰：先须以铁梳（梳）兔毫及羊青毛，去其秽毛，盖使不髯
茹，讫，各别之。皆用梳掌痛拍整齐，毫锋端本各作扁极，令均调平好，用衣羊
青毛。缩羊青毛，（毛毫）去兔毫头下二分许。然后合扁，卷令极圆，讫，痛颉
之。以所整羊毛中截，用衣中心，名曰"笔柱"，或曰"墨池""承墨"，复用毫
青衣羊（青）毛外，如作柱法，使中心齐，亦使平均。痛颉，内管中，宁随毛长
者使深，宁小不大，笔之大要也。①

　　与《叶尔米尼亚》中记载的拜占庭时期画笔制作技术进行对读，会发现两者对笔的制
作技术细节上是何其相似，那就将其中相似点摘出比较：

　　在选料上，《笔方》用的是兔毫和羊毛，这两种毛料是中国传统制笔原料中的大
宗。②拜占庭画笔所用的是貂尾，貂尾毛在中国毛笔制作原料中亦见采用，称作貂鼠。
明谢肇淛《五杂组》卷十二《物部四》："今吴兴作者，间用鼠、狼毫，臧晋叔以貂鼠
令工制之，曾寄余数枝，圆劲殊甚，然稍觉肥笨，用之亦苦不能自由，政不知右军、
端明所用，法度若何耳。"③貂鼠现在称作紫貂，或"黑貂""林貂"。这种动物形似黄
鼬，体色暗褐，其尾末端毛较长，在中国主要分布于东北及蒙古等地。④谢肇淛的记载
说明两点：貂尾毛用于制笔相对于其他原料的时代较晚（明代），且不普遍⑤；其次，它
的使用特点是虽然"圆劲"，但稍微显得"肥笨"。【图二】这当然是他个人的感受，但
貂尾在总体上应该是一种不错的原料，所以拜占庭时期的画家们会选用它制作画笔。

　　西方"毛笔"在选料的考究程度和丰富性上，自然远不如中国，而我们所关注的
是它们技术上的相似或相同之处。

　　《叶尔米尼亚》说，将貂尾的尾端长毛剪下以后，就"一绺一绺地分放在木板
上"，这和《笔方》用梳子梳理好兔毫、羊青毛之后"讫，各别之"，基本就是同样的
工序。

　　本文一开始就指出，广义上说，将一束毛料修整后，根部要扎紧或黏固，方可称
为"毛笔"。《笔方》于此的描述也很详细，最后要求"痛颉之"。所谓"痛颉"，即是

----

① 《笔方》见于贾思勰《齐民要术》（《龙溪精舍丛书》本）卷九，宋苏易简《文房四谱》（吴兴陆
　 氏《十万卷楼丛书》本）卷一《笔谱》亦有录文，本文录文据此两本互校。详见本书下卷《韦
　 诞笔方校议》。
② 本卷《兔毫二题》。
③ 谢肇淛《五杂组》卷十二《物部四》，213 页。
④ 孙敦秀《文房四宝手册》，北京燕山出版社，1991 年，62 页。
⑤ 貂尾毛在明代以前多用于制衣，历代诗文中多有记述，此不赘。

图二 明万历留青竹
雕龙纹管貂毫笔 故
宫博物院藏

用力将笔头根部用丝线结扎紧固。①【图三：1、2】出于同一种原理，拜占庭时期的貂尾毛画笔也要求"结扎成束"，最后，"用打过蜡的丝线把它们结扎起来"。我想，虽然它不是中国毛笔，但在具体的制作中也必然会强调"痛颉"的。道理很简单，就是为了防止毛料的散落。

当一枚笔头制作完成，所要做的就是将其插入杆腔。但怎么插，却又是大有讲究的，《笔方》说得再明白不过了："痛颉，内（纳）管中，宁随毛长者使深，宁小不大，笔之大要也。"所谓"宁小不大"，就是要使笔毛尽量多地插入杆腔，宁愿露出笔杆的毛少，也要让插入的毛料多些，成为制作毛笔工序中必须遵循的"大要"。这种制作法则，在现今的毛笔制作技术中似不多见②，但在考古出土的西汉及东晋的毛笔实物中却不乏例证。③ 这一法则的

---

① 按："颉"通"结"。《庄子·胠箧》："颉滑坚白。"崔注："颉滑，缠屈也。"《说文》："结，缔也。"有收缚之义。详见朱骏声《说文通训定声·履部》，635—636页。或又通"撷"，《太平御览》卷三七三引《搜神记》："晋时妇人结发者，既成，以缯急束其环，名曰撷子髻。""讫，痛颉之"，《文房四谱》作"痛颉，讫"。考古发现的实物明晰例证有：居延附近发现木笔杆、笔头，及甘肃武威磨咀子汉墓出土的用细银丝结扎的笔头。图版分见钱存训《书于竹帛：中国古代的文字记录》图版、中国文房四宝全集编辑委员会《中国美术分类全集·中国文房四宝全集》第3卷《笔纸》。
② 胡韫玉《笔志·笔式》："今笔藏于管中者无复有几，往往力薄而易坏，当是俗工趋利使然。"
③ 图证见本书中卷《古笔图说》16"网疃汉墓针刻短单套木杆笔头二"及32"东晋束帛笔头"插入杆腔示意图。

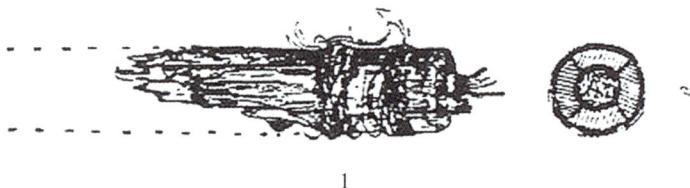

1

2

图三：1. 居延附近发现的木笔杆及笔头　2. 甘肃武威磨咀子汉墓出土的银丝结扎笔头

强调并不是出于某种不切当的异想，而是为了增加笔毛的弹性所采取的措施。这从我们其他的经验感受中犹能获得体会：如同一座建筑，地基打得越深，地面上的房子就越不容易倒塌。同此心同此理，拜占庭时期的画笔也采用了这一制作法则：

> 你把笔头安装在笔管里，就得到了完整的画笔了。不过，你要注意，莫使探出笔管以外的笔毛过长，否则，你使用起来就会感到不舒服。

这位画家所感到的"不舒服"，正是缘于笔毛插入不深所导致的弹性缺失。这位画家还告诉我们，制作这支"毛笔"的目的是为了获得"那种能够勾勒和描绘人体的画笔"。据研究，拜占庭时期绘画风格极尽纤细之能事，基本上就是工笔画，所以又称"细密画"。[①] 这和中国画中白描所需较好弹性的毛笔是同样的要求。

以上通过《笔方》与西方著作《叶尔米尼亚》中所记载的毛笔制作技术进行对比，可见两者之间所具有的相似性是那么的鲜明。它们之间原本是否就所关联呢？喜爱考据的学者不免会产生这样的想法。也正因为如此，才会不惮烦地做比较。《叶尔米尼亚》虽然是后来的著作，但其内容却记载保留了拜占庭时期美术家们的长期经验，其中这个制笔的部分也同样能够被视为是早期文字，就像《笔方》被后世的《齐民要术》等著作保留下来那样。

对拜占庭的历史，笔者只有粗浅的了解，但研究有素的中西交通史学者却能详细地告诉我们：在中国历史上，拜占庭帝国与古代中国早有往来。古人对拜占庭有"拂菻""蒲林""普岚"等称法，从晋代开始至隋唐时期就有很频繁的接触。[②] 我们自然会设想——拜占庭的使者和商人们正是在这个阶段，将中国的制笔技术记录了下来，回国后再转告给他们的画家们。固然，我们不能因为中国毛笔与拜占庭这个西方国家的"毛笔"，在制作技术上有如此之多的相似性，就将两者扯上看似"必然"的关系，但历史的因素是值得考虑的。我们更寄望于历史学家和考古学家的努力，通过他们的成果为我们找到有力的证据。不然，我们只能以"此心此理，莫不同也"来看待这个问题了。

[①] 李晓玲《中世纪拜占庭细密画艺术风格多样性成因探究》，首都师范大学硕士学位论文，2006年，3页。

[②] 沈福伟《中西文化交流史》，上海人民出版社，1985年，87—89、137—140页。

十八、古笔研究中的文献引用问题

众所周知，明人在文献学上的表现比较差劲，误用、误引，甚至乱用、乱引文献的情况比比皆是，颇受后世诟病，而且后人还有"明人刻书而书亡"之叹。到了清代，文献学得到了长足发展，尤其是乾嘉时期的文献学家蔚出，严谨规范地引用和阐释古代文献成为他们的共识，并由此而形成了一套"家法"。反之，自然就被视为"不通家法"而见讥于学林。然而，"不通家法"的人任何一个时代都会存在，他们著作中文献运用上的错误可谓层出不穷，且翻奇出新，竟连一些文献学的基本常识与方法都不具备。总之，你认为不应该发生的错误，时不时地会出现在你眼前。

文献学的方法与内容主要就是目录、版本和校雠，这三个内容原本就是三位一体的，不必分什么先后。① 掌握了这三种方法，就基本解决了研究中文献运用的问题，至少不会犯太大或太明显的错误。本文所揭示的，正是古笔研究中，因为没有掌握或合理地运用这三种文献学基本方法，而产生的一些错误。

著名文献学家余嘉锡先生在一篇札记中写道：

> 近时有人称《淮南子》为淮南人姓王名安所撰者。又有人谓《世说新语》为临川人王义庆所作者，莫不传以为笑。项读郑子尹《郑学录》卷三，引《世说》郑玄以《春秋》传注与服子慎事而论之曰"王义庆之言为得其实"，是可为此人解嘲矣。②

《淮南子》一般题作西汉淮南王刘安所作，《世说新语》通常也被视为刘宋临川王刘义

---

① 王欣夫《文献学讲义》，上海古籍出版社，2005 年，3—4 页。
② 余嘉锡《读已见书斋随笔（续）·不知〈淮南子〉〈世说新语〉作者》，《余嘉锡文史论集》，岳麓书社，1997 年，655 页。

庆的作品，这起码的文史常识，却偏偏闹出了"淮南人姓王名安"和"临川人王义庆"这样匪夷所思的笑话来。从传统文献学上说，这样的笑话是由于缺乏目录学常识所致。

照理说，受过近代科学观念熏染和学术训练的近现代人，应该比古人更懂得这种道理。从总体上看，当代文献学所取得的成就完全能够度越古人，且令人信心满满。但遗憾的是，前人所犯的错误却在近现代人的著述中却屡有发生，甚至变本加厉。而时下关于古代文房四宝的著述恰是一个"重灾区"，可令文献学家绝倒。为证实吾说之不谬，不妨随意例举两本关于文房四宝的著述中乱引、误引古文献的几条例子。

首先，我们举贵州人民出版社 1983 年版冯济泉、马贤能的《文房四宝古今谈》一书中的几例：

> 西周的笔，我们至今尚未见到。但一些古籍中却有记载。《尚书》中的《侯言》《神契言》篇，都说周公时能造笔和用笔。（35 页）

读过《尚书》的人都知道，其中的篇目，无论是流传有绪的"今文"，还是后世伪造的"古文"，都没有《侯言》和《神契言》这两篇文字。那么这个论断这是怎么来的，更进一步说是如何导致的呢？原因就是作者缺乏基本的目录学常识，误读了古文献。按：《后汉书·方术传序》："至乃《河》《洛》之文，龟龙之图，箕子之术，师旷之书，纬候之部，钤决之符，皆所以探抽冥赜，参验人区，时有可闻者焉。"李贤注："纬，七经纬也。候，《尚书中候》也。"所谓的"《侯言》"，应是对汉代纬书《尚书中候》书名的误读（而且"候"还误作"侯"）。【图一】同样，"《神契言》"乃是对汉代另一部纬书《孝经援神契》（简称《援神契》）书名的误读。【图二】这两部纬书堪称汉代谶纬学中的"经典"，对汉代学术思想略有了解的人都应该知道。[①] 据笔者的经验判断，所引原文应是"尚书中候言、援神契言"这样的句式，但作者却把句子读破了，出现了这样一个匪夷所思的例子。

接下来的例子也是不知书名所致：

> 《通训·定声》对"笔"的解释是："此秦制字，秦以竹为笔，加竹。"（36 页）

清人对东汉许慎《说文解字》的研究，成就上达到顶峰，形成了一种学科——"《说

[①] 关于《尚书中候》和《孝经援神契》这两种纬书的命名、意义等研究，可参阅陈槃《古谶纬研讨及其书录解题》，上海古籍出版社，2010 年，174、351—358 页。

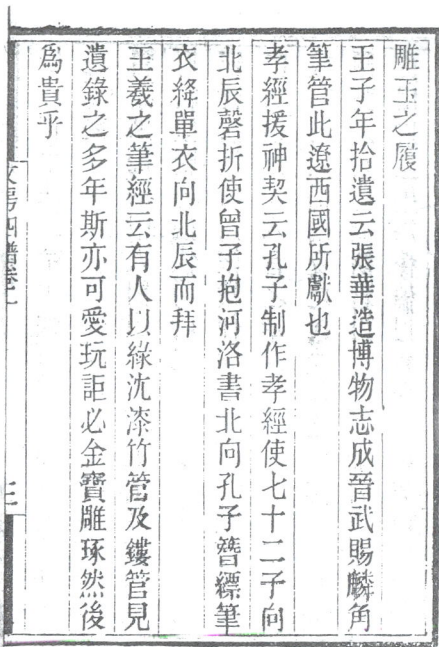

图一（右起竖读）：

成王而已云簡謂之札不律謂之筆滅謂之點
又尚書中候云玄龜負圖出周公援筆以時文
寫之曲禮云史載筆詩云靜女其孌貽我彤管
又夫子絕筆於獲麟莊子云㸔筆和墨是知古
筆其來久矣又盧古之筆不論以竹以毛以木
但能染墨成字卽呼之為筆也昔蒙恬之作秦
筆也柘木為管以鹿毛為柱羊皮為被所以蒼
毫非謂兔毫竹管也見崔豹古今注秦之時併
吞六國滅前代之美故蒙恬獨稱於時又史記皇

图二（右起竖读）：

雕玉之履
王子年拾遺云張華造博物志成晉武賜麟角
筆管此遼西國所獻也
孝經援神契云孔子制作孝經使七十二子向
北辰磬折使曾子抱河洛書北向孔子簪縹筆
衣絳單衣向北辰而拜
王羲之筆經云有人以綠沈漆竹管及鏤管見
遺錄之多年斯亦可愛詎必金寶雕琢然後
為貴乎

图一　吳興陸氏《十萬卷樓叢書》本《文房四譜》引《尚書中候》　　图二　吳興陸氏《十萬卷樓叢書》本《文房四譜》引《孝經援神契》

文》学",并产生了"说文四大家",朱骏声及其《说文通训定声》是其中之一。① 研究有素的学者往往简称《通训定声》,很显然,作者不知此书,在中间加了个间隔号。②

以上的例子是不知书名所致,也就是缺乏目录学的基本常识。那以下的两例则是不知原文出处,转引二手,甚至三四手资料,于版本毫不留心:

至于汉末,情况有如明代《遵生八笺》所记:"汉末一笔之匣,雕以黄金,饰以和玉,缀以隋珠,文以翡翠。非文

---

① 除朱骏声的《说文通训定声》,其他三家及其代表作是桂馥的《说文解字义证》、段玉裁的《说文解字注》、王筠的《说文句读》《说文释例》。

② 朱世力在其主编《中国古代文房用具》的《前言》中也说:"《通训》一书载'秦以竹为笔'",上海文化出版社,1999年,7页。

犀之桢，必象之管，丰狐之柱，秋兔之翰。"（37 页）

　　《古今图书集成》载前人《笔赋》："缠以素枲，纳以元漆。"（38 页）

学术论著的写作难免会引用二手资料，但只有在原书实在稀少，无从核对的情况下
才行，若原书不算稀见，就不能这样了。① 显然，上面两例正是未知引用不算稀见著
述的例子：第一则的引文所谓"汉末一笔之匣"云云，出自西晋傅玄的《傅子·校
工篇》，虽然此书已残佚，但清代学者从各种类书、古注中加以搜辑，殆成完璧。所
谓"明代《遵生八笺》"，即明人高濂所著，他的引文无论是出于直引还是转引，但终
究不宜作为第一手资料来引据。第二则引文所谓的"前人"，实际上还是傅玄，他的
《笔赋》文字散存于各种唐宋丛书、类书之中，而《古今图书集成》是清人陈梦雷所
编，并且引文中的"元漆"，原当作"玄漆"，"元"字系避康熙帝讳。因此，原书原
文具在而引用《古今图书集成》，也是不甚恰当的。②

　　相同的情况同样出现在类似的著述中。新华出版社 1993 年版孙敦秀的《中国文
房四宝》，在引用古文献方面同样存在着较明显的问题：

　　"淮南子《本经训》中载：'仓颉作书，鬼夜哭。'"（3 页）

据作者的页下注："赵汝珍《古玩指南续编》二〇页，中国书店版，一九八四年六
月。"赵汝珍是民国时人，他的这本书很受读者的青睐，笔者手边没有中国书店版，
无从覆核，但有北京出版社 1992 年版的《古玩指南全编》，该版引作"《淮南·本经
训》"，省略一个"子"字。前面已经提到，《淮南子》是西汉淮南王刘安门客集体编
撰的一部著作，《本经训》只是其中的一篇，更严格地说，引用时"训"字也不应该
出现，因为"训"是训释之义，指的是东汉高诱的注释。最规范的引用当作"《淮南
子·本经》"才是。当然，我们这里主要还是为了说明，《淮南子》并不是一部生僻的
书，完全没有必要从民国人的著述中加以转引，何况，笔者发现赵汝珍在引用其他古
文献时也非常不严谨，若不留心加意，反受其害而不自知。

　　《中国文房四宝》的作者在写作时，自然也没有忽视其他古文献中的材料，与上
举《文房四宝古今谈》一书"《尚书》中的《侯言》《神契言》篇"的荒谬例子相比，
似乎要好些，但一牵涉到《尚书》时，却又出现了问题：

① 关于引用第一手资料的问题，详见严耕望《治史三书》，辽宁教育出版社，1998 年，37—
　41 页。
② 傅玄的论笔文字及版本出处，俱见本书下卷《傅玄笔论四篇校笺》。

传为孔子编撰的《尚书》载："玄龟负图出，周公援笔以时文写之。"（4 页）

检《尚书》，并无"玄龟负图"之记载，倒是唐代孔颖达为《尚书》中后人伪造的《咸有一德》篇所作的疏解中，毫不客气地指出："纬候之书乃称有黄龙、玄龟、白鱼、赤雀负图衔书以授圣人，正典无其事也。汉自哀、平之间，纬候始起，假托鬼神，妄称祥瑞，孔（子）时未有其说，纵使时已有之，亦非孔所信也。"连孔子都不承认的东西，怎么会当作史实记载《尚书》入呢？作者所谓的"《尚书》载"是哪里来的呢？在页下注中，作者注明引自《文房四谱》，似乎是苏易简这么说过。再检《文房四谱》，其卷一《笔谱上·一之叙事》中有这么一则文字：

又尚书中候云玄龟负图出周公援笔以时文写之。

这里不作标点，正是考考读者怎样来读这则文字，而《中国文房四宝》的作者肯定是把"尚书中候云"，理解成"《尚书》中（的）候云……"，全然不悟应是前面提到的纬书《尚书中候》，至与《文房四宝古今谈》的"《尚书》中的《候言》"同样荒谬。

《中国文房四宝》的作者还引有以下两则文字：

据载汉末有一笔以"丰狐之柱，秋兔之翰"制作而成。（7 页）

王羲之得用笔法于白云先生，先生遗之鼠须笔。（10 页）

在所施的页下注中，作者分别注明出处是"宋李昉《太平御览》"和"南朝宋刘义庆《世说新语》"。第一则引文还是出自《傅子》，那为什么要注明出自《御览》呢？因为《御览》确实有此引文，但这部体量庞大的类书总共有一千卷，不注明卷数，若想要核对一下，就真让读者有大海捞针之叹了。第二则引文似乎不太有问题，然而今本《世说新语》却未见此条。这是否是佚文呢？作者是如何出注成"南朝宋刘义庆《世说新语》"的呢？答案还在《文房四谱》卷一《笔谱上·一之叙事》中。在这则引文前有"世说"二字，不妨再全文照录一遍：

世说：王羲之得用笔法于白云先生，先生遗之鼠须笔。又云：钟繇、张芝皆用鼠须笔。【图三】

可见这"世说"二字是作者出注的依据。的确，《世说新语》这部书有许多异称，简称作《世说》的情况也十分普遍①，但这则引文的"世说"二字，应理解为苏易简援引

---

① 参见王能宪《世说新语研究》，江苏古籍出版社，2000 年，22—30 页；祁小春《迈世之风：有关王羲之资料与人物的综合研究》，台北石头出版股份有限公司，2007 年，51—52 页。

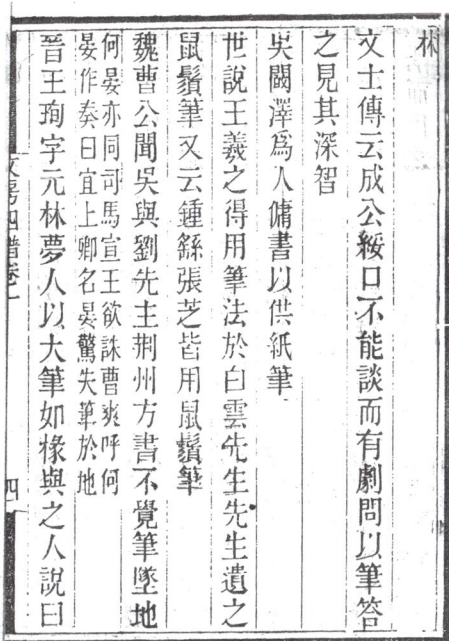

图三　吴兴陆氏《十万卷楼丛书》本《文房四谱》引"世说"

晉王珣字元林夢人以大筆如椽與之人說曰

何晏亦同司馬宣王欲誅曹爽呼何

晏作奏曰上卿名晏驚失筆於地

魏曹公聞吳與劉先主荊州方書不覺筆墜地

鼠鬚筆又云鍾繇張芝皆用鼠鬚筆

世說王羲之得用筆法於白雲先生先生遺之

吳闓澤爲人備書以供紙筆

之見其深智

文士傳云成公綏口不能談而有劇問以筆答

的一种"世间流传的说法"似更恰当。因此，直接注为出于《世说新语》，未免过于武断。另按：潘德熙先生的《文房四宝——中国书具文化》一书中，据宋人吴淑《事类赋》直接谓"引《世说新语》"，并解释道："吴淑的引语未见于今本《世说新语》，当是已失传的古本。"[1] 检《事类赋》，在其卷十五的注里面并未发现引有"世说新语"，而只有"世说"二字，很有可能就是从《文房四谱》中抄来的。[2]

以上所举两部今人著述中的例子，所呈现的问题，不仅是缺乏目录学常识，还存在着校雠学上的问题。它们虽然只是普及性读物，并且只抽取了其中关于毛笔的部分，就能轻易地发现，对古文献的误读、误引的情况几乎见于每一页，到了非常严重的境地。这些错误，甚至不排除是由于作者辗转抄袭，而不加覆核所致。

文献方面的问题蚁聚般地出现在当今各种文房著述之中，这不得不引起重视。为什么文房四宝的研究总是不太受到重视，或是产生的成果不太被采用？无疑是值得深思的。我想，根本的原因就是文献学中最基本的方法没能较好地介入，以致对相关的文献都没能进行起码的、正确的理解和阐释。

---

① 潘德熙《文房四宝——中国书具文化》，上海古籍出版社，1991年，12、13页。
② 笔者专门将《事类赋》卷十五文房类的注文，与《文房四谱》进行核对，发现前者许多都是直接从后者摘抄而来。

十九、读《中国的文房四宝》

　　非学术性的著述，一般被称作"通俗读物"或"普及性读物"。既然是通俗、普及的，就没有必要故作高深，充斥着让外行难解的专业术语和繁引一般所需之外的文献。当然，这不是说这类读物就不可以存在专业术语和引用文献，除了适度之外，恰当和准确是体现这类读物价值的关键。

　　文献引用得不恰当或不准确，在学术性较强的著述中一般很少出现，即使出现，也较容易被专业读者发现，而在普及性读物中大量出现，则是对将欲入门的读者的一种先期误导。20 世纪 90 年代末，商务印书馆出版了一套"中国文化史知识丛书"，其"编者献辞"指出，编写该套丛书的目的是"要让中学生和具有中等文化程度的读者掌握中国文化史的基本知识"，同时"对文化层次较高的成年读者以至专家来说，个人的专业知识总归有限"，因此"本丛书对于成年人也不失为一种高品位的、可信赖的文化知识读物"。总体而言，这套丛书中的大多数作品都是不错的，但有一本《中国的文房四宝》（作者齐儆）[①]，却多有文献引用不恰当和不准确之处，以下主要针对其中论述毛笔的部分。

　　《中国的文房四宝》中论述毛笔部分，在文献引用上的问题主要是不引第一手资料。在上文中，笔者已经指出，学术论著的写作难免会引用二手资料，但只有在原书实在稀少，无从核对的情况下才行，若原书不算稀见，就不能这样了。作为普及性读物，虽不必如学术著作那样严格遵守学术规范，但引文的恰当准确则是底线。我们就将《中国的文房四宝》中关于毛笔部分的引文所存在的问题择要摘出，加上按语罗列于下：

　　　　人工制作毛笔起于何时，历史上有一些传说和记载。如清代梁同书《笔史》上辑录西晋文学家成公绥的《弃故笔赋》上说："'有仓颉……乃发虑于书契，采

---

① 1998 年 12 月第一版，2007 年 7 月第 5 次印刷。

秋毫之颖芒，加胶漆之绸缪，结三束而五重，建犀角之元管，属象齿于纤锋'，是笔始于皇颉也"。（6 页）

按：成公绥的《弃故笔赋》全文见于北宋苏易简的《文房四谱》卷二《笔谱下·五之辞赋》，题"成公绥字子安弃故笔赋"。明张溥《汉魏六朝百三家集》辑有《成公子安集》，题"弃故笔赋（有序）"。《艺文类聚》卷五十八题作"晋成公绥故笔赋"，《全晋文》全据《类聚》收录。梁同书的《笔史》已是很后的文献，故宜引用《文房四谱》。另"元管"本作"玄管"，是避康熙玄烨讳，可径改；"是笔始于皇颉也"，乃梁同书按语，不当引录。

> 如《隶释》上说："石经，蔡邕［yōng 雍］丹书，使工镌刻。"（10 页）

按：《隶释》，宋洪适撰，引文见于卷十四《石经论语残碑》后洪氏跋语，原文作"史称蔡邕书丹，使工镌刻"，此作"丹书"，误。最主要的是，蔡邕书丹事最早载于《后汉书》蔡邕本传：

> 熹平四年，乃与五官中郎将堂溪典、光禄大夫杨赐、谏议大夫马日磾、议郎张驯、韩说、太史令单扬等，奏求正定六经文字。灵帝许之，邕乃自书丹于碑，使工镌刻立于太学门外。于是后儒晚学，咸取正焉。及碑始立，其观视及摹写者，车乘日千余两，填塞街陌。

《隶释》所本即是《后汉书》，不引原出处，是不妥当的。

> 再有，宋葛立方《韵语阳秋》引《博物志》说："蒙恬造笔，以狐狸毛为心，兔毛为副，心柱道［qiú 囚］劲，锋铓［máng 忙］调利，故难乏而易使。"（12 页）

按：此条引文见《韵语阳秋》卷十七，但原文作："蒙恬造笔，《博物志》云：'以狐狸毛为心，兔毛为副，心柱遒劲，锋铓调利，故难乏而易使。'"①【图一】

> 相传陈、隋时，山阴（今浙江省绍兴市）永欣寺僧人智永（"书圣"王羲之的七世孙）练字异常勤奋，"积年临书《千字文》，得 800 本……所退笔头置之大竹簏，簏受一石余，而五簏皆满，取而瘗鹤之，号退笔冢"（《书法正传》）。（15 页）

按：此引文录自清冯武《书法正传》附《杂识·名迹源流·智永千字文》，作为引文，不应该将原文"八百"改作阿拉伯数字，但主要的是，智永的这个事迹最早载于《法

---

① 葛立方《韵语阳秋》，上海古籍出版社，1984 年，229 页。

书要录》卷三唐何延之《兰亭记》等文献①，原作俱在而引清人的转录，亦不恰当。

> 汉代应劭在《汉官仪》上说："尚书令、仆、丞、郎，月赐赤管大笔一双，篆题曰：'北工作楷'"（一作"北宫工作"）（16 页）

按：《汉官仪》已佚，后世有多种辑本，作者是否即是应劭，尚不能确定。② 载引这则引文的古籍很多，不知此是引据何书，但"北工作楷"的"楷"字，当属下读，《艺文类聚》卷五八引《汉官仪》："尚书令、仆、丞、郎，月给赤管大笔双，篆题曰'北工作'，楷于头上，象牙寸半着笔下。""楷"在这里作动词，即题刻之义③，西北地区发现的汉代毛笔杆上所刻的"白马作""史虎作"款识④，即是如此。

> 《文房四谱》载有西晋哲学家、文学家傅元（即傅玄）所说……（17 页）

按：清人避康熙玄烨的讳，主要有两种方式，一是缺笔去"玄"字下的一点，另一是取谐音用"元"字替代。"傅元"采用的即是后一种方式，是清人的写法。所引《文房四谱》亦应是清代版本，据光绪吴兴陆氏《十万卷楼丛书》本，"玄"字采用缺笔，而道光《学海类编》本正作"元"。标作"傅元（即傅玄）"，不仅本末倒置，更属多余。顺便提一下，该书第 21 页却又引作"傅玄"，前后竟如此不一致。

> 据《三国志》记载，韦诞字仲将，曾任武都太守，善辞

图一　宋刻本《韵语阳秋》
上海图书馆藏

---

① 这个故事还见于唐李绰《尚书故实》及张怀瓘《书断》。

② 汉蔡质亦撰有《汉官仪》。详见孙启治、陈建华《古佚书辑本目录（附考证）》，182—183 页。

③ 上海古籍出版社 1982 年出版的汪绍楹点校本，亦误作"北工作楷，于头上"，上册，1054 页。

④ 甘肃省博物馆《武威磨咀子三座汉墓发掘简报》，《文物》1972 年第 12 期，15—18 页；中国科学院考古研究所、甘肃省博物馆《武威汉简》，86 页。

令，尤工书法。魏朝宝器题铭，皆诞所书，又善制笔墨。（19页）

按：《三国志》中并无韦诞的专传，只是在卷二十一《刘劭传》中提及其名，其事迹见于裴松之注所引的《文章叙录》及卫恒《四体书势》。

> 《笔方》所介绍的制笔方法，又称"韦诞法"，前面提到的汉代"白马作"和"史虎作"笔，可能就是按"韦诞法"制造的。（19—20页）

按："白马作"和"史虎作"笔，是东汉中期的制作，韦诞则是汉末三国时人，"史虎作"笔只存笔杆，"白马作"笔虽兔毫（？）为笔柱，狼毫为被，只能证明《笔方》中的"披柱法"早在《笔方》之前就已经产生了，说它们是按"韦诞法"制造的，倒不如说"韦诞法"可能是受它们的启发而来。

《中国的文房四宝》在写作上有如此多的不严谨、不规范的地方，突破了作为一本普及性读物引用文献应该恰当准确的底线。如果一本普及性读物，从头到尾都无引文，全赖作者对资料的消化与熔铸，倒也无妨，但这又非得凭借作者恰当准确地消化理解资料的能力。

二十、对两则古笔文献的理解

　　《书法研究》2016 年第 4 期载刘镇《论散卓笔制与苏轼书风之形成》一文，该文第二段对唐宋时期有关"散卓笔"的资料进行了研读和梳理，其中却有两处出现了对资料的解释不充分与误读情况。虽然似只关乎古笔研究及书法史研究中的细节，但笔者认为还是有讨论的必要。

1. "青毫"与"铁头"

　　宋苏易简《文房四谱》载有唐段成式《寄余知古秀才散卓笔十管软健笔十管书》一篇，其中有云："散卓尤精，能用青毫之长，似学铁头之短。"[①] 刘君认为这段文字"是为较早明确记录散卓笔者"，这自然没有什么问题。但接下来说："可知，散卓笔在当时是一种兼具'青毫'特性与'铁头'形制二者优点，并能折中且深得书家喜爱的一种毛笔。"问题也没有什么，但其对"青毫"的特性与"铁头"的形制未做具体的说明，自然也就彰显不出"散卓笔"这种特殊笔种的具体优点，对读者而言犹如一句空话。【图一】

　　段成式（803 ？—863），字柯古，是唐穆宗宰相段文昌之子，博学多识，长于文学，尤精骈俪（骈体文）。[②]《寄余知古秀才散卓笔十管软健笔十管书》即是一篇骈俪文，是他在唐大中十三年（859）闲居襄阳从事徐商幕府时所作，受信人是曾为将仕郎守太子校书的余知古。[③] 骈俪文发展到南朝齐梁时臻于极致，大多"捃拾细

---

① 苏易简《文房四谱》卷二《笔谱下·五之辞赋》。
② 段成式撰，许逸民校笺《酉阳杂俎校笺·前言》，第一册，4—13 页。
③ 段成式著，元锋、烟照编注《段成式诗文辑注》，83 页。

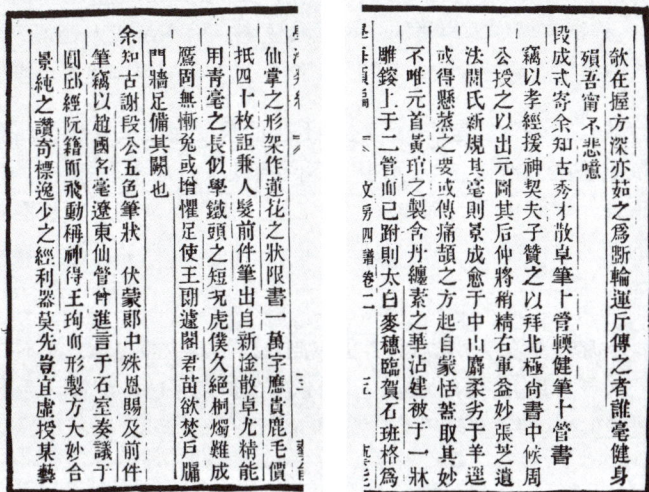

图一 《学海类编》
本《文房四谱》

事，争疏僻典"①，段成式留下来的几篇书札也都是用这种文体
所写，大都征事博奥，句句用典，此篇堪称其尤者，的确让人
难以遽解。也许这正是刘君对其中"青毫"与"铁头"未做
解释，倏而带过，没能充分加以解释的原因吧。以下即试做
解释：

首先"青毫"是什么？有人认为是"指青羊毛"②，这个解释
自然不正确。段成式之子侄中有段公路著《北户录》一书③，其
"鸡毛笔"条谓："番禺诸郡如陇右，多以青羊毫为笔。"解释者
大概即是以此为据。然古人论笔毛向以兔毫为贵，羊毛为贱，段
公路在称举各色笔毛之后，最终还是不得不承认它们都"未若兔

① 黄侃《文心雕龙札记》，华东师范大学出版社，1996 年，240 页。

② 段成式著，元锋、烟照编注《段成式诗文辑注》，86 页。

③ 段公路是否为段成式子，至今未有定论。侯先栋认为极有可能是其子侄
中人，但也不能确定。见氏撰《段公路〈北户录〉研究》，华中师范大
学硕士学位论文，2013 年，6—9 页。

毫"为贵①，可见"青毫"并非指的是青羊毫。细按《北户录》，段公路还说："其宣城岁贡青毫六两、紫毫三两、次毫六两，劲健无以过也。"②则可明确段成式所谓的"青毫"，是指宣城作为岁贡的一种优质兔毫，而不是受人轻视的羊毛。所以他会举此种优质的笔毛，来借喻散卓笔的用料之优良，而不可能是不贵重的青羊毫。

那么"铁头"是什么？这倒不必他求，在段成式自己所著的《酉阳杂俎》中即能找到答案，他说："开元中，笔匠名铁头，能莹管如玉，莫传其法。"③铁头是唐玄宗开元年间优秀的制作笔管的工匠，制作出来的笔管表面就像玉一样美观，只是他的技艺没能流传下来。段成式举他为例，亦无非就是借喻散卓笔的笔管制作也很精美。

陆游曾说"今人解杜诗，但寻出处，不知少陵之意，初不如是"④，不顾作者本意而一味寻求其所谓的"出典"，未必就会得到正确的解释。话虽这样说，但有典可查，还是提供给读者为好。

2. 所谓"王从谦"

宋陶穀《清异录》卷下《文用·宝箒》："伪唐宜春王从谦，喜书札，学晋二王楷法，用宣城诸葛笔，一枝酬以十金，劲妙甲当时，号为'翘轩宝箒'。士人往往呼为'宝箒'。"⑤刘君据此说："王从谦学二王楷书，所选用诸葛笔的特点是'劲妙'。"前半句实在是个误读——他是将"伪唐宜春王从谦"此句理解为：伪唐（宋人对五代南唐的蔑称）时期，有个宜春人叫王从谦的，学二王父子的楷书。可谓失之毫厘，谬以千里。【图二】

确切说，此句"王"字应属上读作"宜春王"，而"从谦"是其名，考诸文献，其姓为李，即李从谦，宜春王则是他的封号。这位宜春王李从谦正史无传，但我们通

---

① 见本卷《兔毫二题》。

② 段公路撰，崔龟图注《北户录》卷二"鸡毛笔"条，吴兴陆氏《十万卷楼丛书》本。

③ 段成式撰，许逸民校笺《酉阳杂俎校笺》前集卷六《艺绝》，第二册，531页。

④ 陆游《老学庵笔记》卷七，中华书局，1979年，95页。

⑤ 陶穀《清异录》，清道光二十六年（1846）刻《惜阴轩丛书》本。刘文所据为上海古籍出版社2001年版《宋元笔记大观》（第一册）本，但该本标点"用宣城诸葛笔，一枝酬以十金"句中"一枝"属上读，作"用宣城诸葛笔一枝"，似不确，本文径改。

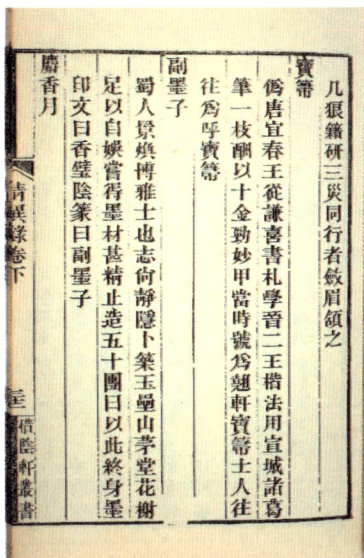

图二 《惜阴轩丛书》本《清异录》

过其他资料知道他是南唐中主李璟的第九子，后主李煜的同母兄弟。《新五代史》卷六十二《南唐世家》即载："（李煜）封弟从善韩王，从益郑王，从谦宜春王，从度昭平郡公，从信文阳郡公。"[①] 李从谦以能诗名，国亡，随李煜入宋，最终受到宋太祖的猜忌而失幸，卧疾而卒。龙衮《江南野史》卷三"宜春王"："宜春王从谦，嗣主第九子，后主之母弟。幼而聪悟，好学有文词，未弱冠有能诗之名。……既以家国丧亡，爵秩贬损，妃御不存，默默不自安，遂卧疾而卒。"[②] 与他兄长李煜的才情和命运有些相像，在历史上也是个悲剧性的人物。

由于刘君没能了解这段历史，遂将"伪唐宜春王从谦"一句误读，而凭空造出个"王从谦"[③]，这不禁让笔者想起余嘉锡先生曾举有人将"淮南王（刘）安"读作"淮南人姓王名安"，将"临川王（刘）义庆"读作"临川人王义庆"的例子[④]，刘君的读法无非是为余氏再添一例矣。

---

① 欧阳修《新五代史》，中华书局，1974年，778页。
② 龙衮《江南野史》，《丛书集成续编》，台北：新文丰出版公司，1988年，第274册，21页。
③ 其实早在1999年，朱关田先生所著的《中国书法史·隋唐五代卷》就已经出现了这样的误读。（江苏教育出版社，1999年，239页）
④ 余嘉锡《读已见书斋随笔（续）·不知〈淮南子〉〈世说新语〉作者》，《余嘉锡文史论集》，655页。

古笔图说（战国—唐）

考古出土和传世的古代毛笔实物资料多散见于各类考古报告、研究论著及专业图录之中，查寻起来颇感不便，故本卷将这些实物的图像资料进行集中，裨利读者观览。

　　图录中的图版来源与形式有所不同，有的是照片，有的是线描图，凡二者兼有，则一并采用。对于较为清晰的图版，尽量截取笔头制作的局部进行放大，便于细节上的考察。一些特殊情况，如有的毛笔实物有仿制品、不同时期所摄制的照片及不同人所绘制的线描图，也一并收录，有助对比判断。

　　本卷的说明文字，主要依据考古报告和研究论著中的叙述，加以综合，必要时提出一些个人的见解。由于考古报告及研究文献出于众手，语言描述习惯上存在有一定的差异，因而在对毛笔的形态描述上并不统一，如有的称笔头部分为"末端"或"下端"，笔杆后部为"上端"，现统一为：笔杆载有笔头的部分称"上端"，笔杆后部为"末端"；笔杆又可称"笔管"，现统一称作"笔杆"；笔杆容纳笔头的部分有称"毛腔"，有称"管腔"，现统称"杆腔"；有的毛笔缠缚丝线部分涂有漆，统称"髹漆"。

　　本卷中一些被鉴定为狼毫的制作，笔者表示怀疑，理由请见本书上卷之《出土"狼毫"笔存疑》一文。

一、战国（楚、秦）

1. 信阳长台关楚墓笔

1. 原图

2. 线图

　　此笔 1957 年出土于河南信阳长台关一号楚墓，是迄今发现的时代最早的一支毛笔，制作年代在战国早期。其笔头毛质不明，毛长 2.5 厘米，杆为竹质，长 20.9 厘米，杆径 0.9 厘米，通长 23.4 厘米。笔毛用细绳捆缚于杆上，而不是将笔头制好后插入杆腔内，与湖北江陵九店东周墓地乙组十三号楚墓中出土的一支制法相似。出土时装于竹套内，与铜锯、锛、削等修治竹简的工具放在棺椁左后室木箱内。战国时期，今河南省南部的信阳在当时也属楚国的领地，故此笔是楚笔。

参考资料：河南省文物研究所《信阳楚墓》，文物出版社，1986 年。

2. 左家公山楚墓笔

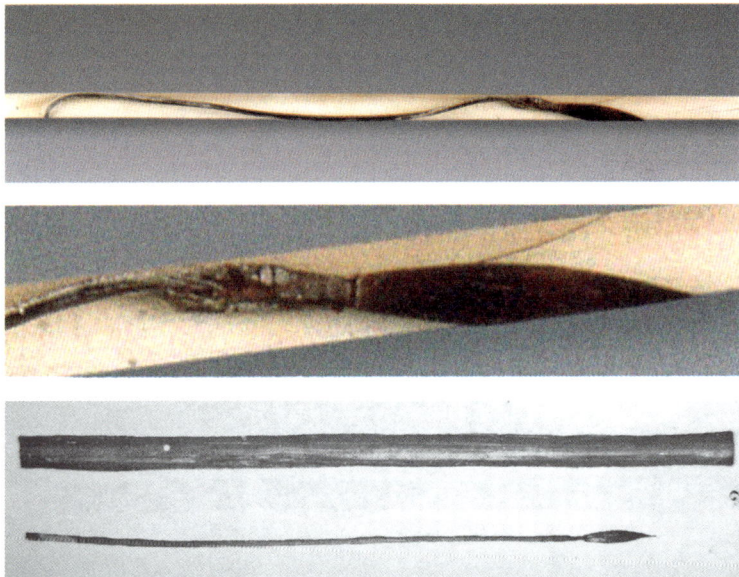

　　此笔的年代为战国中期，1954 年出土于湖南长沙南郊左家公山十五号楚墓。毛质据老笔工观察，为上好的兔箭毫，杆为竹质，毛长 2.5 厘米，杆长 18.5 厘米，杆径 0.4 厘米，通长 21 厘米。制法上，笔杆一端劈成数开，将笔毛夹在中间，用细丝线缠缚，外面髹漆。出土时装于竹套内。伴随出土的还有铜削、竹片和小竹筒，一起装在竹筐内。出土时笔杆尚基本保持原状，现已扭曲变形。（中国国家博物馆藏）

参考资料：湖南省文物管理委员会《长沙左家公山的战国木椁墓》，《文物参考资料》1954 年第 12 期；同作者《长沙出土的三座大型木椁墓》，《考古学报》1957 年第 1 期；湖南省文物工作委员会《楚文物图片集》（第一集），湖南人民出版社，1958 年；中国科学院考古研究所《新中国的考古收获》图版陆捌，文物出版社，1961 年；中国文房四宝全集编辑委员会《中国美术分类全集·中国文房四宝全集》第 3 卷《笔纸》，北京出版社，2008 年。

3. 包山楚墓笔

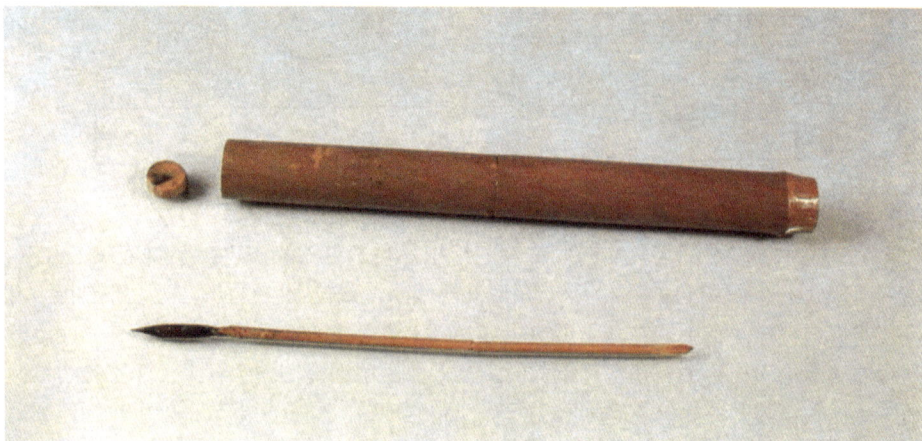

1. 原图

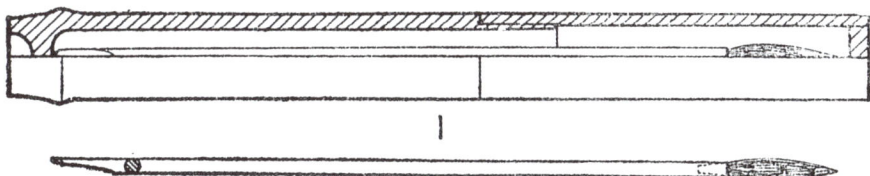

2. 线图

　　此笔为战国晚期的制作，1986 年出土于湖北荆门包山二号楚墓。其毛质不明，杆为苇质，毛长 3.5 厘米，杆长 18.8 厘米，杆径 0.5 厘米，通长 22.3 厘米。其笔杆细长，末端削尖，笔毛用丝线缠缚，插入笔杆腔内。从制作技术上看，相较于上两支毛笔，此笔的制作技艺已开始趋于成熟。末端削尖，是"簪笔"的最早的实物证据。出土时笔身装于竹套内，竹套由两节竹筒套合而成，一端有节，另一端填有木塞，中间子母口套合，长 24.5 厘米，直径 2.5 厘米。伴随出土有竹简、铜刻刀等。

参考资料： 湖北省荆沙铁路考古队《包山楚墓》上册，文物出版社，1991 年。

4. 江陵九店楚墓笔

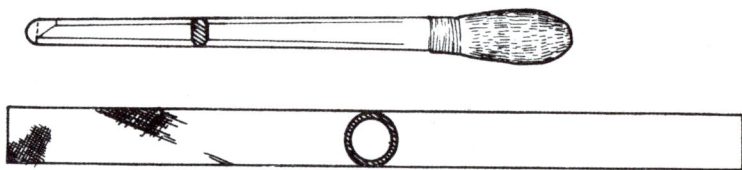

　　此笔出土于湖北江陵九店东周墓地乙组十三号楚墓头箱中。出土时装在笔套内。笔杆用厚 0.3 厘米的竹片削成，呈八角形，已残断，残长 10.6 厘米。笔毛亦已朽，从残存的痕迹可知，毛系捆在杆上后涂黑漆加固，长 2.4 厘米。值得指出的是，此笔的制作与河南信阳长台关一号楚墓笔相似，笔毛都是用细绳捆缚于杆上，而不是将笔头制好后插入杆腔内。此笔笔套为圆形竹筒，制作规整、圆直、无节，外用丝物包裹后髹漆以黑漆，长 14.1 厘米、直径 1 厘米。另在同组五十六、六二一号两座墓中都出土有竹简。九店墓地总共发掘东周墓 597 座，其中 19 座属周文化系统，称为甲组；另 500 余座属楚文化系统，称为乙组。乙组墓年代上又分四期七段，发现此笔的十三号墓属乙组四期六段，则此笔系战国晚期早段之物。据墓葬形制及随葬器物判断，此墓主的身份应为级别较低的"下士"。

参考资料：湖北省文物考古研究所《江陵九店东周墓》，科学出版社，1995 年。

5. 放马滩秦墓笔

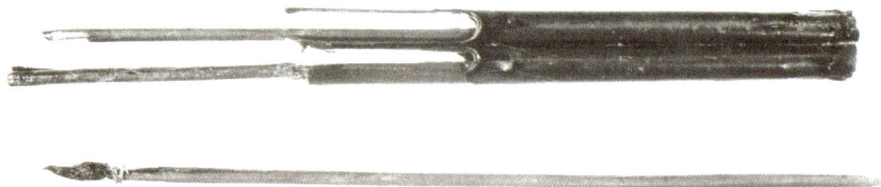

1. 原图

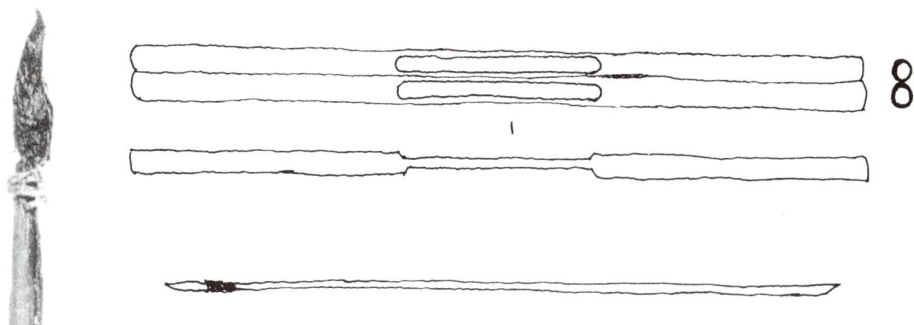

2. 线图

　　此笔 1986 年出土于甘肃天水放马滩一号秦墓（时代约在公元前 239 年以后），为战国晚期的制作。十四号墓也有出土，但保存不好。此笔是战国秦国的制作，其毛质经鉴定为狼毫（?），杆为竹质，毛长 2.5 厘米，0.7 厘米插入杆腔，杆长 23 厘米，通长 25.5 厘米。制法上，毛笔一端削成坡面，另一端镂空成杆腔，与包山楚墓笔形制上较为近似。此笔笔套为双筒，用两根圆竹粘连而成，每根竹管中部镂空，同时可插入两支毛笔。表面髹黑漆，通长 29 厘米，宽 2 厘米。伴随出土的还有 460 枚竹简。

参考资料：甘肃省省文物考古研究所、天水市北道区文化馆《甘肃天水放马滩战国秦汉墓群的发掘》，《文物》1989 年第 2 期；甘肃省文物考古研究所编《天水放马滩秦简》，中华书局 2009 年。

二、秦

6. 睡虎地秦墓笔一

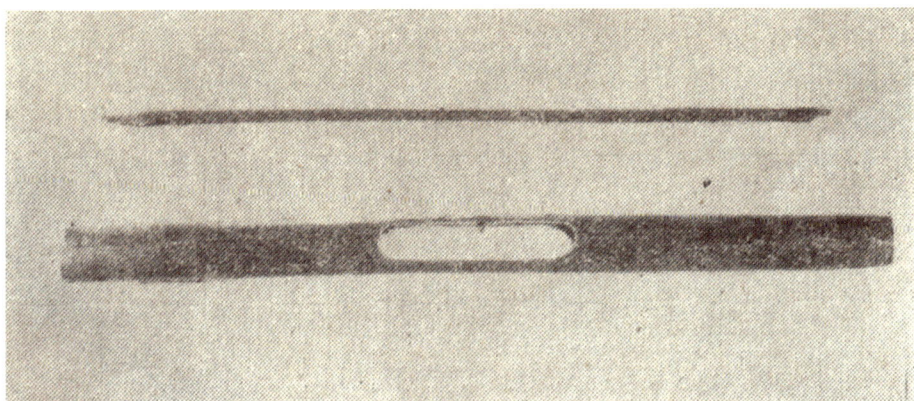

1. 原图

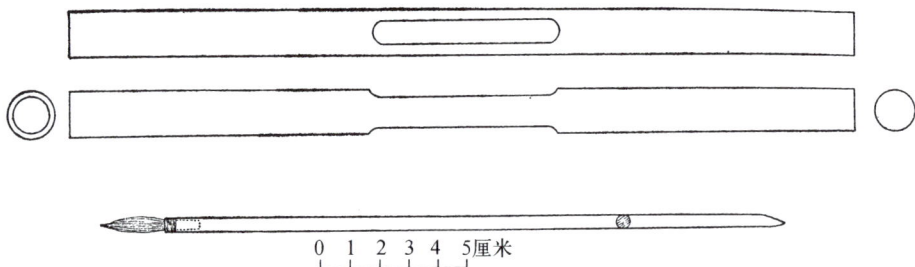

0 1 2 3 4 5厘米

2. 线图

　　此笔 1975 年出土于湖北云梦城关西睡虎地十一号秦墓，其毛质不明，杆为竹质。毛长约 2.5 厘米，杆长 21.5 厘米（《简报》测量数据为 18.2 厘米），杆径 0.4 厘米。此笔笔杆细长，末端削尖，上端较粗，并镂空成杆腔。笔毛直接用胶粘合插入到笔杆腔内，再以麻丝缠缚，髹漆固定。出土时装于笔套内，笔套为细竹管制成，中部两侧镂空，以便取笔，尾端为竹节，通长 27 厘米，直径 1.5 厘米。

参考资料：孝感地区第二期亦工亦农文物考古训练班《湖北云梦睡虎地十一号秦墓发掘简报》，《文物》1976 年第 6 期；云梦睡虎地秦墓编写组《云梦睡虎地秦墓》，文物出版社，1981 年。

7. 睡虎地秦墓笔二

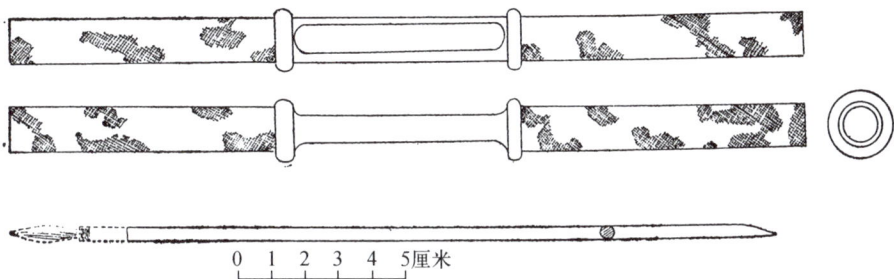

```
0  1  2  3  4  5厘米
```

　　此笔与上支笔同时出土，出土时笔毛已朽，杆为竹质，杆长 20.9 厘米，杆径 0.35 厘米。其笔杆细长，末端削尖。出土时装于细竹管竹套内。笔套亦为细竹管制成，中部两侧镂空 6.3 厘米，镂空的两端各有一骨箍加固，通长 24 厘米，直径 1.2 厘米。按：此墓同时出土毛笔有三支，两支在棺内，一支在头箱，考古报告仅提供了此两支。伴随出土的还有铜削、墨、石砚等文具。该墓的主人名喜，生前是一个从事刑法的令史之类的低级官吏，从同时出土的竹简《编年记》记载，喜死于秦始皇三十年（前 217），即此可以断定此笔为秦代的制作。

参考资料：同《6. 睡虎地秦墓笔一》。

8. 周家台三十号秦墓笔杆

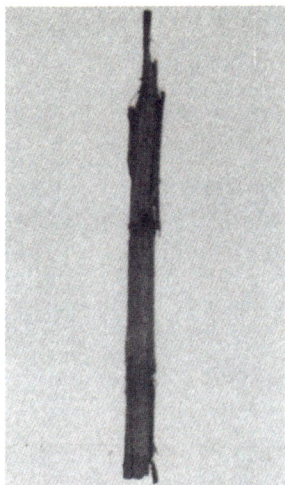

1.原图

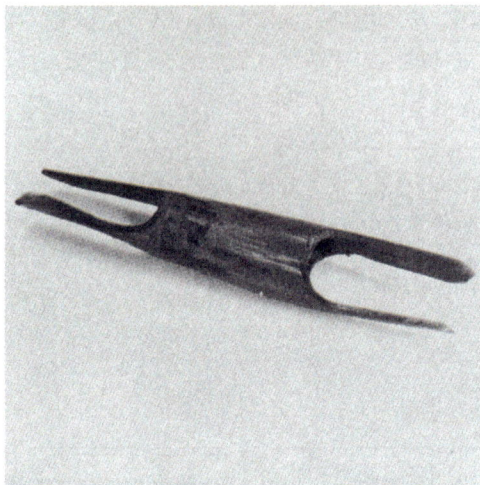

2.笔套

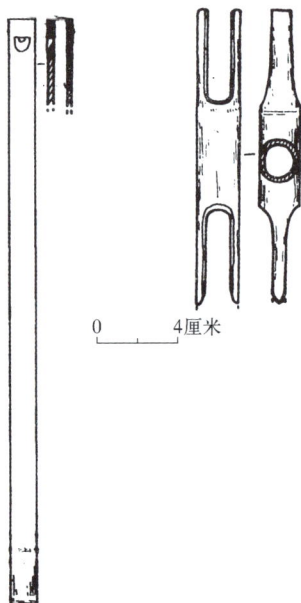

0　　4厘米

3.线图

　　此笔 1993 年出土于湖北荆州周家台三十号墓。据同时出土的简牍文字知，此墓的下葬年代在秦代末年，墓主生前是一位负责赋税收缴工作的小吏。此笔出土时笔毛已朽，残长 28.1 厘米，杆径 1.1 厘米的笔杆。笔杆系取一段带有竹节的细竹制作，竹节留在最上端，节外表刮削，节内挖空以纳笔头。在笔杆末端有用削刀挖成的一个半圆形小槽，已见穿孔，可能作为系绳之用。此笔的特点是杆径较粗长，现所出土的战国至汉代的毛笔杆径都未见有超过 1 厘米的，长度也都在 25 厘米以下。伴随出土的还有竹笔套一件，系取用较粗，带有两个竹节的竹筒制成，上节表皮经刮削，节内挖空，节上节下两侧筒壁已镂空，残长 15 厘米，直径 2.2 厘米。另有块墨、竹墨盒、铁削刀同时出土。

参考资料：湖北省荆州市周梁玉桥遗址博物馆《关沮秦汉墓简牍》，中华书局，2001 年。

三、西汉

9. 江陵凤凰山一六七号西汉墓笔

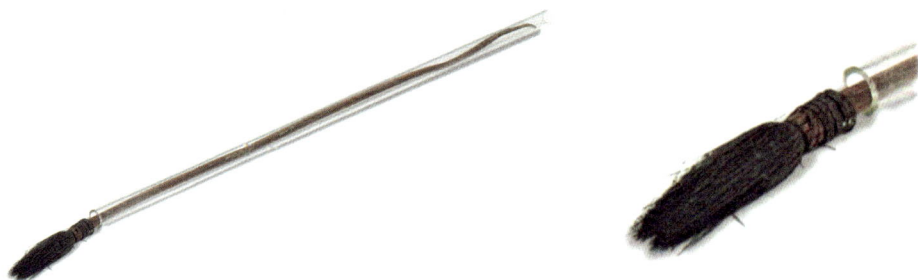

　　此笔 1975 年出土于湖北江陵北郊楚纪南城一六七号墓，制作时代在西汉初期。其毛质不明，杆为竹质，通长 24.9 厘米，考古报告对制法未加说明，从形制上看，与放马滩一号秦墓笔较为近似。出土时装于竹套内，笔头尚存墨迹。（荆州博物馆藏）

参考资料：凤凰山一六七号汉墓发掘整理小组《江陵凤凰山一六七号发掘简报》，《文物》1976年第 10 期；成都华通博物馆、荆州博物馆《楚风汉韵：荆州出土楚汉文物集萃》，文物出版社，2011 年。

10. 江陵凤凰山一六八号西汉墓笔杆

1. 原图

2. 笔置于笔筒内线图

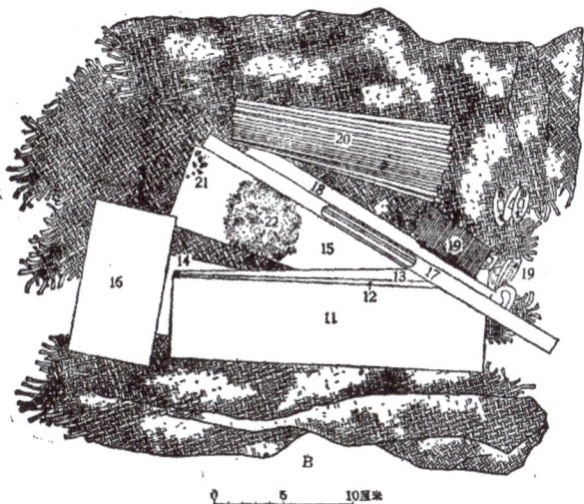

3. 笔和笔筒出土时状况（图中编号 17）

此笔 1975 年出土于湖北江陵北郊楚纪南城一六八号墓，据出土牍文记载，此墓下葬于汉文帝十三年（前 167），墓主人名遂，生前为管理南郡财政的郡丞，爵位至五大夫。笔出土时笔毛已朽，杆为竹质，杆长 24.8 厘米，杆径 0.5—0.3 厘米。此笔杆细长，末端削尖，上端较粗。上端镂空成直径 0.5 厘米的毛腔，深约径 0.6 厘米。

出土时，笔装在竹套中，竹套由一端有节的竹管制成，中部两侧镂空，在笔套的两端和镂空处，有朱绘纹饰，长 29.7 厘米，直径 1.3 厘米。与砚、墨、削刀和牍等同置于竹笥内。（荆州博物馆藏）

参考资料： 纪南城凤凰山一六八号汉墓发掘整理小组《湖北江陵凤凰山一六八号汉墓发掘简报》，《文物》1975 年第 9 期；湖北省文物考古研究所《江陵凤凰山一六八号汉墓》，《考古学报》1993 年第 4 期；钟志成《江陵凤凰山一六八号汉墓出土一套文书工具》，《文物》1975 年第 9 期；成都华通博物馆、荆州博物馆《楚风汉韵：荆州出土楚汉文物集萃》，文物出版社，2011 年。

11. 临沂金雀山西汉周氏墓群十一号墓西汉笔

1. 修复后

2. 原图

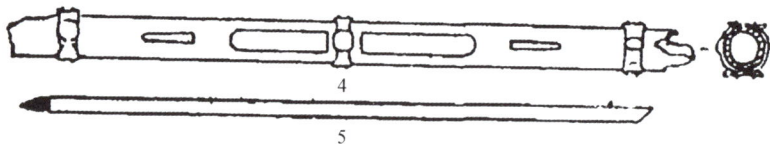

4

5

3. 线图

　　此笔1978年出土于山东临沂金雀山西汉周氏墓群十一号墓，时代为西汉，但具体在哪个时段不详。其毛质不明，杆为竹质，毛长1厘米，杆长23.8厘米，杆径0.6厘米，通长24.8厘米。竹笔杆，实心无皮，末端削斜。一端有孔，插入笔毛。出土时装于竹套内，上有黑墨残渣。

参考资料：临沂市博物馆《山东临沂金雀山周氏墓群发掘简报》，《文物》1984年第11期。

12. 西郭宝墓笔

1. 修复前

2. 修复后

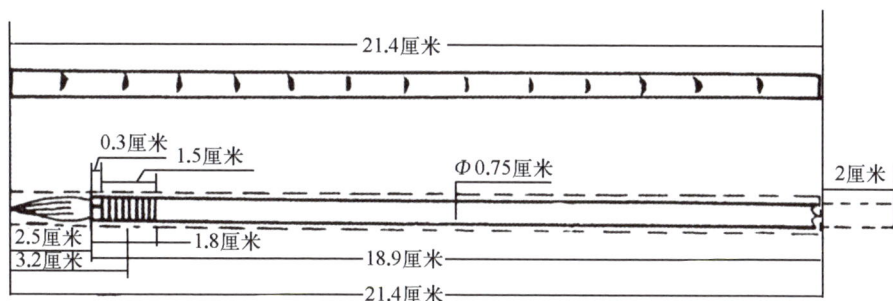

3. 线图

　　此笔 1985 年出土于江苏连云港西郭宝墓，时代在西汉中晚期。笔毛为兔毫，当时的色泽与现今用旧了的狼毫笔毛色相近。杆为木质。毛长 3.2 厘米，栽入 0.7 厘米，露出 2.5 厘米，笔杆残长 18.9 厘米，杆径 0.75 厘米，通长 21.4 厘米。制法是笔杆上端打一眼洞，并垂直锯开，四分其木。冒首的杆端 0.3 厘米处向后缠以丝线 1.5 厘米，以旋转紧固笔头，并用大漆黏固成黑色。配有笔筒，笔套髹漆黑底，上面随意涂抹有间隔相等的朱红色横断纹作为装饰。此笔制作非常精到，笔毛在无胶松散状态的收缩圆润之极，浸入水中毛自然张开，轻轻上下左右旋转，自然张合一致，尖、齐、圆、健无可挑剔，工艺上乘。但由于此笔因长期浸泡在棺液中导致变形，而几篇报导所提供的测量数据之间有出入，很可能是测量时间先后不同所致。这里主要参考所附的线绘图示。（连云港市博物馆藏）

参考资料： 石雪万《连云港地区出土的汉代"文房四宝"》、武可荣《西汉漆盒石砚与毛笔出土简介》，《书法丛刊》1997 年第 4 期；石雪万《汉代毛笔的研究》，《美术史论》1993 年第 3 期；连云港市博物馆《连云港市陶湾黄石崖西汉西郭宝墓》，《东南文化》1986 年第 2 期。

13. 尹湾汉墓针刻漆套竹杆对笔

1. 原图

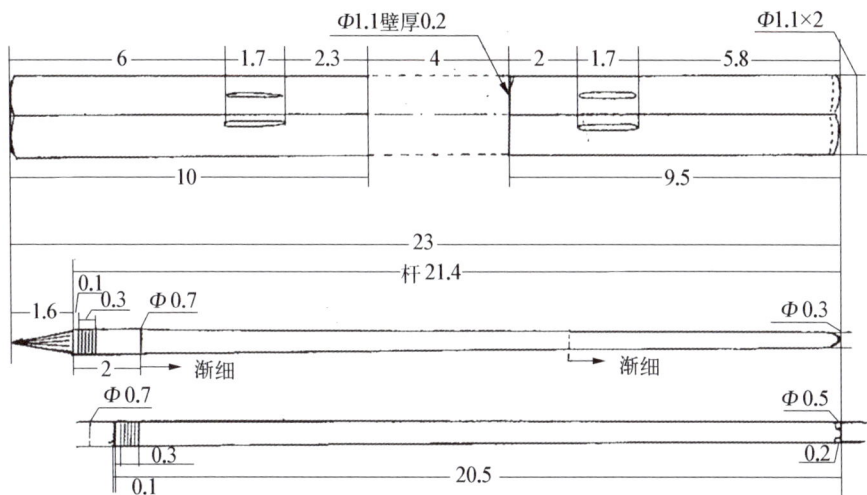

2. 线图

此两支笔 1993 年出土于江苏连云港尹湾六号汉墓。墓主师饶，字君兄，西汉成帝时期人，在东海郡分别做过卒史、五官掾、功曹史，其下葬时间为西汉成帝元延三年（前 10），故此两支笔的制作时间应在这个时候或之前。

存笔毛者为兔箭毛，仍有弹性，尚能书写。杆为竹质（《简报》作"木质"）。毛长 1.6 厘米，杆长 21.4 厘米，杆径 0.7—0.3 厘米，通长 23 厘米。笔毛嵌入笔杆中，以生漆粘牢，并以丝线缠绕扎紧。此笔笔杆较细，呈上端向后渐细形。末端削成锥形，设有尾饰。同时出土的还有双管黑漆绘朱纹笔筒。

同时出土的另一支笔，笔毛已朽，杆长 20.5 厘米，杆径 0.7—0.5 厘米。杆腔深 2 厘米，笔毛栽入 1 厘米，腔壁厚 0.1 厘米，腔顶端成一整齐带角度凹面。笔杆末端原有尾饰，已失，露出"凸"字形尾榫。其与上支笔一粗一细，端部皆缠有 0.3 厘米的枲，并有 1 厘米的鬃漆，分别装入同一双管漆器笔筒内。（连云港市博物馆藏）

参考资料：连云港市博物馆等《尹湾汉墓简牍》，中华书局，1997 年；连云港市博物馆《江苏东海县尹湾汉墓群发掘简报》，《文物》1996 年第 8 期；石雪万《连云港地区出土的汉代"文房四宝"》，《书法丛刊》1997 年第 4 期。

14. 网疃汉墓针刻短单套木杆笔头一

15. 网疃汉墓针刻短单套木杆笔头二

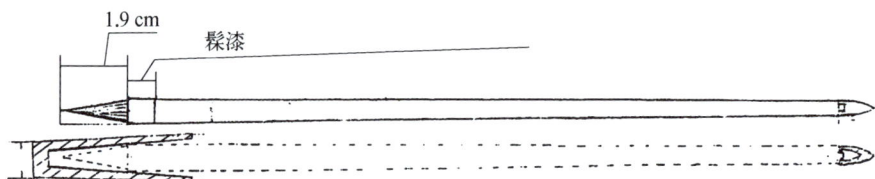

1.9 cm

髹漆

1.

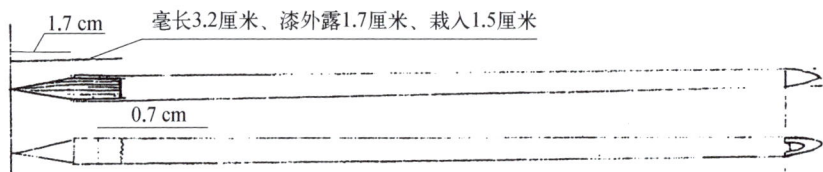

1.7 cm　　毫长3.2厘米、漆外露1.7厘米、栽入1.5厘米

0.7 cm

2.

此笔头 1995 年出土于江苏连云港网疃汉墓，时代为西汉。毛质为兔毫，长 1.9 厘米。据仅剩于笔头部分的残杆看，杆为木质，端部髹漆。杆腔为打孔制法。此笔还有漆质笔套一枚，长 4.3 厘米，外施针刻纹饰，内填朱色，口端直径为 1.3 厘米，末端 1 厘米，有封口。套口壁厚 0.1 厘米。套外圆锥形一面磨平，以防毛笔置案上时滚动。同时出土的还有其他三枚笔套，形制均接近。

另一笔头出土时间、地点、时代等同上。毛质亦为兔毫，据线图示意，毛长 3.2 厘米，栽入 1.5 厘米，露出 1.7 厘米。笔杆已残失。图见上。（连云港市博物馆藏）

参考资料：石雪万《连云港地区出土的汉代"文房四宝"》，《书法丛刊》1997 年第 4 期；孟娟娟《网疃汉代刻单管短套毛笔之管见》，《东南文化》2007 年第 2 期。

16. 敦煌马圈湾西汉笔

1. 原图

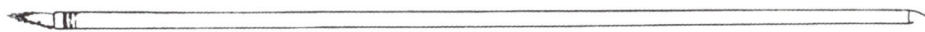

2. 线图

　　此笔 1979 年出土于甘肃敦煌马圈湾汉代烽燧遗址，时代为西汉。笔毛为狼毫（?），虽已残损，但仍有一定弹性，残长 1.2 厘米。杆为实心竹杆，杆径 0.4 厘米（《敦煌汉简》所附发掘简报作 0.6 厘米），通长 19.6 厘米。制法是笔杆前端钻空以纳笔毛，外以丝线捆扎，鬃棕褐色漆。末端截平后，镶一锥形硬木，再打磨光滑。相伴出土还有石砚。（甘肃省考古研究所藏）

参考资料：中国文房四宝全集编辑委员会编《中国美术分类全集·中国文房四宝全集》第 3 卷《笔纸》，北京出版社，2008 年；甘肃省文物考古研究所编《敦煌汉简》，中华书局，1991 年；甘肃省博物馆、敦煌县文化馆《敦煌马圈湾汉代烽燧遗址发掘简报》，《文物》1981 年第 10 期。

17. 敦煌高望燧西湖笔

此笔 1991 年出土于甘肃敦煌西湖汉代高望烽燧遗址。通长 21.3 厘米，杆径不详，但据图片目测，似不超过 0.5 厘米。笔杆为细竹制成，末端削尖。笔头中含长毫，有芯有锋，外披短毛，便于蓄墨。（敦煌市博物馆藏）

参考资料：敦煌市博物馆《敦煌文物》，甘肃人民美术出版社 2002 年；张瑞峰《敦煌出土的汉代毛笔》，《阳关》2001 年第 5 期。

四、东汉

18. 敦煌悬泉置笔一

19. 敦煌悬泉置笔二

20. 敦煌悬泉置笔三

21. 敦煌悬泉置笔四

1. 保存较好的一（上）、二（下）两支毛笔

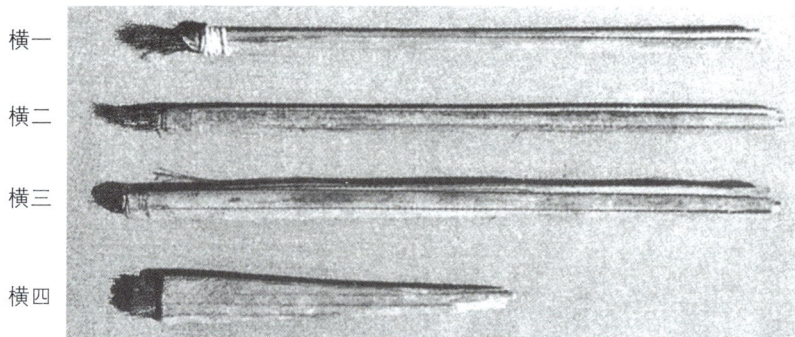

2. 同时出土的四支毛笔（完整图版）

　　1990—1992 年，甘肃省文物考古研究所对甘肃敦煌甜水井附近的悬泉置遗址进行了全面清理发掘，在 T0103 号探方第二层东汉至新莽时期灰坑中发现了四支毛笔（据何双全《简牍》称东汉至新莽时期的堆积是在第三层，221 页），其中两支保存较好。最先刊出这四支毛笔完整图版的，似是马啸发表在 1992 年第 2 期《中国书法》上的《汉悬泉置遗址发掘书学意义重大》一文，但只作为附图，而未作任何说明，且印制不甚清晰。2012 年日本学者横田恭三出版《中国古代簡牘のすべて》一书，也刊出了这四支毛笔较清晰的黑白图版（为便于后面的讨论，依此图版中各笔的顺序从上向下标为"横一"至"横四"），但他在该书《古代毛笔一览表》的"参考资料"中注明的出处是《文物》2000 年第 5 期，也就是指甘肃省省文物考古研究所发表在该期上的《甘肃敦煌汉代悬泉置遗址发掘简报》。然检该《简报》，只见有两支保存较好的毛笔的黑白图版，并未见四支毛笔的完整图版，因此不知横田氏的根据是什么。十分清晰的图版是《中国美术分类全集·中国文房四宝全集》第 3 卷《笔纸》（以下简称《全集》）刊出的两支毛笔图版，而这两支毛笔应该就是《简报》中所说的保存较好的两支，也即其中黑白图版的两支。细细比对《全集》和横田氏所提供的图版，基本可以认定《全集》的一（上）就是"横二"；二（下）就是"横一"。依据前后两张图版的对比，这两支笔后来似乎做了修复处理，原先笔毛的散乱得到了还原，笔杆的开裂也进行了整治，显得焕然一新；"横三"和"横四"，应该就是《简报》未加刊出的两支，而且从未见有形制数据的报导。值得指出的是"横四"，其笔杆由前向后明显收束，形制在之前的制作中未见，而与武威旱滩坡十九号前凉墓松木杆笔及新疆阿斯塔那西晋木杆画笔则近似，从图版看其材质也应是木质。这种形制似乎就是王羲之《笔经》中所谓的"削管"吧。

两支保存较好的毛笔笔毛都用狼毫（？）所制，但《简报》只对其中一支做了形制上的描述：长2.2厘米，软硬相间，弹性强。杆为竹质，长22.3厘米，杆径0.6厘米。通长24.5厘米。杆身阴刻"张氏"隶书二字。末端原有尾饰已失，形制与尹湾汉墓针刻漆套竹杆对笔，露出"凸"字形尾榫制法相近。至于是其中哪一支则无从判断，而《全集》所摄制的图版也未能将杆身阴刻隶书反映出来，这不能不说是一个遗憾。另外，目前所见笔杆上刻字的毛笔实物以此笔为最早，之后的汉代有武威磨咀子篆书刻"史虎"笔杆、武威磨咀子隶书刻"白马"笔，也算是"物勒工名"的一种体现吧。（甘肃省文物考古研究所藏）

参考资料： 甘肃省省文物考古研究所《甘肃敦煌汉代悬泉置遗址发掘简报》，《文物》2000年第5期；中国文房四宝全集编辑委员会编《中国美术分类全集·中国文房四宝全集》第3卷《笔纸》，北京出版社，2008年；[日]横田恭三《中国古代简牍のすべて》，二玄社，2012年（中译本名为《中国古代简牍综览》，张建平译，北京联合出版公司，2017年）。

22. 汉居延笔

1. 近年所摄原图

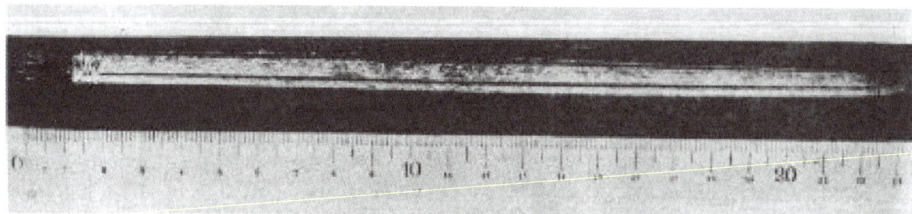

2. 早年所摄原图

3. 贝格曼《考古探险笔记》所附线图

4. 钱存训《书于竹帛：中国古代的文字记录》所附线图

5. 民国时期仿制品

　　此笔 1931 年出土于内蒙古额济纳土尔扈特破城子遗址，由西北科学考查团成员，瑞典考古学家贝格曼发现。为东汉初期制作。笔毛为兔毫（或鹿毛），外披羊毫，长 1.4 厘米，杆长 20.9 厘米，杆径 0.6—0.5 厘米，通长 23.2 厘米。笔杆以木为之，析而为四，纳笔头于其中。缠以麻线（枲），外涂漆。末端以尖顶冒之。是近代考古中发现的第一件毛笔实物。（台湾"中央研究院"历史语言研究所藏）

参考资料：上海博物馆工艺美术研究组编《笔墨纸砚图录》，上海教育出版社，1981 年；马衡《记汉居延笔》，《凡将斋金石丛稿》，中华书局 1977 年。原载《国学季刊》3 卷 1 号，1932 年，又载《艺林月刊》第 56 期，1934 年；沃尔克·贝格曼《考古探险笔记》，张鸣译，新疆人民出版社，2010 年；钱存训《书于竹帛：中国古代的文字记录》，上海书店出版社 2002 年；邢义田《地不爱宝：汉代的简牍》，中华书局，2011 年。又可参看本书上卷《"汉居延笔"的发现、图像与踪迹》一文。

23. 武威磨咀子"史虎"笔杆

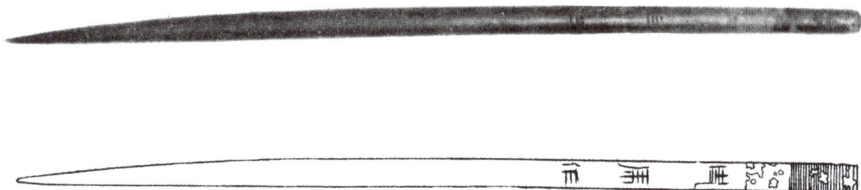

1. 原图和线图

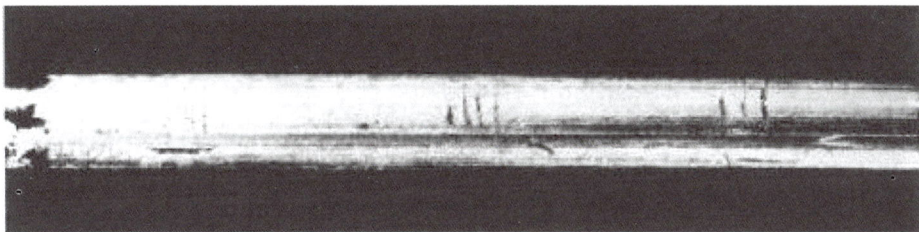

2. 刻字局部

　　此笔 1957 年出土于甘肃武威磨咀子二号东汉墓，为东汉中期制作。笔毛已朽，杆为竹质，20.9 厘米，杆径 0.7 厘米。上端凿入一孔，径 0.6 厘米，深 1.6 厘米，缠以 1.6 厘米的细丝，外髹以 2.3 厘米的漆。杆身系以实心竹肉所制，阴刻"史虎作"篆书三字，或系笔工所记。按：《艺文类聚》卷五八引《汉官仪》："尚书令、仆、丞、郎，月给赤管大笔双，篆题曰'北工作'，楷于头上，象牙寸半著笔下。"此笔是汉代毛笔上"篆题"的实物证据。

参考资料：中国科学院考古研究所、甘肃省博物馆《武威汉简》，文物出版社，1964 年；党国栋《武威县磨咀子古墓清理记要》，《文物参考资料》1958 年第 11 期；上海博物馆工艺美术研究组编《笔墨纸砚图录》，上海教育出版社，1981 年。

24. 武威磨咀子"白马"笔

1. 原图

2. 线图

　　此笔 1972 年出土于甘肃武威磨咀子四十九号东汉墓墓主尸体头侧，时间在东汉中期。笔头可能是兔毫作为笔柱，外披狼毫（？），毛长 1.6 厘米。狼毫黄褐色，笔锋及笔柱黑紫色，根部留有墨迹。杆为竹质，长 21.9 厘米，杆径 0.6 厘米。通长23.5 厘米，长度约合汉尺一尺，与《论衡》所谓"一尺之笔"相吻合。制法是杆端中空以纳笔头，前端缠缚丝线宽 0.8 厘米，并髹漆以加固。末端削尖，便于簪发。杆身阴刻"白马作"隶书三字，是笔工的名字。此笔是目前考古发现的最精良的汉笔，应是由尚方或郡国工官所定制的毛笔，故勒工名。作为文房用具，此笔制作精良，特别是笔头中含长毫，有芯有锋，外披短毛，便于蓄墨，比战国的毛笔似进了一步，尤显珍贵。（甘肃省博物馆藏）

参考资料：中国文房四宝全集编辑委员会编《中国美术分类全集·中国文房四宝全集》第 3 卷《笔纸》，北京出版社，2008 年；甘肃省博物馆《武威磨咀子三座汉墓发掘简报》，《文物》1972 年第 12期；甘肃省文物局《甘肃文物菁华》，文物出版社，2006 年；上海博物馆工艺美术研究组编《笔墨纸砚图录》，上海教育出版社，1981 年；甘肃省博物馆《甘肃省博物馆文物精品图集》，三秦出版社，2006 年；张朋川《器理与书画之道——工具材料的演变和中国书画艺术发展的关系》，《黄土上下》，山东画报出版社，2006 年；华人德《中国书法史·两汉卷》，江苏教育出版社，1999 年，211 页。

25. 武威磨咀子汉笔

　　此笔 1972 年出土于甘肃武威磨咀子汉墓，毛长 6 厘米，杆残长 6 厘米，制作材料未详。笔杆为嵌纳笔头一端的残段，以细丝线严密周裹后髹漆，匀平规整。笔头呈深棕色，毛锋收束，嵌入笔杆的一端缠有多周原本紧绕而今松散了的细银丝，还套有三道印箍，当为增强笔头镶嵌牢度而设。此笔做工精细，规格罕见，品位甚高。（甘肃省博物馆藏）

<hr>

参考资料：中国文房四宝全集编辑委员会编《中国美术分类全集·中国文房四宝全集》第 3 卷《笔纸》，北京出版社，2008 年。

26. 居延附近发现木笔杆及笔头

　　此笔与"汉居延笔"差不多同时出土于居延附近，为汉代制作。笔头毛质不明，已有残缺，根部用丝线扎缚，从线图剖面图看，中心圆形应为笔柱。笔杆细长，笔端似为丝线类扎缚，并髹漆，末端残损。此笔只有线图，数据亦不明，见于西北科学考查团成员、瑞典考古学家贝格曼的《考古探险笔记》第三章"1929—1931 年的探险考察"至第十节"汉代遗址穆德布林"。贝格曼对此笔未有任何说明。钱存训在《书于竹帛：中国古代的文字记录》的图版中采用了此图。

参考资料： 沃尔克·贝格曼《考古探险笔记》，张鸣译，新疆人民出版社，2010 年；钱存训《书于竹帛：中国古代的文字记录》，上海书店出版社，2002 年。

27. 乐浪王光墓笔头

　　此毛笔头是日本小场恒吉等于 1932 年在朝鲜平壤附近汉代乐浪郡遗址一二一号墓中发现，长 2.9 厘米，直径 0.4 厘米，毛质不明。

参考资料： 小场恒吉、榧本龟次郎《乐浪王光墓：贞柏里·南井里二古坟发掘调查报告》，第二章及图版八七，朝鲜古迹研究会，汉城，1935 年；林巳奈夫《漢代の文物》，京都大学人文科学研究所，1977 年。

28. 汉雕象牙笔杆

　　此件为玉丁宁馆捐赠给台北故宫博物院的一件雕象牙杆。长 17.8 厘米，直径 0.5—0.7 厘米，呈长圆柱形，一端中空，较小径的一端有一圆榫突。近榫突的一端阴刻弦纹、直线纹、与弧线纹，刻痕内填黑彩为饰，刻工纤细流畅。此器的功能一度被认为是"他器之零件"，后经研究，从阴刻纹饰特征，以及与东汉悬泉置毛笔尾部有榫突特征对比，基本认定是汉代的象牙笔管。尤其是一端有"中空"的腔体，更凸显了笔管毛腔的特征。若然，我们今天还能有幸见到汉代的象牙笔管实物。（台北故宫博物院藏）

参考资料：嵇若昕《风骨犹昔——玉丁宁馆捐赠牙骨竹木雕器选萃》《"汉代的文具"补续》，《外双溪文物随笔》，"国立故宫博物院"，2011 年。

五、东晋（前凉）

29. 旱滩坡十九号前凉墓笔

1. 原图

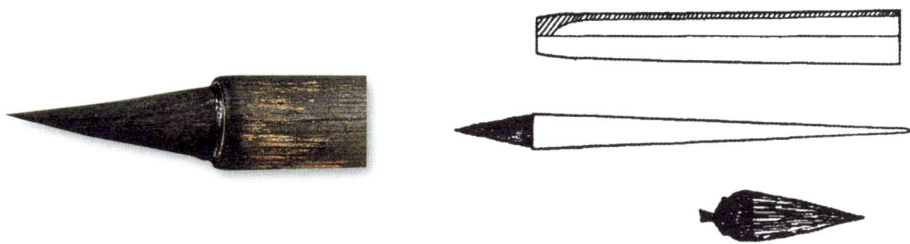

2. 线图

  此笔 1985 年出土于甘肃武威旱滩坡十九号前凉（317—376）墓。墓为夫妻合葬墓。男性墓主人名叫姬瑜，生前曾任驸马都尉、建义奉节将军长史等职，卒于前凉张天锡太清七年（东晋升平十三年，公元 369 年）七月十二日。此笔出土时置于墓主头部左侧，套在长 25 厘米，口径 3.4 厘米，底径 2.4 厘米，壁厚 0.4 厘米的笔套内。此笔套用松木制成，从中剖开后，分别掏空，再用胶粘合；此笔笔毫长 4.9 厘米，材质，有认为是狼毫（田建），有认为是羊毛（中国文房四宝全集编辑委员会），我们倾向于后一种观点。制法是先将笔毫理顺，用丝线扎紧并髹漆，剪理整齐，纳入笔杆前端中空处，用胶粘合。笔用后未洗濯，仍留有墨迹；笔杆亦为松木制成，长 25 厘米，杆径上端 2 厘米，向下变细，或许这种形制就是王羲之《笔经》中提到的"削管"。整支笔通长达到 30 厘米。伴随出土的《衣物疏》木牍上写有"故笔一枚"，指的是它。从形制上看，此笔笔头较大，笔锋较长，笔杆较粗，适宜书写大字，在制作技术上较汉代应有很大的进步。六朝时期是书法史的极盛时期，尤以晋代为盛。河西地区的书法大家在汉末有"草圣"张芝，晋代则有索靖，此笔或可认为是当时书法繁荣局面的产物吧。（甘肃省文物考古研究所藏）

参考资料： 田建《甘肃武威旱滩坡出土前凉文物》，《文博》1990 年第 3 期；中国文房四宝全集编辑委员会编《中国美术分类全集·中国文房四宝全集》第 3 卷《笔纸》，北京出版社，2008 年；何双全《简牍》，敦煌文艺出版社，2004 年。

30. 阿斯塔那画笔

　　此笔 1964 年于新疆吐鲁番阿斯塔那古墓出土，是晋代制作的画笔。笔毛质地不详。杆为木质。笔毛长 3 厘米，杆长 25 厘米，通长 28 厘米（《新疆出土文物》通长作 27.6 厘米）。笔杆呈后端圆细，以此渐次粗圆至笔杆头，下端内心掏空，用于安装笔毛。笔毛的毛质粗糙滞涩，似羊毛以外的鬃毛。又从这粗壮的笔杆和齐刷肥胖的笔毛来看，当是用来蘸色描绘的画笔。（新疆维吾尔自治区博物馆藏）

参考资料： 新疆维吾尔自治区博物馆《新疆出土文物》，文物出版社，1975 年；新疆维吾尔自治区地方志编纂委员会《新疆通志·文物志》，新疆人民出版社，2007 年。

31. 东晋束帛笔头

1. 原图

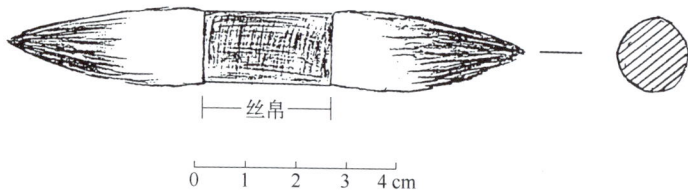

├─ 丝帛 ─┤

0　1　2　3　4 cm

2. 线图

3. 插入杆腔示意图

　　此笔头1993年出土于江苏江宁东晋砖室墓，时代为东晋晚期。毛质不明。长10.2厘米，直径1.4厘米，中以宽2.5厘米的丝帛束紧。两端均见笔锋，较为粗长。出土时笔杆已朽失。置于棺椁头箱内，相伴出土有木柄刻刀、铁书刀、瓷砚和墨等。（南京市博物馆藏）

参考资料：南京市博物馆、江宁县文管会《江苏江宁县下坊村东晋墓的清理》，《考古》1998年第8期；王学雷《东晋束帛笔头考》，《故宫文物月刊》19卷5期（2001年8月）。

六、唐

32. 吐鲁番阿斯塔那墓唐笔

1. 原图

2. 木笔架

此笔 1963—1965 年间出土于新疆吐鲁番阿斯塔那—哈拉和卓墓群，时代在唐代西州时期（640—792）。毛质不明，看上去较为粗短。杆为木质，长 14 厘米。笔较完整，已与现代毛笔基本相同，从中可见当时制笔的工艺水平。从形制上看，大致与日本正仓院所藏的某些"唐笔"较为接近。同时同时出土有两支，还有木笔一支。1973 年还出土木笔架一件，高 7.8 厘米。（新疆维吾尔自治区博物馆藏）

参考资料：吐鲁番博物馆编委会《吐鲁番博物馆》，新疆美术摄影出版社，1992 年。新疆维吾尔自治区博物馆《新疆出土文物》，文物出版社，1975 年；本书编委会《西域文物图考（2）》，新疆文化出版社，2016 年。

33. 吐鲁番阿斯塔那苇杆唐笔

此笔 1964 年出土于新疆吐鲁番阿斯塔那二十九号唐墓中。毛长 2.2 厘米，杆长 14 厘米，通长 16.2 厘米（《新疆历史文明集粹》作"16 厘米"）。笔杆为芦杆制成，一端插入笔头。此笔笔毛细绵柔软，笔头尖细。从其笔毛粗细光滑和笔尖的细小来看，这支毛笔的实际用途当是书写文字。同此样式的毛笔在巴楚托库孜萨来等其他古城遗址内也有发现，只不过没阿斯塔那古墓中出土的这支完整。（新疆维吾尔自治区博物馆藏）

参考资料：新疆维吾尔自治区文物管理局、新疆维吾尔自治区文物考古研究所等《新疆历史文明集粹》，新疆美术摄影出版社，2009 年；新疆维吾尔自治区博物馆《吐鲁番县阿斯塔那—哈拉和卓古墓群发掘简报（1963—1965）》，《文物》1973 年第 10 期；新疆维吾尔自治区地方志编纂委员会《新疆通志·文物志》，新疆人民出版社，2007 年。

附　江宁上坊村三国瓷制笔

　　此瓷制笔 2005 年出土于江苏南京上坊孙吴墓。笔杆呈圆柱形，上刻弦纹。笔头呈尖锥形，上刻斜直纹，象征笔毛。通长 22.6 厘米。据发掘简报称，出土此笔的墓属三国吴国晚期，也有学者再做考证，认为是吴国中期，并很可能是孙坚的墓葬。但无论怎样，此笔应该是作为随葬的明器，而不是实用品，因此只具有象征性的意义，而不能因此来认定当时毛笔制作的确切形制。姑附于此，仅供参考。（南京市博物馆藏）

参考资料：南京市博物馆、南京市江宁区博物馆《南京江宁上坊孙吴墓发掘简报》，《文物》2008年第 12 期；王宁邦《孙坚高陵考——南京江宁上坊孙吴大墓墓主考》，《南京晓庄学院学报》2016年第 4 期；中华世纪坛艺术馆《寻踪三国——文物里的魏蜀吴新图景》，中信出版社，2021 年。

汉唐古笔文献辑释

本卷有所选择地辑录了古代文献中关于汉唐时期毛笔的制作技术、发展演变、名物语汇等方面的资料，并对它们进行了必要的校勘、注释和考证。在方式和体例上并不求统一，而是根据各篇各自的特点，进行考校和诠解。每篇文献之前还作有题解。其中《笔经》虽然是晋代，甚至是更后的作品，但与《笔方》同是目前留存下来记载毛笔制作技术最详细的两篇重要文献，故将其与汉末的《笔方》放在最前面，其他则略依时代先后为序。

一、韦诞《笔方》校议

三国魏国韦诞（179—253），字仲将，京兆杜陵（今陕西长安）人。太仆韦端之子，有文才，善属辞章。建安中，为郡上计吏，特拜郎中，稍迁侍中、中书监，以光禄大夫逊位，年七十五卒于家。[①]韦氏工书，具诸史乘，不赘述。[②]其不仅工书，犹精通笔墨制作，南齐萧子良《答王僧虔书》称："若子邑（左伯）之纸，研妙辉光；仲将之墨，一点如漆；伯英（张芝）之笔，穷神静思。妙物远矣，邈不可追。"[③]当时张芝笔甚有名，韦诞亦自言："夫工欲善其事，必先利其器，用张芝笔、左伯纸及臣墨，兼此三具，又得臣手，然后可逞径丈之势，方寸千言。"[④]此仅言善制墨，然不能就此以为韦诞不善制笔。张芝能制佳笔，无专论制笔之著述传世，而韦诞乃张芝书法弟子，服膺张氏草书，呼为"草圣"，又著有《笔方》，华人德先生认为"张芝善作笔，韦诞从其学，此《笔方》可能传之于张芝"[⑤]，此说可从。

《新唐书·艺文志》《旧唐书·经籍志》并有《笔墨法》一卷[⑥]，但未署作者。《新唐书》还著录有颜之推《笔墨法》一卷，书名相同。[⑦]按韦诞的《笔方》，原本似与其《墨方》合在一起，合称《笔墨法》，因而学者疑"书名应是《笔墨法》，《墨方》与

---

① 《三国志》卷二一《刘劭传》注引《文章叙录》及《世说新语·巧艺》注引《文章叙录》。生卒年据陆侃如《中古文学系年》，人民文学出版社，1985年，上册，27页，下册，566页。

② 见卫恒《四体书势》、羊欣《采古来能书人名》、王僧虔《论书》及张怀瓘《书断》等。张天弓先生有《论韦诞——兼论古代书论的起源》一文，对韦诞生平及成就有详细考论，可参看。《张天弓先唐书学考辨文集》，荣宝斋出版社，2009年，53—88页。

③ 萧子良《答王僧虔书》全文见南齐王僧虔《论书》，《法书要录》卷一，21—23页。张怀瓘《书断》卷下能品"左伯"条引文，文字略异，题作"萧子良《答王僧虔书》"，见《法书要录》卷九，292页。

④ 《北堂书钞》卷一百四《艺文部》引《三辅决录》，中国书店，1989年，395页。

⑤ 华人德《中国书法史·两汉卷》，江苏教育出版社，1999年，213页。

⑥ 《新唐书》卷五十七《艺文志》，1449页；《旧唐书》卷四十六《经籍志》，1986页。

⑦ 《新唐书》卷五十七《艺文志》，1449页。

《笔方》当为篇名"①，此说颇有道理。《笔墨法》原书今已不存，《笔方》作为其中的一篇，较完整的佚文见录于后世的两部书中：一是后魏贾思勰的《齐民要术》（卷九），一是北宋苏易简的《文房四谱》（卷一《笔谱上》）。但两者文字上亦有出入。

然而《齐民要术》向无善本，尤其是九、十两卷"则自来讹误，几不可读"②，见存于卷九的《笔方》，文字上更是讹误丛生，马衡先生谓"惜多误字，致文义晦涩"③，因需要通过校勘加以是正。《齐民要术》的版本情况异常复杂，20 世纪 50 年代，著名学者石声汉先生作有《齐民要术今释》④，是这部著作的首次校勘今释本。（按：所谓"今释"，其实就是今译，是当时最完善的本子。）60 至 80 年代，缪启愉先生在石氏等学者的基础上，又作有《齐民要术校释》，1982 年由农业出版社出版。此后又加修订，于 1998 年出第二版⑤，为目前最完善的整理本。

石、缪二位先生的校释工作，颇具功力，亦见前辈学者严谨笃实的学风。但于卷九《笔方》之校释上，二者颇多歧异，歧异主要在于文字和标点句读，而且在注释上也多有难安之处。因此之故，笔者不揣冒昧，重加校勘和探讨，故称"校议"。

笔者所取版本及相关情况，说明如下：

一、石声汉、缪启愉的校释分别简称"石校"和"缪校"。由于二人所据的版本及校勘方式的不同⑥，因而在原文理解上存在差异，文字和标点亦多有不同。为求折中，笔者以《龙溪精舍丛书》本《齐民要术》为底本，其他参校及征引文献，随文注出。

二、"缪校"第二版对第一版做了较大的修订，在文字的叙述和数据引用上颇有不同，本校议主要针对第二版，同时也参考第一版。

三、北宋苏易简《文房四谱》卷一《笔谱上·一之造》亦录有《笔方》全文，与《要术》颇有不同，可用以互校。笔者采用吴兴陆氏《十万卷楼丛书二编》本，并参校《学海类编》《丛书集成》排印本。

---

① 孙启治、陈建华《古佚书辑本目录（附考证）》，242 页。

② 唐晏《齐民要术跋》，《龙溪精舍丛书》，第四册，397 页。

③ 马衡《记汉居延笔》，《凡将斋金石丛稿》，277 页。

④ 石声汉《齐民要术今释》，1957 至 1958 年由科学出版社出版，2009 年中华书局据以修订重印。

⑤ 缪启愉《齐民要术校释（第二版）》，中国农业出版社，1998 年。

⑥ 石声汉校勘所据的版本情况见其《齐民要术今释（初稿）体例说明》，第 11 页；缪启愉校勘所据的版本情况见其《齐民要术校释（第二版）·前言》及附录二《〈齐民要术〉主要版本的流传》，6—9 页、928—966 页。

　　韦仲将《笔方》曰[1]：先须以铁梳（梳）兔毫及羊青毛[2]，去其秽毛，盖使不髯茹，讫，各别之[3]。皆用梳掌痛拍整齐，毫锋端本各作扁极，令均调平好，用衣羊青毛[4]。缩羊青毛，（毛毫）去兔毫头下二分许[5]，然后合扁，卷令极圆[6]，讫，痛颉之[7]。以所整羊毛中截，用衣中心[8]，名曰"笔柱"，或曰"墨池""承墨"[9]。复用毫青衣羊（青）毛外[10]，如作柱法，使中心齐，亦使平均[11]。痛颉，内管中，宁随毛长者使深[12]，宁小不大，笔之大要也[13]。（《齐民要术》卷九，《龙溪精舍丛书》本）

[1]【石校】韦仲将：三国时代魏人，名诞。会写大字，笔墨都喜欢自己制作。

【缪校】韦仲将：名诞，三国魏时人，善书法，并善制墨。《三国志·魏志·刘劭传》注引《三辅决录》："洛阳、邺、许三都宫观始就，命诞名题。"诞以御笔墨皆不任用，奏请："用张芝笔，左伯纸，及臣墨，皆古法，并此三具，又得臣书，然后可以逞径丈之势，方寸千言。"元陆友《墨史》卷上："萧子良《答王僧虔书》曰：'仲将之墨，一点如漆。'"是韦诞以善制墨著称。其兄韦昶，则善制笔。清梁同书《笔史》引《书断》："晋韦昶，好作笔。王子敬得其笔，叹为绝世。昶字文休，诞兄。"魏明帝时建成凌云台，误将台匾未题字先钉实在台上，只好用竹笼盛着题匾人，用辘轳转上去，离地二十五丈。这人很害怕，题好了下来，须发尽白，告诫子孙以后再也不要学书法。这人就是韦诞（《世说新语·巧艺篇》及注引《四体书势》并载其事）。

【校议】缪氏此注颇多混淆。其一，谓所引《三辅决录》出于裴注，误。《三国志·魏志·刘劭传》裴松之注："《文章叙录》曰：诞字仲将，太仆端之子。有文才，善属辞章。建安中，为郡上计吏，特拜郎中，稍迁侍中、中书监，以光禄大夫逊位，年七十五卒于家。"缪氏所录《三辅决录》之文，见《太平御览》卷七四七，文曰："韦诞字仲将。除武都太守，以能书不得之郡，转侍中。……洛阳邺、许二都始成，命诞铭题，以为永制。以御笔墨皆不任用，因奏曰：'夫工欲善其事，必先利其器。用张芝笔、左伯纸及臣墨，皆古法，兼此三具，又得臣手，然后可以逞径丈之势，方寸千言。'"其二，将韦昶误为韦诞兄。此误实缘于梁同书误读《书断》而来。按：韦昶乃韦诞兄韦康之玄孙，《法书要录》卷九张怀瓘《书断下·能品》"韦昶"条："韦昶字文休，诞兄凉州刺史（韦）康之玄孙。官至颍州刺史、散骑常侍。善古文、大篆，见王右军父子书，云：

'二王未足知书也。'又妙作笔，子敬得其笔，称为绝世。"韦昶为东晋人，乃韦诞之玄侄孙。梁氏误读于前，缪氏失察于后，照引必误。此外，缪氏所引萧子良《答王僧虔书》语，最早见南齐王僧虔《论书》，且是《答王僧虔书》全文。此语亦见唐朝张怀瓘《书断下·能品》"左伯"条，实不必辗转引录元朝陆友《墨史》。

【缪校】《御览》在引用书总目中有韦仲将《笔墨方》，但卷六〇五"笔"引有《笔墨法》，却不标作者，其内容是："作笔当以铁梳梳兔毫及羊青毛，去其秽毛，使不髯。茹羊青为心，名曰笔柱，或曰墨池。"应出韦仲将法而多删简。又：《御览》卷六〇五"墨"引有韦仲将《笔墨方》，各家书目未见著录。而《要术》引作《笔方》，大概贾氏（思勰）只引录韦氏的制笔法，故简称《笔方》。

【校议】按：《笔方》，原本似与其《墨方》合在一起，合称《笔墨法》，孙启治疑"书名应是《笔墨法》，《墨方》与《笔方》当为篇名"（孙启治、陈建华《古佚书辑本目录（附考证）》，242 页），孙说是也。

〔2〕《文房四谱》所录《笔方》，此句作"先于发梳梳兔毫及青羊毛"。石校本、缪校本"先须"作"先次"。

【石校】《太平御览》六〇五所引，作"作笔，当以铁梳梳兔毫毛"，似乎比《要术》所引为好；"次"，可能是"当"字烂成；"梳"和"毛"两字，也应依《御览》补入。

【缪校】"先次"，如果解释为先梳兔毫，"次"梳羊青毛，有些勉强。《御览》卷六〇五引《笔墨法》，这二字只是一"当"字，清道光间《要术》校勘者张定均所用"旧抄本"北宋初苏易简《文房四谱》引韦仲将《笔墨方》无"次"字，《丛书集成》本苏易简《文房四谱》引亦无"次"字。《要术》"次"疑衍。"梳梳"，原只一"梳"字，《文房四谱》及《御览》引均重文，必须重文，据补。

又曰：兔毫，兔的长尖毛。《文房四谱》卷一引王羲之《笔经》："凡作笔须用秋兔。秋兔者，仲秋取毫也。……其夹脊上有两行毛，此毫尤佳；胁际扶疏，乃其次耳。"羊青毛：即"青羊毛"（《文房四谱》引作此）。梁同书《笔史》记载笔的毛料有三十种，其中羊毛有羊毛、青羊毛、黄羊毛三种。

【校议】按：作"须"是，"次"字草书与"须"形似，或以此致讹。"铁梳""羊青毛"，《文房四谱》作"发梳""羊青毛"（《学海类编》本作"青羊毛"）。按"铁（鐵）"当为"纤（纖）"之形讹，"羊青毛"盖为"羊脊毛"之讹，桂馥《札朴》卷四《笔柱》条引《笔墨法》云："作笔当以纤梳梳兔毫毛及羊脊毛，羊脊为心，名曰笔柱，或曰墨池。"华人德先生曰："'脊'字隶书与'青'字形相近，盖传写讹误。羊毫多取自羊之脊背上毛，至今犹然。"（华人德《中国书法史·两汉卷》，213页）按：青、脊二字实在楷书字形上亦易讹误，非但隶书也。此句如译成白话，意为：（制作毛笔）先须要用纤细的梳子梳理兔毫和羊青（脊）毛。

〔3〕【石校】秽毛，即不整齐不清洁的毛；盖使不髯茹：《御览》所引无"盖"字。"髯"是人的颔下长须，有弯曲的倾向；"茹"是杂乱。髯茹，即弯曲杂乱。

【缪校】不髯，将毛梳理清顺，不使蜷曲杂乱。茹，是制笔过程中用口整治毫锋的一道工序。必须非常细致地使锋头对齐。唐陆龟蒙（？—约881年）《甫里先生文集》（《四部丛刊》本）卷十七《哀茹笔工文》赞叹茹工的极其细致的辛苦劳动说："爰有茹工，工之良者。择其精粗，在价高下。缺啮叉互，尚不能舍。旬濡数锋，月秃一把。编如蚕挲，汝实助也。"梁同书《笔史》说："制笔谓之茹笔，盖言其含毫终日也。……今制法如故，而茹笔之名隐矣。"这一道工序，现在由水盆工来完成，古时是茹工的艰辛劳动。

【校议】石氏"髯茹"连读，缪氏"茹"属下读作"茹讫"。依石氏则"茹"为形容词，依缪氏则作动词。《文房四谱》无此五字。按"讫"字为结束、完成的意思，此指梳理完毛料和除去秽毛工序的结束。下文有"讫，痛颉之"句，"讫"字前无动词，与"讫，各别之"句式正同。缪氏牵于后世茹笔之说，未能深考"髯茹"之义。见本书上卷《茹笔》。各别之，为各自梳理好的兔毫与羊青（脊）毛。

〔4〕【缪校】梳掌，梳齿下部手拿之处，即梳把。"本"，各本同。但如"端本"连读，不通，因"端"是毫锋，"本"是毫末，两头不能同时拍齐。制笔必须毫端相齐，现在湖笔生产上这一工序叫做"对锋"。清梁同书《笔史》引《妮古录》："笔有四德：锐、齐、健、圆"；引柳公权《帖》："出锋须长……副切须齐"；《卫夫人笔阵图》称："锋齐、腰强"；《文房四谱》卷一笔有四句诀："心柱硬，覆毛薄，尖似锥，齐似凿。"都要求毫端齐一而尖锐。锋齐以后，根齐容易办到（如"副切"）。《文房四谱》所引无此"本"字，这句是："用梳掌痛正毫、齐锋端"，要求拍齐锋端，不可能同时拍齐末端。据此，"端本"不能连读，但"本"字仍应有，属下句。下文"扁"是一种编法，其所编的地方必须是在毫毛的下端，所以这个"本"字必须有，没有却变成了编"锋端"，就不成笔而讲不通了。又曰："衣羊青"，明抄如文；金抄原先脱漏，校勘后以小字添补，

虽字迹不显，尚可辨认是此三字；湖湘本脱"青"字。衣，动词作被覆讲，明方以智《通雅》卷三二：笔"有柱有被，有心有副"。柱指笔心，"副"犹副助，与"被"都是辅助被覆在外层的"衣"。《文房四谱》卷一记载唐欧阳通自重其字，用笔必须是"狸毛为心，覆以秋毫"。用衣羊青毛，是以青羊毛为心，覆以兔毫。覆法是缩进毫锋下面"二分"左右。

【校议】此句《文房四谱》作"用梳掌痛正毫齐，锋端各作扁极"，当有脱误，缪校标点为"皆用梳掌痛拍，整齐毫锋端，本各作扁，极令均调平好，用衣羊青毛"。石校标点作"皆用梳掌痛拍整齐，毫锋端本，各作扁，极令均、调、平、好用。衣，羊青毛"。缪、石校标点皆可商，尤其是"扁"字，缪氏注释谓"编连成扁扁的薄排，作为裹覆笔心之用"，尤误。按"扁极"当连读，扁是状态，极是程度副词，即极其扁薄。这其实是制笔过程中的一道重要工序，俗称"打片子"。步骤是先将毛料在水盆中用梳子梳理调顺，即"去其秒毛，盖使不髯茹"；然后将这些梳理好的毛料拍平铺成片状，看上去十分扁薄，且分布及长短都很均匀整齐，即"痛拍整齐"，使之"扁极"。因为是兔毫和羊毛两种料子，所以要"各作扁极"，而且要求"均调平好"。用衣，《文房四谱》作"用裹"。

〔5〕缩羊青毛，《文房四谱》脱此四字。"毛毫"二字，据《文房四谱》补。三国时期一分等于 0.242 厘米，二分则为 0.484 厘米。

〔6〕极圆，《文房四谱》作"极固"。按：作"极圆"是，笔头圆是制笔的"四德"之一。

〔7〕【缪校】颉，倔强，引申为用强力；又念 jiá（夹），扣减，引申为压缩。痛颉，是说使劲地结扎约缩得极紧实。《笔史》引黄庭坚《笔说》："张遇丁香笔，捻心极圆，束颉有力。"由于笔脚扎束得很紧很坚实，可以强固地装入笔管中，故称为"颉"。《笔史》引《南部新书》："柳公权《笔偈》：'圆如锥，捺如凿。只得入，不得却。'盖缚笔要紧，一毛出，即不堪用。"所以必须尽力颉扎得极紧实，不使毛松"开花"。

【校议】按："颉"通"结"。《庄子·胠箧》："颉滑坚白。"崔注："颉滑，缠屈也。"《说文》："结，缔也。"有收缚之义。详见朱骏声《说文通训定声·履部》。或又通"撷"，《太平御览》卷三七三引《搜神记》："晋时妇人结发者，既成，以缯急束其环，名曰撷子髻。""讫，痛颉之"，《文房四谱》作"痛颉，讫"。

〔8〕【缪校】截，原作"或"，《文房四谱》与北宋吴淑《事类赋》引均作"截"。下文"中心"，《文房四谱》引作"笔心"。"衣"谓裹覆。"中截"是截取羊毛的上

段，即柳公权《帖》所说的"副切须齐"，作为裹覆笔心之用。字宜作"截"，据《文房四谱》改。又曰："中心"即上文的以青羊毛为最内层以兔毫为次层的"笔柱"。用衣中心，是说再用青羊毛裹覆笔柱为第三层。

【校议】整，《文房四谱》作"正"，"羊毛"作"青羊毛"，"用衣中心"作"裹笔中心"。

〔9〕【缪校】"承墨"是"笔柱"的别名，《北户录》卷二"鸡毛笔"条崔龟图注引韦仲将《笔方》说："笔柱，或云墨池，亦曰承墨。"由于《要术》无"亦曰"字，致使有人误读"承墨"入下句，致不可解。其实没有"亦曰"也可以两个别名并举的。

〔10〕【缪校】"毫青"，《文房四谱》引作"青毫"，即青兔毫。《北户录》卷二"鸡毛笔"条说笔毛以兔毫为最好，"其宣城岁贡青毫六两，紫毫三两"，"劲健无以过也"。复用毫青衣羊毛外：再用青兔毫裹覆在第三层的青羊毛外面，为第四层。三四层的作法和一二层一样，所以说"如作柱法"。启愉按：韦诞笔是四层作成的笔，到这一道工序完毕。其最内层是羊毛，次层是兔毫，第三层是"中截"的羊毛，最外第四层仍裹以兔毫，就是"复用"云云这句所记的。《笔史》引黄庭坚《书侍其瑛笔》："宣城诸葛高三副笔，锋虽尽而心故圆。"引北宋晁说之《赠笔处士屠希诗》："自识有心三副健。""副"即辅佐的"衣"，"圆""健"属于笔的四德。所说"有心三副"，正是四重的笔。韦诞可能是"三副笔"的创始人。后来再发展有五重笔。

【校议】毫青，《丛书集成》本《文房四谱》作"青毫"。"有心三副"，元孔齐《至正直记》卷二《笔品》："予幼时见笔之品，有所谓三副二毫者，以兔毫为心，用纸裹，隔年羊毫副之，凡三层。"三副制作的笔大约在北宋时已被所谓的"无心散卓笔"所替代，叶梦得《避暑录话》卷上："歙本不出笔，盖出于宣州，自唐惟诸葛一姓世传其业。治平、嘉祐前，有得诸葛笔者，率以为珍玩，云一枝可敌它笔数枝。熙宁后，世始用无心散卓笔，其风一变，诸葛氏以三副力守家法不易，于是浸不见贵而家亦衰矣。"周朴《谢友人惠笺纸并笔》："三副紧缠秋月兔，五般方剪蜀江烟。"（《文房四谱》卷四《纸谱·四之辞赋》）

〔11〕【校议】使中心齐，亦使平均，《文房四谱》作"使心齐"，并脱"亦使平均"。

〔12〕【缪校】者，疑应作"著"。这句是说宁可尽其毛的长度，尽可能地（著）笔管中深些。《笔史》引黄庭坚《笔说》："宣城诸葛高系'散卓笔'，大概笔长寸半，藏一寸于管中。"可说深得很。

【校议】"宁随毛长者使深"，《文房四谱》脱此七字。缪氏疑"者"应作"著"，无据。

〔13〕【缪校】宁小不大，张定均所用旧抄本《文房四谱》引作"宁心小，不宜大"。按：韦仲将善写"径丈"大字，笔不可能限制"宁小不大"，应是指笔心，《要术》脱"心"字。

【校议】按：前即云"痛颉，内管中，宁随毛长者使深"，故"宁小不大"当指笔头而言，笔头插入越深，露出笔管的笔锋则越小，《文房四谱》恐非。又《要术》本条下所载《合墨法》亦云"墨之大诀如此，宁小不大"，句式正同。

附录：韦诞奏论笔墨事笺 [1]

　　韦诞这篇奏言今已不窥全豹，节文见引于唐宋时期的各种类书之中。唐初虞世南编的类书《北堂书钞》卷一百四、欧阳询编《艺文类聚》卷五十八、宋李昉等编《太平御览》卷七百四十七，皆注明引自东汉赵岐（约108—201）的《三辅决录》。张彦远《法书要录》卷八唐张怀瓘《书断》卷中《妙品》的韦诞传记及宋代编撰的大型类书《册府元龟》卷八百六十一《总录部·笔札》也有引录。据严可均及张天弓先生考证，这篇奏言并非出自《三辅决录》，恐出于西晋挚虞为《三辅决录》所作的注。[2]由于《太平御览》及《书断》所录较为详细，且有背景文字，即用作底本，其余用以参校。

　　《三辅决录》曰：韦诞，字仲将。除武都太守，以书不得之郡，转侍中，典作《魏书》，号《散骑书》，一名《大魏书》，凡五十篇。（初青龙中，）[3]洛阳、邺、许三都宫观始就 [4]，命诞铭题 [5]，以为永制。以御笔墨皆不任用，因奏曰："（蔡邕自矜能书，兼斯、喜之法 [6]，非流纨体素 [7]，不妄下笔。）[8]夫工欲善其事，必先利其器 [9]，（若）用张芝笔、左伯纸及臣墨 [10]，（皆古法，）[11]兼此三具，又得臣手 [12]，然后可以逞径丈之势，方寸千言。[13]"（《太平御览》卷七百四十七引、《书断》卷中《妙品·韦诞》）

〔1〕《全三国文》题作《奏题》，此标题为笔者所拟。张天弓《论韦诞——兼论古代

书论的起源》："斯篇在古代书论史上首次明确提出书法创作的条件与特点。"

〔2〕严可均《全三国文》卷三十二，《全上古三代秦汉六朝文》，第二册，1235
页；张天弓《论韦诞——兼论古代书论的起源》，《张天弓先唐书学考辨文集》，
67页。

〔3〕此四字据《书断》补。青龙，三国魏明帝曹叡年号，公元233年至237年。

〔4〕邺，在今河北临漳。许，在今河南许昌。《三国志·魏书·明帝纪》："（青龙三
年）是时，大治洛阳宫，起昭阳、太极殿，筑总章观。百姓失农时，直臣杨阜、
高堂隆等各数切谏，虽不能听，常优容之。"裴松之注："《魏略》曰：是年起太
极诸殿，筑总章观，高十余丈，建翔凤于其上。"同书："（太和六年）九月，行
幸摩陂，治许昌宫，起景福、承光殿。"按：《艺文类聚》卷六十二引有韦诞《景
福殿赋》。始就，《册府元龟》卷八百六十一《总录部·笔札》同，《书断》作
"始成"。

〔5〕命诞铭题，《册府元龟》同，《书断》作"诏令仲将大为题署"。铭题，卫恒《四
体书势》："太和中，诞为武都太守，以能书留补侍中，魏氏宝器铭题，皆诞书
也。"题署，《汉书·苏建传》："署其官爵姓名。"颜师古注："署，表也、题
也。"《集韵·齐韵》："题，署也。"《广韵·御韵》："署，书也。"庾肩吾《书
品》："署表宫门。"《说文解字叙》："六曰署书。"段玉裁注："《木部》曰：'检
者，书署也。'凡一切封检题字皆曰署；题榜亦曰署。"按：韦诞题署事见《水
经·穀水注》《世说新语·巧艺》。

〔6〕蔡邕（133—192），字伯喈，陈留圉（今河南杞县南）人。斯、喜，秦李斯、东
汉曹喜。卫恒《四体书势》："秦时李斯号为工篆，诸山及铜人铭皆斯书也。汉
建初中，扶风曹喜善篆少异于斯，而亦称善。……汉末又有蔡邕，采斯、喜之
法，为古今杂形，然精密闲理不如淳也。"《北堂书钞》卷一百四引作"斯高"，
《艺文类聚》卷五十八作"斯善"，并误。

〔7〕流纨体素，《北堂书钞》径作"纨素"。按：纨素，即绢。《汉书·元帝纪》："齐
三服官。"李斐曰："纨素为冬服，轻绡为夏服。"颜师古注："纨素，今之绢
也。"卫恒《四体书势》："摛华艳于纨素，为学艺之范先。"萧子良《答王僧虔
书》"伯喈非流纨体素，不妄下笔"，引同。《艺文类聚》脱"体"字。张天弓
《论韦诞——兼论古代书论的起源》："蔡邕所谓'纨素'，依《书钞》原本没有
'流''体'修饰词，即使后来增益为'流纨体素'，也是二个偏正结构的联合。
今研究者把'流纨体素'解释'天''人'之美流到或体现在'纨素'上，这完

全是附会。我认为，蔡邕'非纨素'不妄下笔，是要求精良的工具材料，一则宜于展示自己的书艺，二则意欲传世久远。因为蔡邕时代，竹木、缣帛与纸并行，竹木笨重，缣帛昂贵，纸易破损；而'书于竹帛，传遗后世'则是悠久传统，西晋索靖《草书状》篇尾云'著绝艺于纨素，垂百代之殊观'，也是这个意思。"

〔8〕按：此句据《书断》补。《全三国文》据《尺牍清裁》补。

〔9〕《论语·卫灵公》："子曰：工欲善其事，必先利其器。"

〔10〕"若"字据《书断》补。张芝（?—约192），字伯英，敦煌酒泉（今甘肃酒泉）人。其父张奂因功，求徙弘农华阴（今陕西华阴），始为弘农人。卫恒《四体书势》："汉兴而有草书，不知作者姓名。至章帝时，齐相杜度号善作篇。后有崔瑗、崔寔，亦皆称工。……弘农张伯英者，而转精其巧，凡家之衣帛，必书而后练之。临池学书，池水尽黑。下笔必为楷则，号匆匆不暇草书。寸纸不见遗，至今世尤宝其书，韦仲将谓之'草圣'。……又有姜孟颖、梁孔达、田彦和及韦仲将之徒，皆伯英弟子，有名于世……"左伯，《书断》下"能品"条："左伯，字子邑，东莱人……尤甚能作纸。汉兴用纸代简，至和帝时，蔡伦工为之，而子邑尤得其妙。故萧子良答王僧虔书云：'子邑之纸，妍妙辉光；仲将之墨，一点如漆；伯英之笔，穷神尽思。妙物远矣，邈不可追！'"

〔11〕皆古法，唯《艺文类聚》引有此三字，其余诸书皆未见，疑是后人旁注字，非韦诞奏文原有。

〔12〕臣，韦诞自谓。《艺文类聚》作"巨"，形近而误。

〔13〕逞，《艺文类聚》作"尽"，《书断》作"建"。径，《书断》作"劲"，非。此句《册府元龟》作"乃可以逞径丈之势，小则方寸千言"。按：关于此句的意义，笔者曾作有《中古书法史论词语考释》一文（载镇江焦山碑刻博物馆《瘗鹤铭国际学术研讨会论文集》，江苏大学出版社，2009年），其中有"一字径丈与方寸千言"一则，可参。

二、王羲之《笔经》校笺

　　《笔经》一卷，题王羲之撰，原著已佚。佚文最早见于《初学记》卷二十一，仅存三条。宋苏易简《文房四谱》所录较备，存四百余字。宋以后有辑本，如《说郛》宛委山堂本、《五朝小说大观·魏晋小说品藻家》本、《古今说部丛书》本等。今以光绪七年吴兴陆氏十万卷楼家刻本《文房四谱》为底本，参以文渊阁《四库全书》本及《学海类编本》校勘，并施以笺释。

　　作为"书圣"的王羲之，会对毛笔有所关注，是毋庸怀疑的。他在写给好友谢安的一封信中，即指明了书法的高下与毛笔的优劣有关："复与君，斯真草所得，极为不少，而笔至恶，殊不称意。"唐段公路《北户录》中也记载了羲之"叹江东下湿，兔毫不及中山"的意见。唐段成式在《寄余知古秀才散卓笔十管软健笔十管书》中也说："其后仲将稍精，右军益妙，张芝遗法，庾氏新规。"至于《笔经》是否为王羲之本人亲自撰写，今已无旁证，但从语气上看，还是存在可能的。它或许是一篇王羲之关于毛笔言论的辑录，至少如马衡先生认为的那样："《笔经》是否为晋时作品，虽不敢必，而非唐以后人所作，则可断言也。"（《记汉居延笔》）最重要的是，这篇文字与韦诞的《笔方》是流传下来最为古老的、最为重要的制笔文献，其中对兔毫的产地、选择、制作，笔管的制作及选择等，都有较丰富的论述，其价值自非一般。

　　王羲之《笔经》云：《广志会献》云[1]：（汉时）诸郡献兔毫，出鸿都门（题）[2]，惟有赵国毫中用。[3] 世人咸云：兔毫无优劣，笔手有巧拙。[4] 意谓赵国平原广泽，无杂草木，惟有细草[5]，是以兔肥，肥则毫长而锐，此则佳笔也[6]。凡作笔须用秋兔，秋兔者，仲秋取毫也[7]。所以然者，孟秋去夏近，其毫焦而嫩[8]，季秋去冬近，则其毫脆而秃，惟八月寒暑调和，毫乃中用[9]。其夹脊上有两行毛，此毫尤佳[10]；其胁际扶疏，乃其次耳[11]。采毫竟[12]，以纸裹石灰汁[13]，微火上煮令薄沸[14]，所以去其腻也。先用人发抄数十茎[15]，杂羊青毛并兔毫[16]，裁令齐平。以麻纸裹柱根，令治。[17] 次取上毫，薄薄布柱上，令柱不见，然后安之[18]。惟须精择，去其倒毛，毛抄合锋，令长九分，管修二握[19]，须圆正方可。后世人或为削管，故笔轻重不同，所以笔多偏掘者，以一边偏重故也[20]。自不留心加意，无以详其至此。笔成，合蒸之，令熟三斗米饭。须以绳穿管，悬之水器上一宿，然后可用[21]。世传钟繇、张芝皆用鼠须笔，锋端劲强有锋铓，余未之信。夫秋兔为用，从心任手，鼠须甚难得，且为用未必能佳，盖好事者之说耳[22]。昔人或以琉璃、象牙为管[23]，丽饰则有之，然笔须轻便，重则踬矣[24]。近有人以绿沉漆（竹）管及镂管见遗[25]，录之多年，[26] 斯亦可爱玩，讵必金宝雕琢然后为贵也[27]？余尝自为笔，甚可用，谢安石、庾稚恭每就吾求之[28]，靳而不与[29]。（《文房四谱》卷一《笔谱上·二之造》）

〔1〕前一"云"字，《学海类编》本作"曰"。《广志会献》，未详何书，疑即郭义恭《广志》。《隋书·经籍志》子部杂家类载《广志》二卷，郭义恭撰，《新唐书·艺文志》载一部十卷。此书两宋时开始散佚，《说郛》宛委山堂本卷六十一有零星辑录，《玉函山房辑佚书》子部杂家类据唐宋类书辑得二百六十余节。郭义恭，生平不详，学者或考为西晋时期人，今人王利华先生考订为北魏人，《广志》即成书于北魏初期。（王利华《〈广志〉成书年代考》，《古今农业》，1995年第3期）然《初学记》卷二十一引无《广志会献》，直作"王羲之《笔经》曰"，而《艺文类聚》卷五十八引此条作"《广志》曰"，疑《笔经》与《广志》并载此事，苏易简编《文房四谱》时并录之耳。

〔2〕"汉时"二字据《初学记》卷二十一补。《艺文类聚》卷五十八引《广志》无"时"字。"出鸿都门题"，《初学记》引作"汉时诸郡献兔毫，出鸿都，惟有赵国毫中用"，引无"门""题"字。按：鸿都门非制笔处，何以言"出"？盖缘草写而讹，草书"书"与"出"字形相近易淆，故当作"书"，《类聚》引作"书鸿都门题"，是也。《说文》："题，额也。"《释名·释书契》："书称题。题，谛也，审谛其名号也。"《后汉书·灵帝纪》光和元年二月"置鸿都门"，李贤注："鸿都，门名也，于内置学。时其中诸生，皆敕州、郡、三公举召能为尺

牍、辞赋及工书鸟篆者相课试，至数千人焉。"

〔3〕赵国，秦代为邯郸郡，汉高帝四年为国，汉景帝四年冬，复为邯郸郡，治在今河北邯郸。（参见周振鹤《汉书地理志汇释》，441 页）

〔4〕世人，《初学记》卷二十一作"时人"，避唐太宗讳。"咸云"作"咸言"。"笔手"作"管手"，指制笔者。宋董逌《广川书跋》卷七《欧阳通碑》："汉世郡贡兔毫，当时惟赵国为胜，而工制或异，亦复不良。议者谓兔豪无优劣，工手有巧拙，豪非优劣，正应工手不得，则不复论其豪也。路扈一世名手，且重以杂宝为趺，然其善，不过秋兔之毫。及其后世，渐以丰狐为柱，然锋须颖芒，非兔翰莫可为者。"

〔5〕此云兔毫以北方平原地区所产兔为佳，苏轼《记南兔毫》亦谓南方所产之兔毫毛不佳："余在北方食獐兔，极美，及来两浙江淮，此物稀少，宜其益珍。每得食，率少味，及微腥，有鱼虾气。聚其皮数十，以易笔于都下。皆云此南兔，不经霜雪，毫漫不可用。乃知此物本不产陂泽间也。"（《苏轼文集》卷七十《题跋·笔砚》）而《法书要录》卷一托名晋卫夫人《笔阵图》云："笔要取崇山绝仞中兔毛。"则与此异。胡仔《苕溪渔隐丛话后集》卷十载有北宋严有翼《艺苑雌黄》中一段专考兔毫产地的考证，见上卷《汉唐时期的兔毫产地·宣城兔毫》。中山，战国时期为中山国，西汉高帝置中山郡，景帝改为国，地在今河北定州市、唐县一带。按：今人李兆志则又认为，制笔当以产于长江中下游地区和江南各地的山兔毛为佳。这些地区产的山兔毛长，毛杆粗壮挺拔，锋颖细长，尖锐如锥，深受笔工欢迎。安徽南部、湖北北部和江西北部一带，是我国山兔毛的最佳产地。我国北方地区各地都产野兔，不过名称不一。江苏称淮兔，山东、河北等省称草兔。这些地区产的兔毛，长度一般不超过 3 厘米，毛杆脆，锋颖较短，呈秃状，很少选来制笔，有时和山羊毛、马毛等掺在一起制成低档小楷笔。（《中国毛笔》，41—43 页）李兆志本人具有十分丰富的制笔经验，所说当不为虚，故录之参考。

〔6〕毫长而锐，《集韵·豪韵》："毫，长锐毛。"《素问·刺要论》："病在毫毛腠里者。"王冰注："毛之长者曰毫。"佳，《四库全书》本及《学海类编》本作"良"。按：以上言兔毫产地。

〔7〕《古文苑》卷七东汉蔡邕《笔赋》则云："惟其翰之所生，于季冬之狡兔。"章樵注："兔经霜则毫健。"谢肇淛《五杂组》卷十二《物部四》："南北异宜，兔毫入北地，一经霜风即脆。"《笔谱》卷二唐张碧《答张郎中分寄翰林贡余笔歌》："圆金五寸轻错刀，天人摘落霜兔毛。"按：季冬，若依此则"冬兔"也。然

《西京杂记》卷一载西汉天子笔"毛皆以秋兔之毫"，又《艺文类聚》卷五十八引《傅子》及西晋成公绥《弃故笔赋》皆云秋兔。鲍照《飞白书势》："秋毫精劲，霜素凝鲜。"伪托晋卫夫人《笔阵图》亦云兔毫当于"八九月收之"，亦仲秋时也。今人李兆志亦云："山兔毛的采集季节以仲秋至正冬猎取的山兔兔毛质量最好。"（《中国毛笔》，42 页）

〔8〕《说文》："焦，火所伤也。"言夏热而兔毫焦也。

〔9〕按：西晋嵇含《试笔赋序》云"季秋之月，毫锋甚伟"，则又为一说。

〔10〕李兆志云：兔身上前腿以后脊背上长的最长的针毛称"兔颖"，也称"枪毛"。兔颖又分"紫毫"和"白毫"两种，长度一般 4 厘米左右，有的可达 5 厘米。两者都有光泽，锋颖细长，尖锐如锥；腰部粗壮，健强有力；根部稍细。是山兔毛中的上品。（《中国毛笔》，42 页）

〔11〕胁际，腋间。《说文解字》："胁，两膀也。"《释名·释形体》："胁，挟也，在两旁臂所挟也。"《玉篇·肉部》："胁，身左右腋下也。"扶疏，繁盛貌。《吕氏春秋·任地》："树肥无使扶疏，树硗不欲专生而族居。肥而扶疏则多粃，硗而专居则多死。"本文是说兔两腋间的毛过于浓密，这样的毛料细软，故非上选。按：以上言兔毫之选择。明屠隆以为，兔于秋冬毫皆佳，春夏则不佳，其《考槃余事》卷二《笔·毫》云："兔以崇山绝壑中者，兔肥毫长而锐。秋毫取健，冬毫取坚，春夏之毫则不堪矣。"

〔12〕采，《广韵·海韵》："采，取也。"《集韵·海韵》："《说文》：'采，捋取也。'或从手。"中华书局排印本《初学记》作"探毫"，其《校勘表》云："安刻本作'采毫'。"按：探亦有取义，《尔雅·释诂下》："探，取也。"郭璞注："探者，摸取也。"

〔13〕石灰，《本草纲目·石三·石灰》集解引陶弘景曰："近山生石，青白色，作灶烧竟，以水沃之，即热蒸而解。俗名石垩。"

〔14〕薄沸，微沸。

〔15〕抄，即"杪"，枝末也。《说文》："杪，木标末也。"按："抄"古作"钞"，通"杪"，《管子·幼官》："教行于钞。"尹知章注："钞，末也。"发杪即头发的末梢。

〔16〕羊青毛，盖为"羊脊毛"之误，《齐民要术》卷九引韦仲将《笔方》："先须以铁梳兔毫及羊青毛。"桂馥《札朴》卷四《笔柱》引《笔墨法》"青"作"脊"。《四库全书》本及《学海类编》本作"青羊毛"。兔毳，苏易简注："凡兔毛长而

劲者曰毫，短而弱者曰毳。"《说文》："毳，兽细毛也。"玄应《一切经音义》卷二《大般涅槃经》第二十七卷："毳衣，尺锐反。《三苍》：羊细毛也。《说文》：兽细毛也。"唐窥基《瑜伽师地论略纂》卷八《论本自第二十五卷》："论云毳衣者，即细毛曰毳，无问鸟兽之细毛，皆云毳。恐三衣以无价叠等为，故以毳毛为之也。"

〔17〕柱，笔柱，亦曰笔心，韦诞《笔方》："以所整羊毛中或（截）用衣中心，名曰笔柱，或曰墨池、承墨。"段公路《北户录》卷二"鸡毛笔"条崔龟图注："韦仲将《笔方》云：笔柱或曰墨池，亦曰承墨。"又可参见桂馥《札朴》卷四《笔柱》条。麻纸，苏易简注："用以麻纸者，欲其体实，得水不胀。"按：以麻纸裹柱根之法，可参考本书上卷《东晋束帛笔头考》。日人宇野雪村谓："'卷笔'，是指不用毛而用纸卷束锋的笔。"（《文房古玩鉴赏指南》，216 页）可参考本书上卷《晋唐毛笔制作中的缠纸法》。治，服帖不乱。《释名·释言语》："治，值也，物皆值其所也。"

〔18〕上毫，上等之兔毫。布，散布，《集韵·暮韵》"布，散也。"不见，"见"同"现"。安之，安插于管腔。按：元孔齐《至正直记》卷二《笔品》："予幼时见笔之品，有所谓三副二毫者，以兔毫为心，用纸裹，隔年羊毫副之，凡三层。"

〔19〕倒毛，颠倒杂错髭出之毛。按：北宋宣州诸葛氏制笔，自右军以来世其业。黄庭坚《笔说》："宣州诸葛家撚心法如此，唯倒毫净，便是其妙处。盖倒毫一株便能破笔锋耳。"此或承《笔经》遗法欤？钱易《南部新书》丁："柳公权《笔偈》云：'圆如锥，捺如凿。只得入，不得却。'义是一毛出，即不堪用。"亦指倒毛。毛抄，"抄"同"杪"，解已见前。此句谓毛之末端收拢为笔锋，今曰"收分"者也。九分，按东晋度量约今 2.205 厘米；按南北朝度量，则约今 2.66 厘米。管修二握，笔管长二握，按：《穀梁传》昭公八年："流旁握，御鞶者不得入。"范宁注："握，四寸也。"据此，"二握"为八寸，东晋南北朝一寸为今 2.45 厘米，则八寸约今之 19.6 厘米也。按：以上言兔毫的制作。

〔20〕削管，疑即"揱管"，上细下粗之纤长笔管。《玉篇·手部》："揱，长也。"《广韵·觉韵》："揱，木上小，或作槊。"《集韵·效韵》："槊，剡木杀上也。或省。"《周礼·考工记·轮人》："望其辐，欲其揱尔而纤也。"郑玄注："揱纤，杀小貌也。"偏掘，《四库全书》本同。《学海类编》本作"偏握"是，《四库全书》本《墨池编》卷六亦作"偏握"。因所握是上细下粗之的"削"管，所以会"一边偏重"。

〔21〕三斗米饭，意指煮熟三斗米饭的时间。《四库全书》本作"三斗米饵"，《学海类编》本作"三斛米饭"。宿，一夜。按：苏轼《记古人系笔》："系笔当用生毫，笔成，饭甑中蒸之，熟一斗饭乃取出，悬水瓮上数月乃可用，此古法也。"（《苏轼文集》卷七十《题跋·笔砚》）

〔22〕《法书要录》卷三载唐何延之《兰亭记》谓王羲之书《兰亭序》时"用蚕茧纸、鼠须笔，遒媚劲健"，亦未必可信。"鼠须笔"之名赫赫，但到底是何物，颇不明晓。李兆志说：这里所称的鼠，到底是老鼠，还是栗鼠或黄鼠狼？但不管是老鼠，还是黄鼠狼的胡子，目前全国各毛笔厂都不采用，这两种动物的胡须都不适宜制笔。（《中国毛笔》，114页）费在山认为，"鼠须"并非"老鼠的胡须"，而是鼬鼠即黄鼠狼的尾毫，即通常所谓"狼毫"者。（费在山《所谓"鼠须"》，《书谱》，香港，1983年卷一）潘德熙说："当然，《笔经》一书是否真是王羲之所著，尚有争议，但这'未之信'的理由是不错的。试想，一只鼠只有那么几根须，要制成一支笔，不知要捕捉多少头鼠，诚所谓'甚难得'；再说书法的'劲健'并不仰仗于笔头的特殊材料，'鼠须用未必能佳'，想来当是经验之谈。"（《文房四宝——中国书具文化》，13页）

〔23〕琉璃，西晋陆云《与兄平原书》："并视曹公（操）器物……笔亦如吴笔，砚亦尔，书刀五枚，琉璃笔一枚，所希闻。景初三年七月七日，刘婕好折之。见此期复使人怅然有感处。"象牙，《艺文类聚》卷五八引《汉官仪》："尚书令、仆、丞、郎，月给赤管大笔双，篆题曰北工作，楷于头上，象牙寸半著于笔下。"引成公绥《弃故笔赋》："建犀角之玄管，属象齿于纤锋。"傅玄《傅子》："汉末一笔之柙，雕以黄金，饰以和璧，缀以随珠，发以翠羽。此笔非文犀之植（桢），必象齿之管……用之者必被珠绣之衣，践雕玉之履。"梁元帝《谢东宫赐白牙镂管笔启》："春坊漆管，曲降深恩。北宫象牙，猥蒙沾逮。雕镂精巧，似辽东之仙物。图写奇丽，笑蜀郡之儒生。……方觉琉璃无当，随珠过侈。"管，《初学记》作"笔管"。《文房四谱》卷一《笔谱上·一之叙事》："范岫字懋宾，济阳考城人。每居，常以廉洁著称。为晋陵太守，虽牙管一双，犹以为费。"谢肇淛《五杂组》卷十二《物部四》："笔之所贵者，毫中用耳，然古今谈咏多及镂饰。刘婕好折琉璃笔管。晋武赐张茂先麟角为管。袁象赠庾廙（按：当从《南齐书》及《南史》本传作"庾易"）象牙笔管。南朝笔工铁头者（按："南朝"当作"开元"，见《酉阳杂俎》前集卷六《艺绝》），能莹管如玉。湘州守赠李德裕斑竹管。段成式寄温飞卿葫芦笔管。《西京杂记》：'天子笔管，以错宝为跗，杂宝为匣，厕以玉璧翠羽。'汉末一笔之匣，雕以黄金，饰以和璧，缀以隋珠，文以翡翠。湘东王笔有三等：金玉为上，银竹次之。至于王使君，以鼠牙

刻笔管，作《从军行》，人马毛发，屋宇山川，无不毕具。噫！精则极矣，于笔何与？譬之择姝者，不观其貌，而惟衣饰之是尚也，惑亦甚矣。欧阳通，能书者也，犹以象牙、犀角为笔管，况庸人乎？右军谓：'人有以琉璃、象牙为笔管者，丽饰则有之，然笔须轻便，重则踬矣；惟有绿沉、漆竹及镂管可爱。'余谓笔苟中书，则绿沉、漆镂，亦不必可也。"清唐秉钧《文房肆考图说》卷三《纸笔墨考·笔说》："王右军《笔经》曰：'惟有赵国毫中用。然时人咸言兔毫无优劣，管手有巧拙'之语。予意匠工果需巧手，而毫管亦须选择。我侪寒素，日事砚北，使用毛颖，何求华美？但竹簳必选坚重圆直，则手执转运，可以从心，无牵强掣肘之病。"

〔24〕踬，不顺，阻碍。《广韵·至韵》："踬，碍也。"南齐王僧虔《为飞白书题尚书省壁》："驰之不已则踬，引之不已则逸。"（《全齐文》卷八）按：这里是说笔杆上的镶嵌装饰太多，笔杆的分量就重，对运笔有所妨碍。又屠隆《考槃余事》卷二《笔·管》："古有金管、银管、斑管、象管、玳瑁管、玻璃管、镂金管、绿沉漆管、棕竹管、紫檀管、花梨管，然皆不若白竹之簿（薄）标者，为管最便持用。笔之妙尽矣！他又何尚焉？"可与此互注。

〔25〕《初学记》引无"近"字。《笔谱上·一之叙事》《事类赋》卷十五注引"管"前有"竹"字。绿沉，一种工艺制作出来的颜色。然历来对此颇多争议，而王懋的见解最为通达，其《野客丛书》卷五《竹坡言绿沉枪》云："仆尝考之，所谓绿沉者，不可专指一物，顾所指何物耳。如梁武帝食绿沉瓜，是指瓜也；如人以绿沉漆管笔遗王逸少，是指笔也；如刘邵赋'六弓四弩，绿沉黄间'，古乐府'绿沉明月弦'，唐太宗诗'羽骑绿沉弓'，是指弓也。以至宋元嘉间，广州作绿沉屏风，石季龙用绿沉扇，是亦有绿沉之说。岂可专指一物为绿沉哉？……盖有物色之深者为绿沉也。"明人杨慎的见解亦可参考，其《升庵诗话》卷八《绿沉》："予考绿沉乃画工设色之名。《邺中记》云：'石虎造象牙桃枝扇，或绿沉色，或木兰色，或紫绀色，或郁金色。'王羲之《笔经》云：'有人以绿沉漆管见遗。'《南史》梁武帝西园食绿沉瓜，是绿沉即西瓜皮色也。"杭世骏《订讹类编》卷六"绿沉枪"："人以绿沉漆管遗王逸少……盖有物色之深者，为绿沉也。……愚案：沉，深也。绿沉，深绿色也。"亦可谓简当。用今天的话说，"绿沉漆"就是以较深沉的绿色髹漆底色的漆器，是魏晋南北朝时期漆器工艺中的一项创造。（王树村《中国工艺美术史》，261页）

〔26〕录，收藏，《世说新语·政事》："（陶侃）作荆州时，敕船官悉录锯木屑，不限多

少。"《宋书·张邵传》："唯得一画扇,乃缄录之。"按：以上言笔管制作及选择。

〔27〕"贵",《初学记》作"宝"。

〔28〕谢安石,《书断》中《妙品》："谢安字安石,陈郡阳夏人。十八征著作郎,辞疾,寓会稽,与王逸少、许询、桑门支遁等游处十年,累迁尚书仆射。太元十年卒,赠太傅,谥文靖公,年六十六。人皆比之王导,谓文雅过之。学草、正于右军,右军云：'卿是解书者,然知解书为难。'安石尤善行书,亦犹卫洗马,风流名士,海内所瞻。王僧虔云：'谢安得入能书品录也。'安石隶、行、草并入妙。"庾穉恭,《书断》中"能品"条："庾翼字稚恭,颍川鄢陵人,明穆皇后弟,安西将军、荆州刺史。善草、隶书,名亚右军。兄亮,字符规,亦有书名。尝就右军求书,逸少答云：'稚恭在彼,岂复假此。'尝复以章草答亮,示翼,乃大服。因与王书云：'吾昔有伯英章草十纸,因丧乱遗失,尝谓人曰妙迹永绝。今见足下答家兄书,焕若神明,顿还旧观。'永和九年卒,年四十一。"按：羲之尝与谢安一帖论及毛笔优劣云："复与君,斯真草所得,极为不少,而笔至恶,殊不称意。"(《全晋文》卷二引《旧写本书钞》)世传庾翼亦善制笔,唐段成式《寄余知古秀才散卓笔十管软健笔十管书》："其后仲将稍精,右军益妙,张芝遗法,庾氏新规。"吾,《学海类编》本及《四库全书》本作"我"。

〔29〕靳,吝惜。《后汉书·崔寔传》："悔不小靳。"李贤注："靳,固惜之也。"

三、传为《笔经》制笔语笺释[1]

本则文字在苏易简《文房四谱》中未见收录，明董斯张《广博物志》卷三十《艺苑五·笔》、杨慎《升庵外集》卷十九《器用·文具》同标为"韦诞笔经"。高濂《遵生八笺·燕闲清赏笺中卷·论笔》引录，未标明作者和题名。甚有论者直以为是王羲之《笔经》，也不足信。有可能是宋以后或明代人伪托。明陆深《春雨堂随笔》在引录后，谓"此数言简约，未知谁所为，可题为《笔经》"，态度较为审慎。虽然本则文字"未知谁所为"，但所论对于毛笔的制作却不乏参考价值，故予收录。清陈元龙《格致镜原》卷三十七、梁同书《笔史·笔之制》亦题作"韦诞笔经"，当本自明人，其所录较为周全，即用作底本。

制笔之法：桀者居前[2]，毳者居后[3]。强者为刃[4]，奘者为辅[5]。参之以爇[6]，束之以管，固以漆液[7]，泽以海藻。濡墨而试，直中绳，勾中钩，方圆中规矩，[8]终日握而不败，故曰笔妙。(《格致镜原》卷三十七《文具类·笔》)

〔1〕此标题为笔者所拟。

〔2〕桀，强健，与后表示细软的"毳"字义相对。《诗经·卫风·硕人》："庶士有朅。"陆德明释文："《韩诗》作桀，云：'健也。'"此句意为强健的笔毛放在前面。

〔3〕毳，《说文》："毳，兽细毛也。"此句意为柔细的笔毛放在后面。

〔4〕强，《广博物志》卷三十《艺苑五·笔》作"彊"。刃，《格致镜原》《广博物志》误作"刅"，按：《说文》："刅，伤也。"此径改。《说文》："刃，刀坚也。"此指强健的毛笔中心，即笔柱。

〔5〕耎，《升庵外集》卷十九作“愞”，《广博物志》作“懦”。按：耎，柔弱。《苍颉篇》：“耎，柔弱也。弱也，物柔曰耎。”（王国维《重辑苍颉篇》卷下，《王国维全集》第六卷）愞，同“懦”，亦柔软义。《左传》僖公二年：“懦而不能强谏。”杜预注：“懦，弱也。”《艺文类聚》卷九十二夏侯湛《玄鸟赋》：“拾柔草以自藉，采懦毛以为蓐。”此指柔弱的笔毛为副毛，即披毛。《春雨堂随笔》误作“要”。

〔6〕檾，《说文》：“檾，枲属。”《尔雅翼・释草》：“檾，枲属，高四五尺或六七尺，叶似苎而薄，实大如麻子，今人绩以为布及造绳索。”《尔雅・释草》：“枲，麻也。”《说文》同。按：《遵生八笺・燕闲清赏笺中卷・论笔》作“苘”，《集韵・迥韵》：“苘，枲属。”傅玄《笔赋》：“缠以素枲。”又按：檾，《升庵外集》卷十九作“檾”，杨慎注云：“今按：当作縨。”“檾”乃“檾”之形近而误，而“縨”似苎，在丧礼上可替代檾。《礼记・杂记下》：“如三年之丧，则既縨。”郑玄注：“縨，草名，无葛之乡，去麻则用縨。”

〔7〕蔡邕《笔赋》：“加漆丝之缠束。”傅玄《笔赋》：“纳以玄漆。”成公绥《弃故笔赋》：“加胶漆之绸缪，结三束而五重。”

〔8〕《荀子・劝学》：“木直中绳，𫐓以为轮，其曲中规。”

四、蔡邕《笔赋》[1]校注

　　蔡邕（133—192），字伯喈，陈留圉（今河南杞县南）人，东汉时著名学者、文学家、书法家、音乐家。熹平四年（175）与堂溪典、杨赐等正《六经》文字，写经于碑石，世谓"熹平石经"。后上书论朝政阙失，遭诬，流放。董卓专权，迫为侍御史。卓被诛后，被王允收捕，死于狱中。汉献帝时曾拜左中郎将，故后人也称其为"蔡中郎"。著有《蔡中郎集》，有辑本。蔡邕通经史，善辞赋，精书法。其论书法文字，世传《笔论》《九势》乃假托其名者，唯《篆势》《隶势》可靠。《笔赋》则是他论述和赞颂毛笔的一篇有名的文字，清严可均《全后汉文》据《艺文类聚》《初学记》辑录。宋代佚名《古文苑》亦有收录，并有章樵的简单注释。今以清陆氏《十万卷楼丛书》本苏易简《文房四谱》为底本，清吴志忠《蔡中郎集补》参校，并施以注释。

　　序曰[2]：昔苍颉创业[3]，翰墨作用，书契兴焉[4]。夫制作上圣[5]，（立）则宪者，莫先乎笔[6]；详原其所由，究察其成功[7]，铄乎焕乎[8]，弗可尚矣。赋曰：

　　惟其翰之所生[9]，生于季冬之狡兔[10]。性精亟而慓悍[11]，体遄迅而骋步[12]。削文竹以为管[13]，加漆丝之缠束[14]。形调抟以直端[15]，染玄墨以定色[16]。画乾坤之阴阳，赞宓羲之洪勋[17]。尽五帝之休德[18]，扬荡荡之明文[19]。纪三王之功伐兮[20]，表八百之肆觐[21]。传六经而缀百氏兮[22]，建皇极而序彝伦[23]。综人事于唵昧兮[24]，赞幽冥于明神[25]。象类多喻[26]，靡施不协[27]。上刚下柔，乾坤位也[28]。新故代谢，四时次也[29]。圆和正直，规矩极也[30]。玄首黄管，天地色也[31]。（《文房四谱》卷二《笔谱下·五之辞赋》，《十万卷楼丛书》本）

〔1〕《古文苑》卷七章樵题注："古者，简牍画以铅椠，至秦蒙恬始制笔。《释名》：'笔，述也，述事而书之。'"

〔2〕《古文苑》无此序。"序曰"至下"赋曰"，当是苏易简所加。

〔3〕苍颉，又作"仓颉"。按：陈直据居延汉简《苍颉篇》各简皆作"苍颉"，无作"仓颉"者，指出"苍仓二字，在两汉人随写，并无严格之区别"（详见所著《居延汉简研究·居延汉简综论》三七《〈苍颉〉〈急就篇〉的残简》，157页）。

〔4〕作用，《北堂书钞》卷一百四作"用焉"，无"书契兴焉"句。书契，《尚书序》："古者，伏牺氏之王天下也，始画八卦，造书契，以代结绳之政，由是，文籍生焉。"注："书者，文字；契者，刻木而书其侧，故曰书契也。一云：以书契约其事也。郑玄云：'以书书木边，言其事，刻其木谓之书契也。'"

〔5〕上圣，至圣。《汉书·孙宝传》："宝曰：周公上圣，召公大贤。尚犹有不相说，著于经典，两不相损。"

〔6〕则宪者，《初学记》卷二十一作"立宪者"，"立"字当据补。则，吴志忠本作"垂"，校云："各本作则，今正。"则宪，法规、法则。莫先乎笔，《北堂书钞》作"莫隆乎笔"。

〔7〕成功，成就功业。《尚书·禹贡》："禹锡玄圭，告厥成功。"

〔8〕铄，《文选》卷十一何晏《景福殿赋》："故其华表，则镐镐铄铄，赫奕章灼，若日月之丽天也。"李善注："镐镐铄铄，赫奕章灼，皆谓光显昭明也。"

〔9〕翰，《文选》卷九扬雄《长杨赋》："故藉翰林以为主人。"李善注：《说文》曰：'毛长者曰翰。'"

〔10〕吴志忠本无"生"字，承上读，有则于义为长。季冬之狡兔，章樵注："兔经霜则毫健。"《文房四谱》卷二《笔谱下·五之辞赋》唐张碧《答张郎中分寄翰林贡余笔歌》："圆金五寸轻错刀，天人摘落霜兔毛。"按：季冬，若依此则"冬兔"也。参本卷《王羲之〈笔经〉校笺》注。

〔11〕本句及后句"而"字，吴志忠本作"以"。章樵注："兔性若此，毫之轻健劲捷似之，宜制以为笔。"亟，快速、迅疾。《说文》："亟，敏疾也。"慓悍，吴志忠本同，《艺文类聚》卷五十八作"摽悍"，《古文苑》作"标悍"。按：字本作"剽悍"，《汉书·陈汤传》："且其人剽悍，好战伐。"

〔12〕遄迅，疾速。《尔雅·释诂下》："遄，疾也。"《艺文类聚》作"遄近"，误。而，一本作"以"。

〔13〕文竹，有花纹的竹子。

〔14〕傅玄《笔赋》："缠以素枲，纳以玄漆。"成公绥《弃故笔赋》："加胶漆之绸缪，结三束而五重。"

〔15〕调抟，指将兔毫理顺后扎缚卷紧。《说文》："调，和也。"《周礼·考工记·鲍人》："卷而抟之，欲其无迆也。"郑玄注："郑司农曰：'抟'，读为'缚一如瑱'之缚。谓卷缚韦革也。"孙诒让正义："云'谓卷缚韦革也'者，《左传》杜注云：'缚，卷也。'段玉裁云：'易抟为缚，缚谓卷之紧也。'"直端，《广雅·释诂一》："端、直，正也。"

〔16〕玄墨，玄，泛指黑色。《广雅·释器》："玄，黑也。"

〔17〕画，《初学记》《古文苑》同，《艺文类聚》作"书"。宓羲，《初学记》作"宓皇"，《古文苑》作"虙皇"，章樵注："虙牺始画八卦。"《汉书·百官公卿表》："《易》叙宓羲、神农、黄帝，作教化民，而传述其官，以为宓羲龙师名官。"应劭注："宓羲氏始作八卦，神农氏为耒耜，黄帝氏作衣裳，神而化之，使民宜之。"颜师古注："见《易》下系。宓音伏，字本作虙，转写讹谬耳。"

〔18〕尽，《艺文类聚》《古文苑》作"叙"。休德，美德。《汉书·高后纪》："万民大安，莫不受休德。"颜师古注："休，美也，音虚虬反。"

〔19〕荡荡，平坦宽广。章樵注："尧，荡荡乎民，无能名。"《尚书·洪范》："无偏无党，王道荡荡。"孔传："言开辟。"《汉书·东方朔传》颜师古注："《周书·洪范》之辞也。荡荡，平坦之貌。"明文，《古文苑》同，《艺文类聚》《初学记》、吴志忠本作"典文"。

〔20〕三王，《史记·殷本纪》："于是周武王为天子。其后世贬帝号，号为王。"司马贞索隐："按：夏、殷天子亦皆称帝，代以德薄不及五帝，始贬帝号，号之为王，故本纪皆帝，而后总曰'三王'也。"功伐，《汉书·高帝纪》："非有功伐，何以得专主约。"颜师古注："积功曰伐。《春秋左氏传》曰'大夫称伐'。"吴志忠本作"功代"，误。

〔21〕章樵注："武王至孟津，诸侯不期而会者八百国。"按：事见《尚书·泰誓》："遂至盟津，八百诸侯不召自来，不期同时，不谋同辞，皆曰：'帝纣可伐矣。'"

肆觐，朝觐。《尚书·舜典》："岁二月，东巡守，至于岱宗。柴望秩于山川，肆觐东后。"《艺文类聚》作"肆勤"，误。

〔22〕六经：《史记·司马相如传》："五三六经，载籍之传，维见可观也。"司马贞索隐："案：《六经》，《诗》《书》《礼》《乐》《易》《春秋》也。"缀，连结。《广雅·释诂四》："缀，连也。"《艺文类聚》作"辍"，非。百氏，诸子百家。《汉书·叙传下》："总百氏，赞篇章。"

〔23〕《尚书·洪范》："惟十有三祀，王访于箕子。王乃言曰：呜呼箕子。惟天阴骘下民，相协厥居，我不知其彝伦攸叙。……五，皇极：皇建其有极。"彝伦，孔传："言我不知天所以定民之常道理次叙，问何由。"皇极，孔颖达疏："皇，大也；极，中也。施政教，治下民，当使大得其中，无有邪僻。故演之云大中者，人君为民之主，当大自立其有中之道，以施教于民。"

〔24〕人事，《汉书·律历志》："夫历《春秋》者，天时也，列人事而因以天时。"晻昧，即暗昧，不明貌。《汉书·楚元王传》："往者众臣见异不务自修，深惟其故，而反晻昧说天，托咎此人。"颜师古注："晻，不明也，读与暗同，又音乌感反。"

〔25〕赞，《周易·说卦传》："幽赞于神明而生蓍。"释文："幽，深也；赞，明也。"《汉书·叙传下》："总百氏，赞篇章。"颜师古注："赞，明也。"幽冥，即上文之晻昧。《汉书·刘歆传》载其移书太常博士："至于国家将有大事，若立辟雍封禅巡狩之仪，则幽冥而莫知其原。"颜师古注："幽冥犹暗昧也。"明神，日月。《诗经·大雅·云汉》："敬恭明神，宜无悔怒。"《国语·周语上》："古者，先王既有天下，又崇立上帝、明神而敬事之。"韦昭注："明神，日月也。"作"神明"者盖误。

〔26〕象类，形象类比。《文选》卷十一王延寿《鲁灵光殿赋》："随色象类，曲得其情。"喻，明晓。《论语·里仁》："君子喻于义。"皇侃疏："喻，晓也。"

〔27〕靡施不协，施用无不协调。

〔28〕《周易·恒》："彖曰：恒，久也。刚上而柔下，雷风相与，巽而动，刚柔皆应。恒。恒亨无咎。利贞，久于其道也。天地之道，恒久而不已也。"此句蔡邕借《易》理"刚柔""乾坤"观念，以喻毛笔之物质性。按：自本句"乾坤"及后诸句"四时""规矩""天地"下《艺文类聚》引，并有"之"字。

〔29〕《列子·汤问》："含万物也故不穷。"张湛注："乾坤含化，阴阳受气，庶物流

形，代谢相因，不止于一生，不尽于一形，故不穷也。"

〔30〕《孟子·离娄》："孟子曰：规矩，方员（圆）之至也；圣人，人伦之至也。"《礼记·经解》："绳墨之于曲直也，规矩之于方圆也。故衡诚县，不可欺以轻重；绳墨诚陈，不可欺以曲直；规矩诚设，不可欺以方圆。"

〔31〕《周易·坤》："夫玄黄者，天地之杂也。天玄而地黄。"玄首，指笔毫。黄管，指笔管。

五、皇象论笔墨札笺[1]

皇象，字休明，生卒年不详，广陵江都（今江苏扬州）人，官至侍中、青州刺史，三国吴国书法家，时有"书圣"之誉。宋代董逌在《广川书跋》"张友正草字"跋语中节录了皇象信中的一段文字，清严可均《全三国文》据以收录。皇象在此信中论述了笔、墨、纸三种工具与书写者心境的关系，是很有价值的一篇文献。

欲见草书，漫漫落落，宜有精毫鼗笔[2]，委曲宛转不叛散者[3]，纸当得滑密不粘污者，墨又须多胶绀黝者[4]。如逸豫之余[5]，手调适而心欢娱[6]，可以小展。[7]（《广川书跋》卷七"张友正草字"条）

〔1〕此标题为笔者所拟。杨慎《丹铅总录》卷十五《字学类》、《升庵集》卷六十二题作"皇象书帖语"，《佩文斋书画谱》题作"论草书"，严可均《全三国文》卷七十四题作"与友人论草书"；今为突出这段文字的主题，故另拟。据张天弓先生考证，皇象此信盖作于吴赤乌五年（242）至十三年（250）之间，皇象约五十余岁。张氏又论其意义云，今存三国时期书论史料奇缺，且零碎杂乱。皇象《与友人论草书》则是其中仅存的极少数书论文献之一，对于研究古代书论的起源具有重要价值。（张天弓《皇象〈与友人论草书〉考》，《张天弓先唐书学考辨文集》）

〔2〕鼗，董逌原注："而兖切，柔皮。"杨慎《丹铅总录》卷十五《字学类》注："鼗，古软字，善书者始能用软笔也。"按：《说文》："柔韦也。从北，从皮省，从夐省。凡鼗之属皆从鼗。读若耎。""从北从皮省从夐者"，小徐本作"从北皮省夐省"。段玉裁改字头作"夐"，注："柔者，治之使鞣也。韦，可用之皮也。《考工记》注曰：'《苍颉篇》有鞄夐。'"

〔3〕叛散，此指笔毛散乱不顺，即韦诞《笔方》所谓的"髻茹"。谢肇淛《五杂组》卷十二《物部四》："草书笔须柔，然过柔无锋，近墨猪矣。皇象谓：'草书欲得

精毫甦笔，委曲宛转不叛散者，非神手不能道此笔中事也。'"

〔4〕粘，一本作"沾"。绀，深青色。《说文》："绀，帛深青扬赤色。"段玉裁注："贾氏《考工》疏云：'缥入赤汁则为朱，不入赤汁而入黑汁则为绀。'贾说非也。入深青乃为绀，入黑乃为緅矣。"黰，《说文》："微青黑色。"

〔5〕逸豫，安乐、逸乐。《诗经·小雅·白驹》："尔公尔侯，逸豫无期。"孔颖达疏："何为逸乐无期以反也。"按："逸乐"，《毛诗传笺通释》作"逸豫"。

〔6〕欢娱，《全三国文》作"佳娱"。

〔7〕按：宋周密《癸辛杂识前集·笔墨》引皇象此书异文颇多，录以参考："皇象云：'真措毫笔，委曲宛转不叛散，尝滑密沾污，墨须多胶绀黰者，如此逸豫余日，手调适而欢娱，正可小展试。'"

六、傅玄笔论四篇校笺

　　傅玄（217—278），字休奕，北地郡泥阳（今陕西耀州）人，出生于邺城（今河北临漳）。西晋初年文学家、思想家和政治家。傅玄少时避难于河内，专心诵学。后虽显贵，而著述不废。曹魏时历任弘农太守、典农校尉。司马炎为晋王，以傅玄为散骑常侍。及受禅，进爵为子，加驸马都尉。后拜御使中臣，迁太仆，转司隶校尉。著有《傅子》一百二十卷、《傅玄集》五十卷（《新唐书》），后世有辑本。傅玄有四篇述及毛笔的文字，分别是《笔赋》《鹰兔赋》《笔铭》和《傅子·校工篇》中论汉末笔的一段文字。这四篇文字具被苏易简收录于《文房四谱·笔谱》中，一些较早的类书也有摘录，字句间互有出入，需要进行校勘，加之时代较远，有些字句也要施以笺释。此以《学海类编》本为底本。

1. 笔赋

　　简修毫之奇兔[1]，撰珍皮之上翰[2]。濯之以清水，芬之以幽兰。嘉竹挺翠，彤管含丹[3]。于是班匠竭力[4]，良工逞术。缠以素枲[5]，纳以玄漆。丰约得中[6]，不文不质[7]。尔乃染芳松之淳烟兮[8]，写文象于纨素[9]。动应手而从心[10]，焕光流兮星布。柔不丝屈，刚不玉折[11]。锋锷淋漓，芒趮针列[12]。（《文房四谱》卷二《笔谱下·五之辞赋》）

〔1〕简修毫，挑选长毫。《周礼·夏官·大司马》："简稽乡民。"郑玄注："简谓比数之。"

〔2〕撰，《艺文类聚》作"选"。按："撰"与"选"同，《集韵·狝韵》："选，择也。或从手。"《周礼·夏官·大司马》："群吏撰车徒，读书契。"贾公彦疏："择取

其善者。"上翰，上等的长毫毛。《文选》卷九扬雄《长杨赋》："故藉翰林以为主人。"李善注："《说文》曰：毛长者曰翰。"

〔3〕《诗经·邶风·静女》："静女其娈，贻我彤管。彤管有炜，说怿女美。"郑玄笺："彤管，笔赤管也。"按：历来对《诗经》"彤管"之义的理解颇异。详见本书上卷《彤管——古笔研究中一个被误解的名物》一文。

〔4〕班匠，公输班、匠石。《文选》卷十七王褒《洞箫赋》："班匠施巧，夔妃准法。"李善注："郑玄曰：'般，伎巧者。'《庄子》曰：'匠石之齐，见栎社树，匠伯不顾。'司马彪曰：'匠石，字伯。'"竭力，《艺文类聚》《初学记》《全晋文》并作"竭巧"。按：作"竭巧"是。

〔5〕素枲，白色的麻线。《尔雅·释草》："枲，麻也。"《说文》同。蔡邕《笔赋》："削文竹以为管，加漆丝之缠束。"成公绥《弃故笔赋》："加胶漆之绸缪，结三束而五重。"

〔6〕丰约，此指笔杆的粗细。

〔7〕不文不质，指笔杆上的纹饰不过于繁缛和质朴。傅玄对毛笔笔杆上过度的雕饰，是持批判态度的。

〔8〕芳松之淳烟，松树烧制的纯净烟墨。《齐民要术》卷九引韦诞："合墨法：好醇烟，捣讫，以细绢筛。"《初学记》卷二十一曹植《乐府诗》："墨出青松烟，笔出狡兔翰。"成公绥《弃笔赋》："染青松之微烟，著不泯之永踪。"

〔9〕文象，文字。《艺文类聚》卷五十五引《尚书璇玑钤》："《尚书篇题号》：'尚者上也，上天垂文象，布节度书也，如天行也。'"《文心雕龙·练字》："夫文象列而结绳移，鸟迹明而书契作。"纨素，绢。见本卷《韦诞奏论笔墨事笺》注。

〔10〕动应手而从心，王羲之《笔经》："夫秋兔为用，从心任手。"而，彭砺志录作"以"。

〔11〕涣光流兮星布，"涣"，《十万卷楼丛书》《四库全书》本作"焕"。"兮"，《北堂书钞》卷一百四、《四库全书》本、《全晋文》卷四十五作"而"。丝屈，即韦诞《笔方》所谓的"髶茹"。玉折，《文选》卷六十颜延年《祭屈原文》："兰薰而摧，玉缜则折。"李善注："《语林》曰：毛伯成负其才气，常称宁为兰摧玉折，不作蒲芬艾荣。《管子》曰：夫玉折而不挠，勇也。"此句意为笔毛不因柔软而像丝线一样缠屈散乱，不因刚劲而如玉那样容易折断。

〔12〕芒踔针列，《说文》："芒，草端也。"指草的尖端。此指笔毫的尖端。踔，竖立，

《淮南子·修务》："鹤跱而不食。"高诱注："跱，立。"此句谓笔毛像针一样竖立排列。

2. 鹰兔赋[1]

兔谓鹰曰：毋害于物，有益于世[2]。华髦被体，彤管以制[3]。苍颉创业，以兴书契[4]。仲尼赖兹[5]，定此文艺[6]。拟则天地，图画万方[7]。经理群品，宣综阴阳[8]。内敷七政[9]，班序明堂[10]。道运玄昧[11]，非笔不光。三皇德化[12]，非笔不章。(《文房四谱》卷二《笔谱下·五之辞赋》)

秋霜一下，兰艾俱落[13]。(《文选》卷五十四刘孝标《辩命论》李善注引)

我之二兄，长曰元鹗，次曰仲雕。吾曰叔鹰[14]，亦好斯武[15]。(《玉烛宝典》卷六)

〔1〕彭砺志曰："按：《全晋文》卷四十六据《初学记》卷二十一仅辑得文前四句，《先唐赋辑补》作者据《玉烛宝典》卷六、《文选》卷五十四《辩命论》注又新辑得二段七句，均不及此段文字。换言之，《文房四谱》中保存傅玄《鹰兔赋》的佚文最多。"现将三段佚文合并。按：此篇是借鹰与兔之间对话的形式而作。

〔2〕毋，《初学记》卷二十一引作"汝"，严可均据此认为"有"疑当作"我"。这是兔对鹰所说，严说可从。

〔3〕华髦，华丽的毛发。《说文》："髦，发也。"段玉裁谓当作："髦，髦发也。"《广雅·释器》："髦，毛也。"体，《初学记》引作"札"，恐非。

〔4〕见蔡邕《笔赋》注。

〔5〕兹，彭砺志录作"之"。

〔6〕《文心雕龙·养气》："是以吐纳文艺。"詹锳义证："文艺，文章技巧。"

〔7〕彭砺志校："四库本作'圆尽'，《学海类编》《十万卷楼丛书》本皆作'图画'，寻绎文义，当作'图尽'为宜。"按："图画"自是习语，作"图尽"反较生疏。

王逸《楚辞·天问序》："见楚有先王之庙，及公卿祠堂，图画天地山川神灵，琦玮僪佹，及古贤圣怪物行事，周流罢倦，休息其下，仰见图画，因书其壁，呵而问之，以渫愤懑，舒泻愁思。"又"拟则""图画"皆动词，并同义复词。

〔8〕宣综，《宋书·沈庆之传》："或尽诚谋初，宣综戎略。"

〔9〕敷，敷陈、敷扬。《诗经·商颂·长发》："敷政优优，百禄是遒。"孔颖达疏："敷陈政教，则优优而和美。"七政，《史记·五帝本纪》："舜乃在璇玑玉衡，以齐七政。"裴骃集解："郑玄曰：璇玑，玉衡，浑天仪也。七政，日月五星也。"

〔10〕班序，《国语·齐语》"管仲对桓公以霸术"："班序颠毛，以为民纪统。"韦昭注："班，次也。序，列也。"明堂，《孟子·梁惠王下》："夫明堂者，王者之堂也。"《礼记·明堂位》孔颖达疏引蔡邕《明堂月令章句》："明堂者，天子大庙，所以祭祀。夏后氏世室，殷人重屋，周人明堂，飨功养老，教学选士，皆在其中。"

〔11〕道运，《弘明集》卷十二习凿齿《与释道安书》："道运时迁，俗未金悟。"同书卷十四释僧祐《弘明论后序》："若疑汉魏法微，晋代始盛者，道运崇替未可致诘也。"

〔12〕彭砺志校："四库本作'三皇德孔'，此据它本改。"按：作"德化"是，犹德政也。《汉书·平帝纪》："太仆王恽等八人使行风俗，宣明德化，万国齐同。"

〔13〕此条及下条佚文彭砺志漏辑。此条佚文应是兔所说，即向鹰证明在秋天万物凋零之季，其毫却最佳，所谓"秋兔之毫"。

〔14〕叔，《古逸丛书》《丛书集成初编》本《玉烛宝典》俱作"升"，误。按：当系"叔"之异体与"升"形近而讹。

〔15〕此条佚文应是鹰所说。疑此句当在最前，从语气上看，鹰是首先提出话题者，然后兔再陈述理由。

3. 笔铭[1]

韡韡彤管，冉冉轻翰[2]。正色玄墨[3]，铭心写言。光赞天人[4]，深厉未然[5]。君子世之[6]，无攻异端[7]。（《文房四谱》卷二《笔谱下·五之辞赋》）

〔1〕《初学记》卷二十一引至"铭心写言"。

〔2〕韡韡，光明鲜亮。《诗经·小雅·常棣》："鄂不韡韡。"毛传："韡韡，光明也。"冉冉，柔弱下垂貌，或作"冄"。《说文》："冄，毛冄冄也。"段玉裁注："冄冄者，柔弱下垂之貌。"轻翰，轻柔的笔毛。曹植《娱宾赋》："文人骋其妙说兮，飞轻翰而成章。"沈约《晨征听晓鸿》诗："集劲风于弱躯，负重雪于轻翰。"

〔3〕正色，《礼记·玉藻》："衣正色，裳间色。"孔颖达疏："皇氏云：正谓青、赤、黄、白、黑五方正色也。"

〔4〕光赞，光辅、辅佐。《文选》卷二十四潘岳《为贾谧作赠陆机》："齐辔群龙，光赞纳言。"李善注："郑玄《周礼注》曰：赞，佐也。"

〔5〕深厉，深加勉励。《诗经·邶风·匏有苦叶》："深则厉，浅则揭。"毛传："以衣涉水为厉，谓由衣带以上也。揭，褰衣也。遭时制宜，如遇深水则厉，浅则揭矣。"今人周文德认为："'深则厉，浅则揭'在《诗》中的确切含义应是指遇水深处，本当揭衣而渡，却立石于水中，履石跨水；遇水浅处，本该履石跨水，却解脱下衣服，用手高举着渡水。""旨在'刺'人违背常理，办事颠倒，不合时宜。"（《〈诗〉"深则厉，浅则揭"解诂》，《四川大学学报（哲学社会科学版）》2001年第5期）未然，尚未发生之事。此所谓"深厉未然"，结合前句宣扬、宣导（光赞）"天人"之事，是指笔可以帮助人们预知尚未发生的事情。

〔6〕世，继承。《汉书·贾谊传》："贾嘉最好学，世其家。"颜师古注："言继其家业。"

〔7〕《论语·为政》："子曰：'攻乎异端，斯害也已。'"

4. 论汉末笔 [1]

（前略）尝见汉末一笔之柙 [2]，雕以黄金，饰以和璧，缀以随珠 [3]，发以翠羽 [4]。此笔非文犀之植，必象齿之管 [5]，丰狐之柱 [6]，秋兔之翰 [7]。用之者必被珠绣之衣，践雕玉之履 [8]。由是推之，其极靡不至矣。（后略）（《傅子》卷上《校工》，钱熙祚辑，道光金山钱氏刊《指海》本）

〔1〕此标题为笔者所拟。《校工》篇是傅玄《傅子》中的一篇，旨在批判奢靡之风对

国家的危害。本段文字是傅玄描绘他所见到汉末的一只装饰极其华丽，用于装笔的匣子，并猜测原本放在里面的毛笔，必定不是一般的制作，能够使用它的人也绝非常人。以此为证，批判奢靡风气。这段文字亦经常被后世论笔者所引用，因加以笺校。

〔2〕柙，《全晋文》卷四十七、《文房四谱》卷一《笔谱上·二之造》同。《北堂书钞》卷一百四、《艺文类聚》卷五十八作"押"，古字木、扌两旁可通用。《初学记》卷二十一引有三次，皆作"匣"。按：柙通匣，《庄子·刻意》："柙而藏之，不敢用也。"

〔3〕和璧、随珠，即和氏璧、随侯珠。见《韩非子·和氏》、《淮南子·览冥》高诱注、《搜神记》卷二十。随，《文房四谱》作"隋"，《北堂书钞》孔广陶校："案'隋'本作'随'，开皇后始省笔耳。"

〔4〕钱熙祚校："《事类赋》十五、《御览》六百五作'文以翡翠'。"按：《初学记》《文房四谱》亦作"文以翡翠"，《北堂书钞》《艺文类聚》作"发以翡翠"。

〔5〕文犀：有花纹色彩的犀牛或犀牛角。《后汉书·马援传》："及卒后，有上书谮之者，以为前所载还，皆明珠文犀。"李贤注："犀之有文彩也。"中华书局点校本校勘记："犀之有文彩也，按：《校补》谓'之'当作'角'。"植，此指笔杆。钱熙祚校："《事类赋》《御览》作'桢'。"段公路《北户录》卷二"鸡毛笔"条崔龟图注引《傅子》《文房四谱》亦作"桢"。《北堂书钞》孔广陶校："'桢'作'植'，或作'楨'，则是宋人影钞时，因仁宗讳'祯'兼避也。"按：作"植"作"桢"皆可。《诗经·大雅·文王》："王国克生，维周之桢。"毛传："桢，干也。"《周礼·夏官·大司马》："大役，与虑事，属其植。"郑玄笺："植，筑城之桢也。"孙诒让正义："凡木之直立谓之植、桢、干。"本句可与成公绥《弃故笔赋》"建犀角之玄管，属象齿于纤锋"句互注。按：犀象和角牙自来是远方朝贡而来之珍贵物材。《盐铁论·力耕》："珠玑犀象出于桂林，此距汉万有余里。计耕桑之功，资财之费，是一物而售百倍其价也，一揖而中万钟之粟也。"参本书上卷《汉唐时代笔管的奢丽制作》。

〔6〕丰狐，硕大的狐狸。《庄子·山木》："夫丰狐、文豹，栖于山林，伏于岩穴，静也。"司马云："丰，大也。"段公路《北户录》卷二"鸡毛笔"条："且笔有丰狐之毫，虎仆之毛。"柱，笔柱、笔心，见本卷《韦诞〈笔方〉校议》及《王羲之〈笔经〉校笺》注。

〔7〕秋兔，见本卷《王羲之〈笔经〉校笺》注。

〔8〕珠绣，《艺文类聚》作"朱绣"。钱熙祚校："《书钞》二十'披珍玉之衣'。"

七、成公绥《弃故笔赋》校笺[1]

　　成公绥（231—273），东郡白马（今河南滑县）人，西晋著名文学家。《晋书》本传称其：幼而聪敏，博涉经传。性寡欲，不营资产，家贫岁饥，常晏如也。少有俊才，词赋甚丽，闲默自守，不求闻达。张华雅重绥，每见其文，叹伏以为绝伦，荐之太常，征为博士。历秘书郎，转丞，迁中书郎。每与华受诏并为诗赋，又与贾充等参定法律。泰始九年卒，年四十三。所著诗赋杂笔十余卷行于世。《隋书·经籍志》录有《晋著作郎成公绥集》十卷，已佚。明张溥《汉魏六朝百三家集》辑有《成公子安集》。成公绥不仅是辞赋创作高手，而且对于这种文体的性质也有非常独到的见解，他说："赋者贵能分赋物理，敷演无方，天地之盛，可以致思矣。"他的这篇《弃故笔赋》，对毛笔的性质的认识确实做到了"分赋物理，敷演无方"。

　　序曰[2]：治世之功莫尚于笔。笔者，毕也，能毕举万物之形，序自然之情也[3]。（即圣人之志，非笔不能宣，实天地之伟器也！）[4]力未尽而弃之粪扫，有似古贤之不遇，于是收取，洗而弃之，用其力而残其身焉。[5]

　　有苍颉之奇生，列四目而兼明[6]。慕羲氏之画卦[7]，载万物于五行。乃发虑于书契[8]，采秋毫之颖芒[9]。加胶漆之绸缪，结三束而五重[10]。建犀角之玄管[11]，属象齿于纤锋[12]。染青松之微烟[13]，著不朽之永踪[14]。则象神仙[15]，人皇九头[16]。式范群生，异体怪躯。注王度于七经[17]，训河洛之谶纬[18]。书日月之所躔[19]，别列宿之舍次[20]，乃皆是笔之勋。人日用而不寤[21]，迄书力于万钧[22]，卒见弃于衢路[23]。（《文房四谱》卷二《笔谱下·五之辞赋》）

〔1〕彭砺志《〈先唐赋辑补〉拾遗四则》亦有辑录。

〔2〕《成公子安集》《艺文类聚》无"序曰"二字，当为苏易简编《文房四谱》时所加。

〔3〕"笔"与"毕"二字声近相谐，即以"毕"之义，训释"笔"之义，是东汉以来注释家声训之法。

〔4〕此句《文房四谱》《艺文类聚》并无，据《成公子安集》补。然《全晋文》所据为《类聚》，却有此句，"圣人之志"作"圣人之心"。

〔5〕此句唯见《文房四谱》。粪扫，垃圾，今闽人犹言。见周长楫主编《闽南方言大词典》，福建人民出版社，2006年，361页。

〔6〕苍，《艺文类聚》《成公子安集》作"仓"，详见本卷《蔡邕〈笔赋〉校注》注。

〔7〕義氏，伏羲。

〔8〕书契，详见本卷《蔡邕〈笔赋〉校注》注。

〔9〕秋毫，详见本卷《王羲之〈笔经〉校笺》注。颖，《艺文类聚》作"类"，误。芒，见本卷《傅玄笔论四篇校笺》之《笔赋》注。

〔10〕绸缪，《诗经·国风·绸缪》郑玄笺："绸缪，犹缠绵也。"。

〔11〕犀角，见本卷《傅玄笔论四篇校笺》之《论汉末笔》注。

〔12〕象齿，见本卷《王羲之〈笔经〉校笺》注。此句苏易简注："笞也。"笞，笔套。《笔谱上·二之造》："宣城之笔，虽管笞至妙，而佳者亦少。"彭砺志曰："从文中'笞也'来判断，本篇赋属于对话体结构。"按：彭氏实未领会"笞"为笔套之意，遂误解为文体。详见本书上卷《释"笞"——笔帽的异称》。

〔13〕微烟，见本卷《傅玄笔论四篇校笺》之《笔赋》注。

〔14〕不朽，《艺文类聚》《成公子安集》作"不泯"。

〔15〕则象，原作"则假"，据《艺文类聚》《成公子安集》改。按：此指效法神仙。《诗经·小雅·鹿鸣》："君子是则是效。"毛传："言可法效也。"《广雅·释诂三》："象，效也。"

〔16〕《文选》卷十一王延寿《鲁灵光殿赋》："五龙比翼，人皇九头。"李善注引《春秋命历序》："人皇九头，提羽盖，乘云车，出旸谷，分九河。"又引宋均曰："九头，九人也。"《艺文类聚》卷十一引项峻《始学篇》："人皇九头，兄弟各

三百岁。依山川土地之势财，度为九州，各居其一方，因是而区别。"又引荣氏曰："人皇兄弟九人，生于刑马山，身九色。"

〔17〕王度，帝王之德行法度。《左传》昭公十二年："祭公谋父作《祈招》之诗，以止王心，王是以获没于祇宫。臣问其诗而不知也。若问远焉，其焉能知之？王曰：'子能乎？'对曰：'能。其诗曰：祈招之愔愔，式昭德音。思我王度，式如玉，式如金。形民之力，而无醉饱之心。'"孔颖达疏："思使我王之德度。"按：《艺文类聚》《成公子安集》俱作"玉度"，误。七经，《后汉书·张纯传》："纯以圣王之建辟雍，所以崇尊礼义，既富而教者也。乃案《七经谶》《明堂图》《河间古辟雍记》《孝武太山明堂制度》，及平帝时议，欲具奏之。"李贤注："七经，谓《诗》《书》《礼》《乐》《易》《春秋》及《论语》也。"

〔18〕河洛，《河图》《洛书》。《周易·系辞上》："河出图，洛出书，圣人则之。"孔颖达疏："河出图，洛出书，圣人则之者，如郑康成之义，则《春秋纬》云：'河以通乾出天苞，洛以流坤吐地符，河龙图发，洛龟书感，《河图》有九篇，《洛书》有六篇。'孔安国以为：《河图》，则八卦是也；《洛书》，则《九畴》是也。"谶纬，《后汉书·桓谭传》："今诸巧慧小才伎数之人，增益图书，矫称谶记，以欺惑贪邪，诖误人主，焉可不抑远之哉！"李贤注："图书即谶纬符命之类也。"《四库全书总目提要·经部·易类·附录》："儒者多称谶纬，其实谶自谶，纬自纬，非一类也。谶者，诡为隐语，预决吉凶……纬者，经之支流，衍及旁义。"

〔19〕月，《文房四谱》作"用"，误。按：日月之所躔，《汉书·律历志》："日月初躔，星之纪也。"孟康曰："躔，舍也。二十八舍列在四方，日月行焉，起于星纪，而又周之，犹四声为宫纪也。"晋灼曰："下言斗纲之端连贯营室，织女之纪指牵牛之初，以纪日月，故曰星纪。五星起其初，日月起其中。是谓天之纲纪也。"师古曰："躔，践也，音直连反。"

〔20〕列宿，二十八星宿。《楚辞·九叹·远逝》："指列宿以白情兮，诉五帝以置词。"王逸注："言己愿后指语二十八宿，以列己清白之情。"舍次，《左传》庄公三年："凡师，一宿为舍，再宿为信，过信为次。"这里指列宿不停变换的宿止，与上句"躔"呼应。

〔21〕寤，同"悟"。《战国策·燕策二》："故吴王夫差不悟先论之可以立功。"《史记·乐毅列传》"悟"作"寤"。

〔22〕此句《艺文类聚》《成公子安集》俱作"伦尽力于万机"。

〔23〕衢路，《艺文类聚》《成公子安集》俱作"行路"。

八、嵇含《试笔赋序》笺注^[1]

嵇含（263—306），字君道，自号亳丘子，西晋谯国铚（今安徽宿州）人，嵇康侄孙。祖喜，徐州刺史。父蕃，太子舍人。含好学能属文，居巩县亳丘，自号亳丘子，门曰"归厚之门"，室曰"慎终之室"。官至平越中郎将、广州刺史、假节，未发，为刘弘司马郭劢所害，年四十四。怀帝即位，谥曰宪。《隋书·经籍志》有《嵇含集》十卷、《录》一卷，今佚。另世传有嵇含撰《南方草木状》一书，近人已考订为非其所作。《试笔赋序》略见于《文房四谱·笔谱》及宋吴淑《事类赋注》，不仅只是赋前面的序言，而且只是节录，《全晋文》也失收。梁元帝《谢东宫赐白牙镂管笔启》谓"嵇赋非工"，应该就是指这篇文字。鉴于其为较早的一则论笔文字，现加以收录注释。《文房四谱》还载有嵇含《笔铭》佚文一条，并附录于后。

驰韩卢^[2]，逐狡兔，日未移晷，一纵双获。季秋之月，毫锋甚伟^[3]，遂刊悬崖之竹而为笔，因而为赋。（《文房四谱》卷二《笔谱下·五之辞赋》）

[1] 彭砺志曰："按：《全晋文》卷六十五嵇含卷无此赋名。《先唐赋辑补》据宋吴淑《事类赋注》卷十五《什物部·笔》列目为《笔赋序》，并辑有'驰韩卢，逐狡兔，季秋之月，毫锋甚伟，遂刊悬崖之竹而为笔'一段，《笔谱》较之虽多出'因而为赋'一句，据此可知赋序迄于此句，亦不为妄补。"按：《十万卷楼丛书》本《文房四谱》"嵇含"题作"稽舍"，误。

[2] 驰，《学海类编》本《文房四谱》及《事类赋注》作"骋"。韩卢，战国时韩国黑色善跑之名犬。《史记·范雎蔡泽列传》："夫以秦卒之勇，车骑之众，以治诸侯，譬若施韩卢而搏蹇兔也，霸王之业可致也，而群臣莫当其位。"司马贞索隐："《战国策》云：韩卢者，天下之壮犬也。"《汉书·王莽传》严尤谓陈茂曰："遣将不与兵符，必先请而后动，是犹绁韩卢而责之获也。"颜师古注："韩卢，

古韩国之名犬也。黑色曰卢。"

〔3〕季秋,《吕氏春秋·季秋纪》高诱注:"夏之九月。"按:王羲之《笔经》云:"凡作笔须用秋兔,秋兔者,仲秋取毫也。所以然者,孟秋去夏近,则其毫焦而嫩,季秋去冬近,则其毫脆而秃,惟八月寒暑调和,毫乃中用。"与嵇氏说大异。

附录:嵇含《笔铭》^{〔1〕}

采管龙种,拔毫秋兔 ^{〔2〕}。(《文房四谱》卷一《笔谱上·四之杂说》)

〔1〕嵇,《学海类编》本、吴兴陆氏《十万卷楼丛书》本《文房四谱》并作"稽"。《三国志·嵇康传》:"时又有谯郡嵇康,文辞壮丽,好言老、庄,而尚奇任侠。至景元中,坐事诛。"陈寿注引虞预《晋书》曰:"康家本姓奚,会稽人。先自会稽迁于谯之铚县,改为嵇氏,取'稽'字之上,〔加〕'山'以为姓,盖以志其本也。一曰铚有嵇山,家于其侧,遂氏焉。"又《水经注·淮水下》《说文解字诂林·山部》"嵇"字下并录此说。

〔2〕龙种,《事类赋注》作"龙鐘"。按:"龙鐘"盖即"鐘笼",可为笛管之竹,《文选》卷十八马融《长笛赋》:"惟鐘笼之奇生兮,于终南之阴崖。"李善注:"戴凯之《竹谱》曰:鐘笼,竹名。"《初学记》卷二百引戴凯之《竹谱》:"锺龙竹,伶伦所伐也。"《太平御览》卷九六二引沈怀远《南越志》:"罗浮山生竹,皆七八围,节长二尺,谓之锺龙。"秋兔,《事类赋注》作"和兔",当为形近而误。

九、王隐《笔铭》笺释[1]

王隐，字处叔，陈郡陈（今河南淮阳）人，东晋史学家，世寒素。据《晋书·王隐传》记载，其"父铨，历阳令，少好学，有著述之志，每私录晋事及功臣行状，未就而卒。隐以儒素自守，不交势援，博学多闻，受父遗业，西都旧事多所谙究。""太兴初，典章稍备，乃召隐及郭璞俱为著作郎，令撰晋史。""隐虽好著述，而文辞鄙拙，芜舛不伦。其书次第可观者，皆其父所撰；文体混漫义不可解者，隐之作也。年七十余，卒于家。"著有《晋书》九十三卷、《集》二十卷，皆佚。王隐所作《笔铭》，仅十六字，见存于《艺文类聚》《初学记》等类书。

岂其作笔[2]，必兔之毫？调利难秃[3]，亦有鹿毛[4]。（《艺文类聚》卷五十八）

〔1〕严可均《全晋文》卷八十六据《艺文类聚》卷五十八、《初学记》卷二十一收录，《文房四谱》卷二《笔谱下·五之辞赋》未录，但卷一《笔谱上·二之造》有称引。然《北堂书钞》卷一百四则作"华恒《鹿毛笔铭》云：竟其作笔，必兔之毫。调利虽秃，亦有鹿毛。"孔广陶校云："今案陈本'竟'作'睹'，又改作'王隐笔铭'，非也。严辑《华恒集》脱此条。"按：华恒，字敬则，西晋时人，《晋书》有传。严可均辑华恒文在《全晋文》卷六十六，确无此条，而孔广森谓严辑脱，实不知己非。今仍从旧题作"王隐笔铭"。

〔2〕岂其作笔，《艺文类聚》作"岂作其笔"，"作其"二字误乙，《全晋文》因循未改，当据《初学记》为是。按："岂""其"皆反诘副词，二字音近，故可互通。《论语·宪问》："其然，岂其然乎？"（参见杨树达《词诠》卷四）

〔3〕调利，《说文》："调，和也。"《抱朴子·内篇·极言》："调利筋骨，有偃仰之方。"此指鹿毛之笔，书写顺便不顿。即蔡邕《笔赋》所谓"形调抟以直端"的"调抟"。

〔4〕鹿毛，段公路《北户录》卷二"鸡毛笔"条："然次有鹿毛笔，晋张华尝用之，不下兔毫。"《文房四谱》卷一《笔谱上·二之造》："或以鹿之细毛为之者，故晋王隐《笔铭》云：'岂其作笔，必兔之毫？调利难秃，亦有鹿毛'，盖江表亦少兔也，往往商贾赍其皮南渡以取利。"

十、虞龢论笔墨事笺 [1]

　　刘宋虞龢的《论书表》最早收录于唐张彦远《法书要录》之中，据文末的题记，知此文作于宋明帝泰始六年（470）。宋代朱长文《墨池编》、陈思《书苑菁华》及后世的一些书法史论丛辑均加收录，是书法史论中非常重要的一篇文献。其中涉及文房用具的文字虽只有百余字，却对南朝时期的纸、墨、笔、砚的形质特征做了十分精要的概括。参本书上卷《虞龢〈论书表〉中的文房论札记》。现据 1964 年人民美术出版社范祥雍点校《法书要录》为底本，参校各种版本的《墨池编》及《书苑菁华》，并施以笺注。

　　陛下渊昭自天，触理必镜 [2]。凡诸思制 [3]，莫不妙极。乃诏张永更制御纸 [4]，紧洁光丽 [5]，辉日夺目 [6]。又合秘墨，美殊前后，色如点漆，一点竟纸 [7]。笔则一二简毫，专用白兔 [8]，大管丰毛，胶漆坚密 [9]。草书笔悉使长毫，以利纵舍之便 [10]。兼使吴兴郡作青石圆砚 [11]，质滑而停墨，殊胜南方瓦石之器。缣素之工，殆绝于昔。王僧虔寻得其术 [12]，虽不及古，不减郗家所制。（张彦远《法书要录》卷二）

〔1〕此标题为笔者所拟。

〔2〕陛下，南朝宋明帝。触理，《弘明集》卷九大梁皇帝《立神明成佛义记》："而暗情难晓，触理多疑。"触理必镜，意为遇到事理必能洞见。

〔3〕思制，思考制作，此指纸墨笔砚。思，四库本《墨池编》作"斯"，误。

〔4〕张永，见上卷《虞龢〈论书表〉中的文房论札记》。

〔5〕紧洁光丽，指纸质的细密光洁。

〔6〕辉日夺目，《书画全书》本《墨池编》同。四库本《书苑菁华》作"曜日夺目"、

四库本《墨池编》作"曜目夺日"。

〔7〕萧子良《答王僧虔书》曰："仲将之墨，一点如漆。"

〔8〕四库本《墨池编》此句作"笔则简毫专用北兔"。《翠琅玕馆丛书》本《书苑菁华》"则"作"别"。四库本《书苑菁华》亦"则"作"别"，又"专用北兔"作"耑用北兔"。按："简毫"，拣择、选择兔毫。"一二"，张荣庆先生释作"一一""逐一"，谓此句意为"笔，则是专用一一经过柬选的白兔毫。（见张荣庆《读〈简毫与长毫〉与王学雷君商榷》，已收入本书上卷）又按："耑"同"专"。"白兔"，疑原作"北兔"，参本书上卷《虞龢〈论书表〉中的文房论札记》。

〔9〕大管丰毛，见本书上卷《虞龢〈论书表〉中的文房论札记》。

〔10〕纵舍，即纵放或放纵。虞世南《笔髓论·释草》："草则纵心奔放，覆腕转蹙，悬管聚锋。"亦即柳公权《谢惠笔帖》所谓"锋长则洪润自由"是也。又赵构《翰墨志》谓："兼昔人自制草书笔，悉用长毫，以利纵舍之便，其为得法，必至于此。"四库本《墨池编》及《书苑菁华》作"纵合"，非。

〔11〕吴兴、青石圆砚，见上卷《虞龢〈论书表〉中的文房论札记》。

〔12〕王僧虔，四库本《书苑菁华》脱"王"字。《墨池编》脱"王僧虔"以下文字。

十一、萧绎《谢东宫赐白牙镂管笔启》笺注^[1]

萧绎（508—555），字世诚，小字七符。梁武帝第七子，七岁时封湘东王，四十五岁于江陵称帝，是为梁元帝。萧绎不好声色，勤心著述，博综群书，下笔成章，才辩敏速，冠绝一时，著有《金楼子》。

《谢东宫赐白牙镂管笔启》，具体的写作时间不详，所谓"东宫"，即太子宫，萧绎的兄长中有两人曾立为太子：一是长兄萧统（501—531），于梁天监十四年（515）至中大通三年（531）的十六年间任太子，即有名的昭明太子；另一是三兄萧纲（503—551），于萧统卒后的当年至太清三年（549）继位的十八年间任太子。因此，要考订萧绎此作的具体时间，以及答谢的确切对象，恐已不太可能。萧绎另有许多谢答东宫的启文，情况亦都如此。此启虽非专业论笔的文字，内容亦不免空泛，但其中所涉的典故可做了解。

春坊漆管，曲降深恩^[2]。北宫象牙，猥蒙沾逮^[3]。雕镂精巧，似辽东之仙物^[4]；图写奇丽，笑蜀郡之儒生^[5]。故知嵇《赋》非工^[6]，王《铭》未善^[7]。昔伯喈致赠^[8]，才属友人；葛龚所酬，止闻通识^[9]。岂若远降鸿慈，曲覃庸陋^[10]。方觉琉璃无当^[11]，随珠过侈^[12]。但有羡卜商，无因则削^[13]；徒怀曹植，恒愿执鞭^[14]。（《艺文类聚》卷五十八）

〔1〕《艺文类聚》卷五十八题为"梁元帝谢宫赐白牙镂管笔启"，《文房四谱》题作"梁元帝谢宣赐白牙镂管笔启"。

〔2〕春坊，太子宫，又称春宫，即标题之东宫。《梁书·徐摛传》："摛文体既别，春坊尽学之，'宫体'之号，自斯而起。"曲降深恩，委屈垂以深厚的恩情。

〔3〕北宫象牙，《艺文类聚》卷五十八引《汉官仪》："尚书令、仆、丞、郎，月给

赤管大笔双，篆题曰北工作，楷于头上，象牙寸半著于笔下。”《太平御览》卷六百五作“北宫工作”。猥蒙沾逮，辱蒙赏赐。《初学记》卷二十五引梁简文帝《谢赉碧虑棋子屏风启》：“仰降圣慈，曲垂沾逮。”

〔4〕仙物，《艺文类聚》卷五十八引《列仙传》：“李仲甫，颍川人，汉桓帝时，卖笔辽东市上，一笔三钱，有钱亦与笔，无钱亦与笔。”《文房四谱》卷二《笔谱下·五之辞赋》余知古《谢段公五色笔状》：“窃以赵国名毫、辽东仙管，曾进言于石室，奏议于圜丘。”《文房四谱》作“人物”，误。

〔5〕图写奇丽，笑蜀郡之儒生，指讥扬雄之赋靡丽过当而反失其正。《汉书·扬雄传》：“扬雄字子云，蜀郡成都人也。……雄以为赋者，将以风也，必推类而言，极丽靡之辞，闳侈巨衍，竞于使人不能加也，既乃归之于正，然览者已过矣。往时武帝好神仙，相如上《大人赋》，欲以风，帝反缥缥有陵云之志。繇是言之，赋劝而不止，明矣。又颇似俳优淳于髡、优孟之徒，非法度所存，贤人君子诗赋之正也，于是辍不复为。”

〔6〕嵇《赋》，嵇含《试笔赋》。见本卷《嵇含〈试笔赋序〉笺注》。

〔7〕王《铭》，王隐《笔铭》。见本卷《王隐〈笔铭〉笺释》。

〔8〕喈，原误作“偕”。伯喈，蔡邕字。致赠，《三国志·魏书·王粲传》：“献帝西迁，粲徙长安，左中郎将蔡邕见而奇之。时邕才学显著，贵重朝廷，常车骑填巷，宾客盈坐。闻粲在门，倒屣迎之。粲至，年既幼弱，容状短小，一坐尽惊。邕曰：‘此王公孙也，有异才，吾不如也。吾家书籍文章，尽当与之。’”《博物志》卷六《人名考》：“蔡邕有书（近）万卷，汉末年载数车与王粲。粲亡后，相国掾魏讽谋反，粲子与焉。既被诛，邕所与粲书，悉入粲族子叶（当作“业”）字长绪。”按：括号中文字，据《三国志·魏书·钟会传》裴松之注引《博物记》校补。

〔9〕葛龚，《后汉书·文苑传》：“葛龚，字元甫，梁国宁陵人也。和帝时，以善文记知名。性慷慨壮烈，勇力过人。安帝永初中，举孝廉，为太官丞，上便宜四事，拜荡阴令。辟太尉府，病不就。州举茂才，为临汾令。居二县，皆有称绩。著文、赋、碑、诔、书记凡十二篇。”李贤注：“龚善为文奏。或有请龚奏以干人者，龚为作之，其人写之，忘自载其名，因并写龚名以进。故时人为之语曰：‘作奏虽工，宜去葛龚。’事见《笑林》。”按：葛龚所酬，指其所作《与梁相书》，《初学记》卷二十一引曰：“复惠善墨，下士所无。摧骸骨，碎肝胆，不足明报。”《文房四谱》卷五《墨谱四·三之杂说》载葛龚《与梁相书》曰：“复

惠善墨，下士难求。摧骸骨，碎肝胆，不足明报。"又同书卷一《笔谱上·一之叙事》引作蔡邕《与梁相》："复惠善墨良笔，下工所无。重惟大恩厚施，期于终始。"

〔10〕鸿慈，《梁书·刘显传》刘之遴启皇太子曰："伏愿鸿慈，降兹睿藻，荣其枯骭，以慰幽魂。"曲覃，俯察及之。汉王逸《机赋》："俯覃圣恩，仰览三光。"庸陋，这里是萧绎自谦。曲覃庸陋，即（太子）俯察及我之庸陋。

〔11〕琉璃，见本卷《王羲之〈笔经〉校笺》注。

〔12〕随珠，《文房四谱》作"隋珠"，见本卷《傅玄笔论四篇校笺》之《论汉末笔》注。

〔13〕卜商，《史记·仲尼弟子列传》："卜商，字子夏。少孔子四十四岁。……孔子既没，子夏居西河，教授，为魏文侯师。"司马贞索隐："子夏文学著于四科，序《诗》，传《易》。"《史记·孔子世家》："孔子在位听讼，文辞有可与人共者，弗独有也。至于为《春秋》，笔则笔，削则削，子夏之徒不能赞一辞。弟子受《春秋》，孔子曰：'后世知丘者以《春秋》，而罪丘者亦以《春秋》。'"按：此句萧绎于《法宝联璧序》中亦有叹述："（萧）绎自伏枥西河，摄官南国，十回凤管，一奉龙光。笔削未勤，徒荣卜商之序。稽古盛则，文惭安国之制。"

〔14〕执鞭，《论语·述而》："子曰：'富而可求也，虽执鞭之士，吾亦为之。如不可求，从吾所好。'"郑玄笺："富贵不可求而得之，当修德以得之。若于道可求者，虽执鞭之贱职，我亦为之。"

十二、《北梦琐言》载梁元帝笔事校注^[1]

孙光宪（约896—968），字孟文，自号葆光子。唐末为陵州判官，后唐时避地江陵。历仕荆南三世，入宋为黄州刺史。《北梦琐言》撰于江陵，记唐武宗以后事。本则为其佚文，见于《太平广记》，为转录唐人韩定辞的叙述。后来的类书如《玉海》《山堂肆考》，笔记如《云谷杂纪》《何氏语林》等多有载录，或源于《太平广记》所引之《北梦琐言》，或辗转剽袭于他书，不可究诘。兹以中华书局标点本《太平广记》为底本，以吴兴陆氏十万卷楼《文房四谱》对校。

韩^[2]曰：昔梁元帝为湘东王时^[3]，好学^[4]，著书常记录忠臣义士及文章之美者^[5]。笔有三品：或以金银雕饰，或用斑竹为管。忠孝全者用金管书之^[6]，德行清粹者用银笔书之^[7]，文章赡丽者以斑竹书之^[8]，故湘东之誉，振于江表^[9]。（《北梦琐言》，《太平广记》卷二百《文章三·韩定辞》引）

〔1〕此标题为笔者所拟。本则又见于《文房四谱》卷一《笔谱上·一之叙事》。

〔2〕韩，韩定辞，唐深州人。为镇州观察判官、检校尚书祠部郎中，兼侍御史。（《全唐诗》卷七五七小传）

〔3〕梁元帝于天监十三年（514）被封为湘东王，见《梁书·元帝纪》："世祖孝元皇帝讳绎，字世诚，小字七符，高祖第七子也。天监七年八月丁巳生，十三年封湘东郡王，邑二千户。"

〔4〕好学，《文房四谱》作"好文学"，《墨池编》卷六同，其余著书所引皆作"好学"。按：作"好文学"似于义较窄，梁元帝好学著书之名甚著，《梁书·元帝纪》："世祖聪悟俊朗，天才英发。年五岁，高祖问：'汝读何书？'对曰：'能诵《曲礼》。'高祖曰：'汝试言之。'即诵上篇，左右莫不惊叹。……既长好学，

博综群书，下笔成章，出言为论，才辩敏速，冠绝一时。"

〔5〕著书常记录忠臣义士及文章之美者，见《梁书·元帝纪》："所著《孝德传》三十卷，《忠臣传》三十卷，《丹阳尹传》十卷，《注汉书》一百一十五卷，《周易讲疏》十卷，《内典博要》一百卷，《连山》三十卷，《洞林》三卷，《玉韬》十卷，《补阙子》十卷，《老子讲疏》四卷，《全德志》《怀旧志》《荆南志》《江州记》《贡职图》《古今同姓名录》一卷，《筮经》十二卷，《式赞》三卷，文集五十卷。"

〔6〕全，《墨池编》卷六作"双全"。

〔7〕清粹，《唐诗纪事》卷七十一"韩定辞"引同。《文房四谱》、宋张淏《云谷杂纪》卷三、《苕溪渔隐丛话前集》卷二十四"五季杂记"条作"精粹"。按：作"清粹"是。《三国志·魏书·袁涣传》："涣子侃，亦清粹闲素，有父风，历位郡守尚书。"《世说新语·言语》刘孝标注引晋王沈《魏书》："司马师，字子元，相国宣文侯长子也，以道德清粹重于朝廷。"《晋书·陆云传》载，陆云移书太常府荐同郡张赡："伏见卫将军舍人同郡张赡，茂德清粹，器思深通。"盖"清粹"多指人之品行，而"精粹"则多指事物之优良。

〔8〕赡丽，《唐诗纪事》卷七十一"韩定辞"条、《墨池编》《云谷杂纪》《苕溪渔隐丛话前集》卷二十四"五季杂记"条同，《文房四谱》作"瞻逸"。

〔9〕江表，即江南、江左。周振鹤《释江南》："东汉末年，孙策割据江东建立吴国，因此江东又常用以指吴国。同时，按古来的习惯，面对江源，又可称江两岸为左右岸，因此江东在魏晋以后又习称江左。东晋南朝以今南京为都，统辖江淮以南半壁江山，时人就称之为'偏安江左'。魏晋以后，与江南、江左并行的还有江表一词，意为长江以外地区，这显然是从北方人的角度来称呼的。于是典籍有《江表传》，庾信《哀江南赋》有'五十年中，江表无事'之说。"（《中华文史论丛》第 49 辑）

十三、段成式论笔书二篇注订

　　段成式（803?—863），字柯古，齐州临淄（今山东邹平）人。唐穆宗宰相段文昌之子，官至江州刺史。博学多识，长于文学，尤精骈俪，著有《酉阳杂俎》等。段成式与友人温庭筠、余知古诗简往还颇勤，多涉文房诸事。其《寄余知古秀才散卓笔十管软健笔十管书》是他在唐大中十三年（859）坐累解印，闲居襄阳从事山南东道节度使徐商幕府时所作；《寄温飞卿葫芦管笔往复书》是他出为江州刺史时所作。段成式的诗文集早已不存，这两篇书信收录于《文房四谱》卷二《笔谱下·五之辞赋》中。后来《全唐文》卷七百八十七亦加收录。1995 年，济南出版社出版有元锋、烟照编注的《段成式诗文辑注》，以《全唐文》为底本，参校《四库全书》本《文房四谱》。从注释水平看，元锋、烟照两位先生的注解非常详尽，功力深厚，但在校勘上着力不多，有一些可商榷的地方。因此，这里全袭其注，明显讹误则径改，并用按语的形式，对可商榷之处加以订补。

1. 寄余知古秀才散卓笔十管软健笔十管书

　　窃以《孝经援神契》，夫子揗之，以拜北极[1]；《尚书中候》，周公授之，以出元图[2]。其中仲将稍精[3]，右军益妙[4]，张芝遗法[5]，庾氏新规[6]。其毫则景都愈于中山[7]，麝柔劣于羊劲[8]。或得悬蒸之要[9]，或传痛颊之方[10]。起自蒙恬[11]，盖臻其妙[12]。不惟元首黄琯之制[13]，含丹缠素之华[14]，软健备于一床[15]，雕锼工于二管而已[16]。跗则大白麦穗，临贺石班[17]。格为仙掌之形[18]，架作莲花之状。限书一万字，应贵鹿毛[19]。书纸四十枚，讵兼人发[20]？前寄笔出自新铨^[21]，散卓尤精，能用青毫之长^[22]，似学铁头之短^[23]。况虎仆久绝^[24]，桐烛难成^[25]；鹰固无惭，兔或增惧^[26]。足使王朗遽阁^[27]，君苗欲焚^[28]，户牖门墙^[29]，足备其阙也。（《全唐文》卷七百八十七）

〔1〕"窃以"三句，《孝经援神契》，汉儒所著《孝经纬》之篇名。《文房四谱》卷一《笔谱上·一之叙事》引《孝经援神契》云："孔子制作《孝经》，使七十二子向北辰磬折，使曾子抱河洛事北向，孔子簪缥笔，衣绛单衣，向北辰而拜。"搢：插。《文房四谱》此作"簪"。按：古代执笏以记事，簪笔以备书。《宋书·礼志五》："古者贵贱皆执笏，其有事则搢之于腰带，所谓搢绅之士者，搢笏而垂绅带也。绅垂三尺，笏者有事则书之，故常簪笔，今之白笔，是其遗象。"簪笔，谓插笔于冠，以备记事。此文记用笔之事，故当作"簪"是。按："搢"，《四库全书》本《文房四谱》作"簪"，《学海类编》本及吴兴陆氏《十万卷楼丛书》本作"赞"。

〔2〕《尚书中候》三句：《尚书中候》为汉儒所著《尚书纬》之篇名。《文房四谱》卷一《笔谱上》引《尚书中候》云："玄龟负图出，周公援笔以时文写之。"元，《文房四谱》作"玄"，字同。元图，即河图、洛书。《易·系辞上》："河出图，洛出书，圣人则之。"汉儒谓洛书即《洪范》九畴。《书·洪范》："天乃锡禹《洪范》九畴。"孔安国传："天与禹洛出书。神龟负文而出，列于背，有数至于九。禹遂因而第之，以成九类，常道所以次叙。"按："授"，《四库全书》本《文房四谱》同。《学海类编》本及吴兴陆氏《十万卷楼丛书》本并作"援"，是也。

〔3〕仲将，韦诞，字仲将，三国魏京兆人，善辞章，尤工书法，能篆、草，为草圣张芝弟子。魏宫室宝器铭题，皆诞所书。又善制笔，撰有《笔方》。按：详见本卷《韦诞〈笔方〉校议》。又按："其中"，《文房四谱》作"其后"，是。

〔4〕右军，即晋著名书法家王羲之，字逸少，曾任右军将军。撰有《笔方》。按：《笔方》当作《笔经》。

〔5〕张芝，字伯英，东汉书法家。与弟昶并善草书，尤长章草。《后汉书·张奂传》："长子芝，字伯英，最知名。"李贤注引王愔《文志》曰："芝少持高操。……尤好草书，学崔杜之法，家之衣帛，必书而后练。临池学书，水为之黑。下笔则为楷则，号忽忽不暇草书，为世所宝，寸纸不遗，韦仲将谓之'草圣'也。"《全齐文》卷七萧子良《答王僧虔书》："若子邑之纸，妍妙辉光；仲将之墨，一

点如漆，伯英之笔，穷神尽意。妙物远矣，邈不可迫。"按：穷神尽意，《法书要录》作"穷神尽思"，《太平广记》作"穷声尽思"。

〔6〕庾氏新规，庾氏指庾翼，字稚恭，善书法，少时与王羲之齐名。《文房四谱》卷一《笔谱上·二之造》引王羲之《笔经》云："余尝自为笔，甚可用，谢安石、庾稚恭每就我求之，靳而不与。"庾氏，《文房四谱》引此作"闻氏"。按："闻"，《四库全书》本《文房四谱》同，《学海类编》本及吴兴陆氏《十万卷楼丛书》本并作"间"。

〔7〕景都：《文房四谱》作"景成"。景成，县名，属瀛州河间郡，今河北景县。中山：战国时国名，为赵所灭，在今河北定县、唐县一带。《文房四谱》卷一《笔谱上·二之造》引王羲之《笔经》："诸郡献兔毫，出鸿都门，惟有赵国毫中用。世人咸云：'兔毫无优劣，笔手有巧拙。'意谓赵国平原广泽，无杂草木，惟有细草，是以兔肥，肥则毫长而锐，此则良笔也。"按：景成即景城。《新唐书·地理志》："（玄宗）创集贤书院，学士通籍出入。既而，太府月给蜀郡麻纸五千番，季给上谷墨三百三十六丸，岁给河间、景城、清河、博平四郡兔千五百皮为笔材。"定县，今定州市。

〔8〕麝柔，麝毛所制之笔。宋罗愿《尔雅翼·释兽三》："郑虔云：麝毛笔一管，直行写书四十张。"羊劲：即羊毫笔。唐段公路《北户录·鸡毛笔》："番禺诸郡多以青羊毫为笔，韶州择鸡毛为笔。"按："直行写书"，检《尔雅翼》原文作"写书直行"，又《北户录·鸡毛笔》崔龟图注引郑虔云，亦同；"番禺诸郡"，《北户录》原文后有"如陇右"三字，此脱。

〔9〕悬蒸之要，王羲之《笔经》记制笔之法："笔成，合蒸之，令熟三斗米饭，须以绳穿管，悬之水器上一宿，然后可用。"按：苏轼《记古人系笔》："系笔当用生毫，笔成，饭甑中蒸之，熟一斗饭乃取出，悬水瓮上数月乃可用，此古法也。"（《苏轼文集》卷七十《题跋·笔砚》）

〔10〕痛颎之方，参上卷《蠡测"二王"时代的笔》《心同理同：西方的"毛笔"与中国的制作》。又此段文字标点及释义，详见本卷《韦诞〈笔方〉校议》。

〔11〕蒙恬，秦始皇时人，相传为毛笔的创制者。《艺文类聚》卷五十八引晋张华《博物志》佚文："蒙恬造笔。"晋崔豹《古今注·问答释义》："蒙恬始造，即秦笔耳。"《文房四谱》卷一《笔谱上·一之叙事》："昔蒙恬之作秦笔也，柘木为管，以鹿毛为柱，羊毛为被，所以苍毫非谓兔毫竹管也。见崔豹《古今注》。"

〔12〕臻，《文房四谱》作"知"。按：《四库全书》本《文房四谱》作"知"，《学海类编》本及吴兴陆氏《十万卷楼丛书》本并作"取"。

〔13〕元首黄琯：《全后汉文》卷六十九蔡邕《笔赋》："玄首黄管，天地之色也。"元首，即玄首，指笔毫。黄琯，即黄管，指笔管。

〔14〕含丹缠素，《全晋文》卷四十五傅玄《笔赋》："嘉竹翠色，彤管含丹。于是班匠竭巧，名工逞术，缠以素枲，纳以元漆，丰约得中，不文不质。"

〔15〕软健：《文房四谱》作"沾建"。床：指笔床，放置毛笔的工具。南朝陈徐陵《玉台新咏序》："琉璃砚匣，终日随身；翡翠笔床，无时离手。"按："软健"，《四库全书》本及《学海类编》本《文房四谱》皆作"沾建"。备，《学海类编》本作"被"，误。笔床，详见本卷《〈北户录〉所记笔资料两则校笺》。

〔16〕雕锼，谓雕绘刻镂。王羲之《笔经》："近有人以绿沉漆管及镂管见遗，录之多年，斯亦可爱玩。讵必金宝雕琢，然后为贵也。"按："雕锼"，吴兴陆氏《十万卷楼丛书》本《文房四谱》作"雕镌"。

〔17〕跗，毛笔杆下端栽毛的部分。汉刘向《西京杂记》卷一："天子笔，管以错宝为跗，毛皆以秋兔之毫官师路扈为之，以杂宝为匣，厕以玉璧翠羽，皆直百金。"麦穗，《文房四谱》作"麦穗"。大白麦穗、临贺石班皆为制笔之材料，段成式《寄温飞卿葫芦管笔往复书》亦云："求大白麦穗，（获）临贺石班，盖可为副也。"但具体不详。按："大白麦穗"，吴兴陆氏《十万卷楼丛书》本《文房四谱》并作"太白麦穗"，《四库全书》本作"大白麦穗"。

〔18〕格，指笔格。即笔架，有玉、铜、瓷各种，每种式样花色繁多。《艺文类聚》卷五十八引南朝梁简文帝《咏笔格诗》："仰出写含花，横插学仙掌。"

〔19〕鹿毛，即鹿毛笔。《艺文类聚》卷五十八引晋王隐《笔铭》："岂作其笔，必兔之毫，调利难秃，亦有鹿毛。"《新唐书·地理志》五蕲州蕲春郡土贡有鹿毛笔。按：段公路《北户录》卷二"鸡毛笔"条："然次有鹿毛笔，晋张华尝用之，不下兔毫。"又按："限书一万字"，《北户录》卷二"米饼"条崔龟图注引《梁令》云："写书笔一枚一万字。"

〔20〕讵兼人发，王羲之《笔经》叙作笔之法云："作笔须用秋兔。……采毫竟，以纸裹石灰汁微火上煮，令汤沸，所以去其腻也。先用人发杪数十茎杂青羊毛并兔毨，裁令齐平，以麻纸裹柱根令治。次取上毫薄薄布柱上，令柱不见，然后安之。"按："书纸四十枚"，《北户录》卷二"鸡毛笔"条崔龟图注："郑公虔云：

麝毛笔一管，写书直行四十张。狸毛笔一管，界行写书八百张。”

〔21〕 前寄，《文房四谱》作“前件”。铨：选择。按：《文房四谱》诸本皆作“前件”。
“铨”，《四库全书》本及吴兴陆氏《十万卷楼丛书》本同，《学海类编》本作
“淦”。朱关田先生说：“至会昌年间，江西新淦出散卓笔，一改兼毫常式，纯用
羊毫长锋。”（《中国书法史·隋唐五代卷》，239 页及 246 页注 76）似据《学海
类编》本《文房四谱》所载段成式此文作“淦”。

〔22〕 青毫，指青羊毛。按：青毫并非青羊毛，而是宣城所贡的一种被称为“青毫”
的优质兔毫，详见本书上卷《对两则古笔文献的理解》。又按：文献中提到“散
卓”，此为首见。

〔23〕 铁头，唐代笔匠名。《酉阳杂俎》前集卷六《艺绝》：“开元中，笔匠名铁头，能
莹管如玉，莫传其法。”

〔24〕 虎仆，兽名，俗名九节狸，尾毛可作笔毫。《太平御览》卷九百一十三引《博物
志》曰：“有兽缘木，绿文似豹，名虎仆，毛可为笔。”

〔25〕 桐烛，《文房四谱》卷一《笔谱上·二之造》：“淮南王《万毕术》曰：‘取桐烛
与柏木及蜡，俱内筒中，百日以为笔，画酒自分矣。’”

〔26〕 “鹰固”二句，《文房四谱》卷二《笔谱下·五之辞赋》有晋傅玄《鹰兔赋》，此
因其意，因兔毫可制笔，而出以谐谑之语。按：“兔或增惧”，《淮南子·本经》
高诱注：“鬼恐为书文所劾，故夜哭也。鬼或作兔，兔恐见取其豪作笔，害及其
躯，故夜哭。”

〔27〕 王朗遽阁，《三国志·魏书·王粲传》裴松之注引《典略》：“粲才既高，辩论应
机。钟繇、王朗等虽各为魏卿相，至于朝廷奏议，皆阁笔不能措手。”按：“阁”
通“搁”。

〔28〕 君苗欲焚，《晋书·陆机传》：“机天才秀逸，辞藻宏丽。……弟云尝与书曰：
‘君苗见兄文，辄欲烧其笔砚。’”君苗，崔君苗。上二句用王朗搁笔、君苗焚笔
典故，夸赞毛笔的精妙。

〔29〕 “户牖”二句，《后汉书·王充传》：“充好论说，始若诡异，终有理实。以为俗
儒守文，多失其真，乃闭门潜思，绝庆吊之礼，户牖墙壁各置刀笔。著《论
衡》八十五篇，二十余万言。”此用其事，谓所寄毛笔供余知古潜心著述，足够
使用。

2. 寄温飞卿葫芦管笔往复书

　　桐乡往还 [1]，见遗葫芦笔管，辄分一枚寄上 [2]。下走困于守拙 [3]，不能大用。濩落之实，有同于惠施 [4]；平原之种，本惭于屈榖 [5]。然雨思茶器 [6]，愁想酒杯。嫌苦菜而不吟 [7]，持长柄而为赠 [8]。未曾安笔 [9]，却省岁书 [10]。八月断来 [11]，固是佳者。方知绿沉赤管 [12]，过于浅俗。求大白麦穗，获临贺石班，盖可为副也 [13]。飞卿穷素缃之业 [14]，擅雄伯之名 [15]，沿溯九流 [16]，订铨百氏 [17]，笔洒沥而转润 [18]，纸嬖绩而不供 [19]。或助操弹 [20]，且非玩好。便望审安承墨 [21]，细度覆毫 [22]，勿令仲宣等闲中咏也 [23]。成式状 [24]。（同上）

〔1〕桐乡，地名。春秋时楚附庸桐国地，汉始称桐乡。在今安徽桐城北。

〔2〕辄，即。一枚：一枝。

〔3〕下走，自称的谦词。《汉书·萧望之传》："若管晏而休，则下走将归延陵之皋。"颜师古注："下走者，自谦言趋走之役也。"守拙：安于愚拙而不取巧逢迎。晋陶渊明《归园田居》之一："开荒南野际，守拙归园田。"

〔4〕"濩落"二句，《庄子·逍遥游》："惠子谓庄子曰：'魏王贻我大瓠之种，我树之成而实五石。以盛水浆，其坚不能自举也；剖之以为瓢，则瓠落无所容。'陆德明释文："简文云：'瓠落，犹廓落也。'司马云：'瓠，布护也；落，零落也。言其形平而浅，受水则零落而不容也。'"濩落，即"瓠落"，亦写作"廓落"，空廓无用之意。《文房四谱》作"瓠落"。惠施，战国时宋人，属名家学派。按：《四库全书》本《文房四谱》作"瓠落"，《学海类编》本及吴兴陆氏《十万卷楼丛书》本并作"濩落"；有同，《学海类编》本作"有穷"。

〔5〕"平原"二句，《韩非子·外储说左上》："齐有居士田仲者，宋人屈榖见之，曰：'榖闻先生之义，不恃人而食。今榖有树瓠之道，坚如石，厚而无窍，献之。'仲曰：'夫瓠所贵者，谓其可以盛也。今厚而无窍，则不可剖以盛物；而任重如坚石，则不可以剖而以斟。吾无以瓠为也。'曰：'然。榖将弃之。今田仲不恃人而食，亦无益人之国，亦坚瓠之类也。'"坚瓠，坚硬的实心葫芦，不能剖瓢盛物，比喻无用之物。屈榖，战国时宋人。榖亦写作"榖"。平原，《文房四谱》

作"竖原"。按：以上四句合用惠施之瓠与屈穀之瓠两事，既切"葫芦笔"，又隐寓"守拙"无用之意，语含双关，笔调诙谐。按："平原"，《四库全书》本《文房四谱》作"竖原"，非。《学海类编》本及吴兴陆氏《十万卷楼丛书》本并作"坚厚"，是。

〔6〕按：雨思茶器，《四库全书》本《文房四谱》作"两思荣器"。

〔7〕苦菜，《诗·邶风·匏有苦叶》："匏有苦叶，济有深涉。"《毛传》："匏谓之瓠，瓠叶苦，不可食也。"瓠有甘、苦二种，语含双关，笔调诙谐。

〔8〕长柄，《世说新语·简傲》："士士衡初入洛，咨张公所宜诣，刘道真是其一。陆既往，刘尚在哀制中。性嗜酒，礼毕，初无他言，唯问：'东吴有长柄壶卢，卿得种来不？'陆兄弟殊失望，乃悔往。"此借其事，以"长柄"指葫芦笔。按："持"，吴兴陆氏《十万卷楼丛书》本《文房四谱》作"思"。

〔9〕按：未曾，《学海类编》本《文房四谱》作"未尝"。

〔10〕按：岁，吴兴陆氏《十万卷楼丛书》本《文房四谱》作"藏"。

〔11〕八月断来，谓八月采摘葫芦。《诗·豳风·七月》："七月食瓜，八月断壶。"毛传："壶，匏也。"《齐民要术》："正月可种瓠，六月可畜瓠，八月可断瓠。"

〔12〕绿沉，笔管饰以绿漆。王羲之《笔经》："近有人以绿沉漆管及镂管见遗，录之多年，斯亦可爱玩，讵必金宝雕琢，然后为贵也。"详本卷《王羲之〈笔经〉校笺》。赤管：《太平御览》卷六〇五引《汉官仪》："尚书令、仆、丞、郎，月给赤管大笔一双。"晋崔豹《古今注》下《问答释义》："牛亨问：'彤管何也？'答曰：'彤，赤漆耳。史官载事，故以赤管，言以赤心记事也。'"

〔13〕"求大白"三句，《寄余知古秀才散卓笔十管软健笔十管书》亦云："跗则大白麦穗，临贺石班。"大白麦穗、临贺石班皆当为制作笔管之材料。段成式认为，较之葫芦笔管，"绿沉赤管，过于浅俗"，而大白麦穗、临贺石班则差胜。大白麦穗，《文房四谱》引此作"太白麦穗"。参前《寄余知古秀才散卓笔十管软健笔十管书》注。

〔14〕素缃，犹缃素，浅黄色的细绢，古代多用以为书衣，故用作书卷的代称。《梁书·昭明太子传》载王筠《哀册文》："遍该缃素，殚极丘坟。"

〔15〕雄伯，即雄长。伯，通"霸"。《三国志·吴志·张纮传》："纮著诗赋铭诔十余篇。"裴松之注引陈琳《报纮书》："此间率少于文章，易为雄伯，故使仆受此过

差之谭，非其实也。"按：此处谓温庭筠文学为世所重。《旧唐书·文苑传》本传："温庭筠者，太原人，本名岐，字飞卿。大中初，应进士。苦心砚席，尤长于诗赋。初至京师，人士翕然推重。……庭筠著述颇多，而诗赋韵格清拔，文士称之。"

〔16〕九流，战国时儒、道、阴阳、法、名、墨、纵横、杂、农九个学派，亦泛称各学术流派。

〔17〕订铨，订正，评论。百氏：犹言诸子百家。《汉书·叙传》："凡《汉书》，叙帝皇……纬六经，缀道纲，总百氏，赞篇章。"

〔18〕洒沥，挥洒。润：润泽。按："润"，《四库全书》本、《学海类编》本《文房四谱》作"王"。

〔19〕襞绩，亦作"襞襀""襞积"，本指衣裙上的褶子。此指折纸作书，犹襞笺之意。

〔20〕操弹，谓执笔写作。

〔21〕承墨，犹染墨，濡墨。按："承墨"指笔毛的心柱，非染墨，濡墨之义。韦诞《笔方》："以所整羊毛中或（截）用衣中心，名曰笔柱，或曰墨池、承墨。"

〔22〕覆毫，指笔毫。按：应该说是覆毛，即披在笔柱外的"被毛"。

〔23〕仲宣，王粲，字仲宣，建安七子之一，以诗赋著称。魏时任侍中，为朝廷奏议，使钟繇、王朗等为之搁笔。参前《寄余知古秀才散卓笔十管软健笔十管书》注。按："中"，《四库全书》本、《学海类编》本《文房四谱》作"敢"。

〔24〕状，陈述。

十四、《北户录》所记笔资料两则校笺

此两则录自唐段公路《北户录》，其中小字为崔龟图注。此书《新唐书·艺文志》著录为《北户杂录》，撰者系宰相段文昌之孙，学者段成式之子，咸通年间曾于岭南供职。《四库全书总目提要》："惟据书首结衔，知官京兆万年县尉。书中称咸通十年，知为懿宗时人而已。是书当在广州时作，载岭南风土，颇为赅备，而于物产为尤详，其征引亦极博洽。"注者崔龟图，结衔称登仕郎、前京兆府参军，余无可考。《北户录》中有两则文字与毛笔及文具有关。第一则专门记载了鸡毛笔等多种笔毛原料，及其产地、性能。第二则虽非专门论述毛笔，但记载了前代及当时对笔、墨、纸三种书写工具数量上的称法。尤其是崔龟图的注解，旁征博引，保存了许多可贵的资料。如其中所引《梁令》《梁科律》中的片段，近人程树德《九朝律考》中失辑，多篇引文亦未见于《全晋文》《全梁文》。其中对笔、墨的书写字数与纸张长度的记载，于同类作品中亦不多见。《北户录》有《十万卷楼丛书》本，今采作底本，并与《文渊阁四库全书》本校勘。

1. 鸡毛笔

番禺诸郡如陇右[1]，多以青羊毫为笔[2]，韶州择鸡毛为笔[3]，其三覆锋，亦有圆如锥，方如凿，可抄写细字者[4]。昔溪源有鸭毛笔[5]，以山鸡毛、雀雉毛间之，五色可爱。征其事，得非入江淹梦中者乎？[6] 且笔有丰狐之毫、《傅子》云："汉末笔非文犀之桢，必象牙之笔，丰狐之毫，秋兔之翰。"[7] 虎仆之毛、《博物志》："有兽缘木似豹，名为虎仆，毛可为笔也。"[8] 蚺蚸鼠毛、《广志》云："可以为笔。"[9] 鼠须、均州出[10]。羖瀰羊毛、邛州取掖下族毛[11]。麝毛[12]、狸毛、郑公虔云:"麝毛笔一管,写书直行四十张。狸毛笔一管,界行写书八百张。"[13]马毛、嘉州[14]。羊须、陶隐居烧丹封鼎际用羊须笔[15]。胎发、吴妪多以小儿发为笔柱,郑虔云:"萧祭酒常用之。"[16]又韦仲将《笔方》云:"笔柱,或云墨池,亦曰承墨。"又有柳笔、皮笔、铁笔[17]。龙筋《金陵拾遗具》。为之,然未若兔毫。其宣城岁贡青毫六两、紫毫三两、次毫六两,劲健无以过也[18]。今岭中亦有兔,但才大于鼠,比北中者,其毫软弱,不充笔用。是知王羲之叹江东下湿,兔毫不及中山[19]。又炀帝取沧州兔养于扬州海陵县[20],至今劲快,不堪全用,盖兔食竹叶故耳[21]。然次有鹿毛笔,晋张华尝用之,不下兔毫[22]。按《博物志》云:"笔,蒙恬所制。世有短书,名为《董仲舒答牛亨问》,曰:蒙恬作秦笔,枯木为管,鹿毛为柱,羊毛为被,所谓苍毫,非兔毫也。"[23]夫有笔之理,与书同生,具《尚书中候》云"龟负图,周公援笔写之"[24],其来尚矣。(《北户录》卷二"鸡毛笔"条,《十万卷楼丛书》本)

〔1〕番禺,今广东广州。陇右,辖境相当于今天陇山以西及新疆东部地区。

〔2〕青羊毫,梁同书《笔史·笔之料》:"《树萱录》:番禺诸郡为笔,多以青羊毫为笔。"按:宋代江浙亦无兔,多用羊毛为笔。参上卷《汉唐时期的兔毫产地》。

〔3〕韶州,今广东韶关。按:《四库全书》本作"昭州"。刘恂《岭表录异》卷上:"番禺地无狐兔,用鹿毛、野狸毛为笔。又昭、富、春、勤等州,则择鸡毛为笔。其为用与兔毫不异。"昭州,今广西平乐。富州,今广西昭平。春州,今广东阳春。勤州,在今广东阳春西北。

〔4〕三覆锋,即披毛多层。圆如锥,方如凿,《文房四谱》卷一《笔谱上·二之造》:"今之小学者,言笔有四句诀云:心柱硬,覆毛薄,尖似锥,齐似凿。"按:鸡毛笔之用宋人亦多论之,朱彧《萍洲可谈》卷二:"造笔用兔毫最佳,好事者用栗鼠须或猩猩毛以为奇,然不若兔毫便于书也。广南无兔,用鸡毛,然毛匾不可书,代匮而已。"范成大《桂海虞衡志·志器》:"鸡毛笔,岭外亦有兔,然极少。俗不能为兔毫笔,率用鸡毛,其锋踉跄不听使。"周去非《岭外代答》卷六《器用门·笔》:"广西多阉鸡,羽毛甚泽。人取其颈毛,丝而聚之以为笔,全类

兔毫，一枝直四五钱。然毫短，锋齐软而无力，止宜细书。苟字大半寸，难书矣。岭外亦有兔，其毫乃不堪为笔。"陈槱《负暄野录》卷下《论笔料》："闽、广间有用鸡羽、雁翎等为笔，余尝用之，究甚软弱无取，殆亦求奇之过。"

〔5〕溪源，在今福建浦城东北。

〔6〕《南史·江淹传》："江淹字文通，济阳考城人也。……又尝宿于冶亭，梦一丈夫自称郭璞，谓淹曰：'吾有笔在卿处多年，可以见还。'淹乃探怀中得五色笔一以授之。尔后为诗绝无美句，时人谓之才尽。"

〔7〕此条出《傅子·校工》，注见本卷《傅玄笔论四篇校笺》之《论汉末笔》。

〔8〕《太平御览》卷九百十三引《博物志》："逢伯云所说，有兽缘木，绿文似豹，名虎仆，毛可为笔。"李日华《六研斋二笔》卷三："皇甫松赋语云：'书抽虎仆。'虎仆者，小兽，状似狸，善缘树。皮毛斑蔚如豹。取其尾毳，缚笔最健，即九节狸也。"

〔9〕蛌蛉鼠，按黄庭坚《笔说》："栗尾，江南人所谓蛌蛉鼠者。"欧阳修《归田录》卷二："蔡君谟既为余书《集古录目序》……余以鼠须栗尾笔、铜绿笔格、大小龙茶、惠山泉等物为润笔。"不知是否一物。又陆佃《埤雅》卷十一"鼠"条："鼬鼠，健于捕鼠，似貂，赤黄色，大尾，今俗谓之鼠狼。《广雅》曰'鼠狼，鼬'，是也。一名䶂。《庄子》所谓'骐骥骅骝，捕鼠不如狸狌'。今栗鼠似之，苍黑而小，取其毫于尾，可以制笔。世所谓'鼠须栗尾'者也。其锋乃健于兔。栗鼠，若今竹鼬之类。盖鼠食竹，故曰竹鼬。"《广志》，见本卷《王羲之〈笔经〉校笺》注。

〔10〕均州，在今湖北丹江口。

〔11〕羖䍽，狠勇而多毛之羊。《玉篇·羊部》："羖䍽，羊也。"《本草纲目·兽部·羊》："多毛曰羖䍽。"洪皓《松漠纪闻》卷下："善牧者，每群必置羖䍽羊数头，仗其勇很（狠）。"或为阉割之羊，玄应《一切经音义》卷五引《三苍》："羖䍽，亦羯也。"按：《广雅·释兽》："羖羊犗曰羯。"邛州，今四川邛崃东南。《四库全书》本作"邛朔"。掖，同"腋"，《说文》："一曰臂下也。"王筠《说文句读》："俗作腋。"族毛，丛聚之毛。《尔雅·释木》："木族生为灌。"郭璞注："族，丛也。"《广雅·释诂三》："族，聚也。"

〔12〕麝，《山海经·西山经》："又西二百里，曰翠山……其阴多旄牛、麢、麝。"郭璞注："麝，似獐而小，有香。"

〔13〕狸，按：狸有多说，此盖是鼬鼠，即今呼作黄鼠狼者。详见钱绎《方言笺疏》卷八。张鷟《朝野佥载》卷三：“欧阳通，询之子，善书，瘦怯于父。常自矜能书，必以象牙、犀角为笔管，狸毛为心，覆以秋兔毫。”郑公虔，即唐画家郑虔，字弱齐，郑州荥阳（今河南荥阳）人。写书直行，《尔雅翼》卷二十《释兽三》：“（麝）毛可以为笔。郑虔云：‘麝毛笔一管，写书直行四十张。狸毛笔一管，界行写书八百张。’”八百张，原作“一百张”。按：段成式《寄余知古秀才散卓笔十管软健笔十管书》：“书纸四十枚，讵兼人发。”

〔14〕嘉州，今四川乐山。

〔15〕陶隐居，梁陶弘景。烧丹，即炼丹，事详见王家葵《陶弘景丛考》（28—30页）。《格致镜原》卷三十七引《天中记》：“陶隐居用羊须笔封丹鼎。”

〔16〕吴妪，原作“弗口”，据《四库全书》本改。陆心源校勘记：“笔柱”，原误“柱笔”，据改。段成式《酉阳杂俎》前集卷六《艺绝》：“南朝有姥善作笔，萧子云常书用，笔心用胎发。”董逌《广川书跋》卷六《萧子云别帖》：“昔传子云作笔而心用胎发，故得纤细不失。或疑非兔翰不足称劲，是不然，丰狐之柱，路扈尝用之，但不知胎毛非壮发，不知可用以作笔。此余未之考也。”南宋陈槱《负暄野录》卷下《论笔料》：“《酉阳杂俎》载‘南朝有姥善束笔，心用胎发，萧子云尝用之’，似是取其软。此法今不复见于用。”按：段公路为段成式之子，此所举胎发笔事，有自矣。

〔17〕笔柱，见本卷《韦诞〈笔方〉校议》。《四库全书》本“铁笔”后有“也”字。

〔18〕宣城，今安徽宣城。《新唐书·地理志》：“宣州宣城郡，望。土贡：银、铜器、绮、白纻、丝头红毯、兔褐、簟、纸、笔、署预、黄连、碌青。”未若兔毫，按：谢肇淛《五杂组》卷十二《物部四》：“钟繇、张芝、王右军皆用鼠须。欧阳通用狸毛为心。萧祭酒用胎发为柱。张华用鹿毛。岭南郡牧用人须。陶景行用羊须。郑虔谓：‘麝毛一管，可书四十张；狸毛八十张。’又有用丰狐、蚼蛉、龙筋、虎仆及猩猩毛、狼毫、鸭毛、雀雉毛者，恐皆好奇之过。要其纯正得宜，刚柔相济，终不及中山之兔，下此则羊毫耳，然羊毫柔而无锋，终非上乘。”

〔19〕中山，谢肇淛《五杂组》卷十二《物部四》：“王右军尝叹江东下湿，兔毛不及中山；然唐、宋推宣城，自元以来，造笔之工即属吴兴，北地作者不敢望也。”郎瑛《七修类稿》卷二十六“辩证类·方隅不产”条：“山东无虎，浙江无狼，广东无兔，蜀无鸽，此则禽兽显显著名者，皆风气使然。若北无蜈蚣、南无蝎之类，不可枚举也。”按：关于中山，详见本书上卷《汉唐时期的兔毫产地》。

〔20〕沧州，今河北沧州。唐代沧州之景城产兔毫。参上卷《汉唐时期的兔毫产地》，及本卷《段成式论笔书二篇注订》。海陵，今江苏泰州。

〔21〕此句是指，养于海陵的沧州兔因为食竹，以致毫毛太刚硬，故不能全用以制笔，而要用其他毛料掺合来做。按：紫毫为兔毫中最尖锐而刚健者，不宜全用来制笔。王羲之《笔经》谓"赵国平原广泽，无杂草木，惟有细草，是以兔肥，肥则毫长而锐，此则佳笔也"，盖食草之兔，毫略柔和。

〔22〕张华，字茂先，范阳方城人，著有《博物志》，传见《晋书》。不下兔毫，《文房四谱》卷一《笔谱上·二之造》："或以鹿之细毛为之者，故晋王隐《笔铭》云'岂其作笔，必兔之毫。调利难秃，亦有鹿毛'，盖江表亦少兔也。往往商贾赍其皮南渡以取利。今江南民间使者，则皆以山羊毛焉。蜀中亦有用羊毛为笔者，往往亦不下兔毫也。"

〔23〕按：今本《博物志》未见此条，《艺文类聚》卷五十八引仅"蒙恬造笔"四字，此条或即佚文？晋崔豹《古今注》卷下《问答释义》、五代马缟《中华古今注》卷中、唐苏鹗《苏氏演义》卷下具载"牛亨问"，似皆从《博物志》辗转而来。又按：今本《博物志》已非张华原本，丁国钧《补晋书艺文志》卷三谓"段公路《北户录》及《文选注》所引各条，多出今本之外"（引见余嘉锡《四库提要辨证》卷十八《子部九》，第三册，1154 页）。明陆容《菽园杂记》卷二云："闻《博物志》自有全本，与今书坊本不同。"段公路所见或即未散佚之全本耶？又宋葛立方《韵语阳秋》卷十七："蒙恬造笔，《博物志》云：'以狐狸毛为心，兔毛为副，心柱遒劲，锋铓调利，故难乏而易使。'"所引或亦是《博物志》佚文？董仲舒，《四库全书》本作"黄仲舒"。枯木，《中华古今注》作"柘木"，是。详本书上卷《管杆小识》一文。羊毛为被，陆心源校勘记："原脱'为'字。"

〔24〕具，《四库全书》本同，疑为"且"之讹。《尚书中候》，汉代纬书，参上卷《古笔研究中的文献引用问题》及本卷《段成式论笔书二篇注订》。

2. 笔墨纸的量词及写书笔墨字数 [1]

广州俗 [2] 尚米饼……且前朝短书杂说 [3] 即有呼……笔为双、为床、为枚。《搜神记》云："益州西有神祠，自称黄石公。祈祷者持一百纸、一双笔、一丸墨。先闻石室中有声，便具吉凶，不见形也。" [4] 南朝呼笔四管为一床。

梁简文《答徐摛书》云："时设书幌（幔），乍置笔床。"[5]《梁令》云："写书笔一枚一万字。"[6] 墨为螺、为量、为丸、为枚。陆云《与兄书》："今送墨二螺。"《妇人集·汲太子妻李与夫书》云："致尚书墨十螺。"[7]《梁科律》："御墨一量，十二丸。皇后、妃一量，一百丸。"[8] 蔡质《汉官仪》曰："尚书令、仆、丞、郎，月赐隃麋大墨一枚，小墨一枚。"[9] 宋元嘉中，格写书墨一丸，限二十万字[10]。纸为番、为幅、为枚。湘东启《上梁武》："纸万幅，笔四百枚。"[11]《简文帝集》："纲启：谨奉红笺二千番。"[12] 陆倕有谢安成王赐西蜀笺纸一万幅[13]。梁简文帝又云："特送四色纸三万枚湘东王。"[14]《会最》云："晋宋间有一种纸，或一幅长丈余，言就船中抄之，世谓蠒纸。"[15] 又云："张载《纸铭》晋载纸为番[16]。纸字从系，蔡伦作纸从巾。"[17]（《北户录》卷二"米饼"条）

〔1〕 此标题为笔者所拟。

〔2〕 俗，《四库全书》本作"南"。广州南，赵令畤《侯鲭录》卷一作"广南"。按：若作"俗"，属下可读作"俗尚"。此句原或作"广州南俗尚米饼"。

〔3〕 短书杂说，王充《论衡·骨相》："在经传者较著可信。若夫短书俗记，竹帛胤文，非儒者所见，众多非一。"唐刘知几《史通·叙事》："至于诸子短书，杂家小说，论逆臣则呼为问鼎，称巨寇则目以长鲸。"

〔4〕 《搜神记》，旧题晋干宝撰。近人汪绍楹有校注本，于此条辑录甚详，兹全文移录："益州之西，云南之东，有神祠。克山石为室，下有神（民）奉祠之。自称黄（石）公。因言此神，张良所受黄石公之灵也。清净不宰（烹）杀。诸祈祷者，持一百钱、一双笔、一丸墨，置石室中。前请乞。先闻石室中有声，须臾，问来人何欲。既言，便具语吉凶，不见其形。至今如此。"按：一百钱，当作"一百纸"。汪校："持一百钱，《北堂书钞》《法苑珠林》《初学记》《文房四谱》'钱'作'纸'。当据正。"笔两支曰双，《艺文类聚》卷五八引《汉官仪》："尚书令、仆、丞、郎，月给赤管大笔双。"李建平《先秦两汉量词研究》认为，汉代初年"双"作为量词已经很常见，也完全突破了"天然成双"的界限，临时配成对的事物都可以用来称量。（124页，西南大学博士论文，2010年）

〔5〕 梁简文，一本"文"后有"帝"字。"床"为大型物件的量词。吴翌凤《逊志堂杂钞》甲集："宋《元嘉起居注》：'韦朗于广州作银涂漆屏风二十三床、绿沉屏

风一床。'床，座也。南朝呼笔四管为一床。《北史·源贺传》'强弩一二床'，是凡物皆可云床也。又一夫一妇为一床，北齐赋民之法。"按：吴氏云"凡物皆可云床"，略有偏颇。刘世儒《魏晋南北朝量词研究》谓，"床"本义是"坐具"或"卧具"。作为量词也就是从这里引申出来的。这种量词，在南北朝虽然还不常见，但用法已经不很简单了。"南朝呼笔四管为一床"是"定数集合法"。（110 页）按：笔床为置笔之具，形如床，故名。梁徐陵《玉台新咏序》："琉璃砚匣，终日随身；翡翠笔床，无时离手。"一般可置笔三四管，材质可据需要而不同。唐段成式《寄余知古秀才散卓笔十管软健笔十管书》："软健（笔）备于一床。"（又可参见吴少华《笔格与笔床》一文，《大美术》2007 年第 9 期）梁简文帝《答徐摛书》，摛原误作"璃"，《全梁文》卷十一据《艺文类聚》辑录，但漏此句。书幌，《四库全书》本作"书幔"；乍，作"中"。《侯鲭录》卷一引作"时设书幌，中置笔床"。

〔6〕《梁令》，《隋书·经籍志》："《梁令》三十卷，《录》一卷。"《旧唐书·经籍志》："《梁令》三十卷，蔡法度撰。"（参见程树德《九朝律考》卷四《梁律考》，321页）周一良先生曾考证古人写字速度，参本书上卷《写书笔》。段成式《寄余知古秀才散卓笔十管软健笔十管书》："限书一万字，应贵鹿毛。"

〔7〕陆云，字士龙，吴郡（今江苏苏州）人，陆机之弟。西晋末年官拜清河内史，后与陆机同时遇害。《隋书·经籍志》有《陆云集》十二卷，已佚。明张溥《汉魏六朝百三家集》辑有《陆清河集》。陆云《与兄书》，即《与兄平原书》，总三十五首，此其二。见《全晋文》卷一百二。《妇人集》，《隋书·经籍志》："梁有《妇人集》三十八卷，殷淳撰。又有《妇人集》二十卷，亡。"《梁书·徐勉传》："又为《妇人集》十卷。"尚书，《初学记》引作"上书"。墨称"螺"，《广韵·戈韵》："螺，蜯属。"刘世儒《魏晋南北朝量词研究》谓，"螺"作量词也是由盛器借用来的。今方言中还有这样用的，如"一螺头土"，这是取其形似，并非实指"海螺"。称"螺"，是指墨形似"螺"，见《墨史》卷上，那么，这就是个体量词了。（237—238 页）按：段成式《与温飞卿书一》："近集仙旧吏献墨二挺，谨分一挺送上。虽名殊九子，状异二螺，如虎掌者非佳，似兔支者差胜。"陆友《墨史》卷上《张遇》引叶少蕴云："两汉间称墨多言丸，魏晋后始称螺，取其上锐，必如今之挺形，而丸则其制不可解。"中国历史博物馆藏宁夏固原东汉墓所出松果纹墨锭，正是螺形。叶少蕴即南宋叶梦得，其不解"丸"之义，应缘于宋时未能见两汉墨丸之故也。又明张萱《疑耀》卷三《墨》："墨之名螺，自晋已然，特未置之为螺也。名之曰螺亦是丸子，犹未制之为片也。故米元章《画史》谓晋人多用凹心砚，正以磨墨丸，贮墨沈耳。"

〔8〕《梁科律》似即《梁科》与《梁律》之统称。《隋书·经籍志》有《梁科》三十卷，《唐六典》注为蔡法度所删定、《梁律》二十卷，梁义兴太守蔡法度撰。参见程树德《九朝律考》卷四《梁律考》。《说略》卷十四："御墨一量，十二丸。"又《记纂渊海》卷八十二："南朝以墨为螺、为量、为丸、为枚。陆云（士龙）《与兄书》：送墨二螺。《梁科律》：御墨一量，十二丸。"量，刘世儒《魏晋南北朝量词研究》谓，"两"的本义就是"两个"，由此引申，凡有"两"可说的大致就都可用它作量词。大约自汉代开始写作"緉"，到了南北朝初期才又写作"量"。至如《列仙传》"安期先生以赤舄一量为报"，似乎是例外，其实是不足据的。因为《列仙传》是伪书，至少已经不是刘向的原著，当然就不可靠了。从此开始"两"的本义就逐渐不显著了。《匡谬正俗》："或问曰：今人呼屦、舄、屐、履之属，一具为一量，于义何邪？答曰：字当作两。《诗》云：'葛屦五两'者，相偶之名，屦之属二乃成具，故谓之两，两音转变，故为量尔。"大约在魏晋南北朝初期用"緉"的多，后期用"量"的才多起来。到了唐代就之用"量"了。（200—202 页）按：刘氏于例证中引汉末皇甫规《与马融书》"谨上袜一量"、魏武帝《与杨彪书》"今遗足下织成花靴一量"，都是东汉时期文字，可见"量"至少在东汉是已有所运用，并非如其所云到了南北朝初期才又写作"量"。又王叔岷《列仙传校笺》卷上校记："王云：'量、两音同，古盖通用。《藏经本》量作双，非。'孙诒让云：'《抱朴子·极言》篇引亦作量，明吴琯本同。'案《事文类聚·前集》《合璧事类·前集》引量并作"两"，与王说合。"《列仙传》此句文字究作"两"，抑是"量"，恐难深究。按："两"常用于成对的人或事物，作为量词在汉简中经见。（陈练军《〈尹湾汉墓简牍〉中的量词》，《周口师范学院学报》第 20 卷第 3 期，2003 年 5 月）丸，刘世儒《魏晋南北朝量词研究》："丸"的本义是指圆形之物。由此引申，很多丸形之物就可用"丸"来作量词了。这是取其形象，由比喻而来。魏晋南北朝时期，它适用的对象虽然已经不止一种，但一般还是以"丸状之物"为范围的。"墨"改用"块"，因为"墨"的形状一般说已经不是丸状了。（116 页）李建平《先秦两汉量词研究》："丸"的本义为小而圆的物体，引申作量词，多见于中医类文献，用于量丸药，使用较广泛。在出土中早期往往书作"捖"或"完"。从形式上看，"丸"直接同数词连用，既可能是量词，也可能是名词。《汉语词典》《汉语大字典》均认为是量词，但在秦汉时代，这个量词显然还不是很典型。后来的晋简中可以看到"丸"处在"名 + 数 + 量"结构中的用法，如《南昌晋牍》："故墨一丸。"这里"丸"作为量词是无可置疑的了。（84—87 页）按：墨的量词，今称"挺（梃）"、称"锭"、称"块"，而小圆形的墨，如药丸，故称"丸"，东汉赵壹《非草书》云"十日一笔，月数丸墨"，是也。钱存训《中国墨的制作和

鉴赏》："早期中国墨为固体形态，可从 1953 年在河北望都附近所发现之望都壁画墓得知。该壁画绘有一'主计史'坐于矮榻上，座前放置三足砚，上有墨锭，旁有水盂。墨锭系立置，圆锥形。汉晋时代文献中每提及墨，常以'丸'或'枚'称之，虽然通常'丸'指圆形物，'枚'指扁平物，但对此类量词的实际形状，并未详述。也有记载谓晋代以后的墨为'螺'形，其确实形状，则不得而知。一般认为中国墨在唐代都制成棱柱形。最近在秦汉及晋代墓葬发现的都是圆柱形，望都汉墓壁画中的墨也是圆柱形。英国考古学家斯坦因（Aurel Stein）在新疆吐鲁番地区曾发现两件唐代的墨，一件是棱柱形，另一件是圆柱形。长方或扁圆形的墨可能同时存在，也可能较晚。"（钱存训《中国古代书籍纸墨及印刷术》，134—135 页）孙机《汉代物质文化资料图说（增订本）》："江陵凤凰山与广州象岗所出西汉早期墨，为小颗粒、小圆片状，虽已非墨粉，但尚未制成墨锭。……是因为制墨成锭须有较成熟的和胶技术，工序较繁难。如施胶偏轻，则成品薄小，但较易制作。所以至北魏时，《齐民要术·笔墨篇》中仍说制墨'宁小不大'。不过由于各地发展上的不平衡，湖北云梦睡虎地 4 号秦墓已出墨锭。西汉时也有墨锭。山西浑源毕村西汉墓出土的圆锥形墨锭，已属模制成型。"（320 页）

〔9〕《汉官仪》，《隋书·经籍志》："《汉官典职仪式选用》二卷，汉卫尉蔡质撰。"蔡质，字子文，陈留圉人，官历卫尉、尚书。详见孙启治、陈建华《古佚书辑本目录（附考证）》，182 页。枚，《左传》昭公十二年："南蒯枚筮之。"孔颖达疏："今人数物曰一枚、两枚，是筹之名也。"《玉篇·木部》："枚，枝也，又个也。"刘世儒《魏晋南北朝量词研究》谓"枚"的本义是树干，引申作计数工具，再由此引申就用成量词。"枚"是适应力最强的量词，除了抽象名词及个别事物它还不习惯陪伴外，几乎是无所不适应的。（76—82 页）按："枚"与另一个量词"个"都属于"泛指性量词"，量词"枚"源于"算筹"义，而非其本意"树干"，其用作量词始于汉初。（见李建平《泛指性量词"枚/个"的兴替及其动因》，附录于《先秦两汉量词研究》）"枚"是汉代使用范围最广的量词，即"共性量词"，用来表示物体的个体单位。在尹湾汉墓简牍有五例，其中就有"笔一枚"。（陈练军《〈尹湾汉墓简牍〉中的量词》，《周口师范学院学报》第 20 卷第 3 期，2003 年 5 月）隃糜，在今陕西千阳，以产墨著称。

〔10〕元嘉，南朝宋文帝年号，公元 424—453 年。格，疑是"给"字。《艺文类聚》卷五八引《汉官仪》："尚书令、仆、丞、郎，月给赤管大笔一双。"

〔11〕湘东，即湘东王萧绎，后为梁元帝。上梁武，一本作"上荆武"。幅，刘世儒

《魏晋南北朝量词研究》认为，"幅"本义是指布帛的宽度。《说文》："幅，布帛广也。"作为量词，它就常用于布帛。布帛等用"幅"量，还透露着"幅"的本义，但也可用于"纸"，这就取其平面作用了。"幅"的本义从此就不显了。《高僧传·神异篇》："忽求黄纸两幅作书。"《南方草木状》卷中："蜜香纸……大秦献三万幅。"（128 页）

〔12〕纲，梁简文帝萧纲，《四库全书》本误作"绎"，绎为元帝萧绎。番，《广韵·元韵》："番，数也。"刘世儒《魏晋南北朝量词研究》认为，"番"作为量词是由"翻转""返复"义引申出来的。南北朝就有写作"反"的，也有"翻"仍写作"番"的。在南北朝，它的用法已经相当宽泛，表面看来，彼此似无关系，其实语源上都是一样的。首先是表示"轮番"的用法。其次就是陪伴"饼"或"纸"的用法了。"饼"用"番"是因为饼可以"翻"，纸也一样。（161—162 页）

〔13〕陆倕，字佐公，南朝齐梁时期吴郡吴（今江苏苏州）人。《四库全书》本无"蜀"字。

〔14〕四色纸，《四库全书》本误作"笔"。此处论纸，且纸三万枚，较笔三万枚要合理。

〔15〕《会最》，唐郑虔著，亦作《会萃》《会稡》，取《尔雅序》"会萃旧说"之义。后世有辑本。（详见陈尚君《〈郑虔墓志〉考释》，载《贞石诠唐》，复旦大学出版社，2016 年）船，《四库全书》本作"舡"，《集韵·僭韵》："船，俗作舡。"蠒纸，即茧纸。"蠒"为茧之俗字，见《广韵·铣韵》："茧，蚕茧。繭，古文。蠒，俗。"按：茧纸并非蚕茧所制之纸，唐何延之《兰亭记》言王羲之书《兰亭序》"用蚕茧纸、鼠须笔"，后人多有臆度为蚕茧所制者，若此则为绢素之类，与绢又有何异？今人研究，所谓蚕茧纸，意在言其质地之佳而已，实即楮皮纸之美称。正如今所谓之"牛皮纸"之坚厚，而非牛皮所造也。（参见王菊华等《中国古代造纸工程技术史》，129—131 页）

〔16〕张载，《晋书》本传："张载字孟阳，安平人也。……载性闲雅，博学有文章。"《隋书·经籍志》："晋中书郎《张载集》七卷，梁一本二卷，《录》一卷。"《艺文类聚》卷五十五引《张载别传》："张载文章殊妙，尝为《蒙汜池赋》，傅玄见之，叹息称妙，以车迎载，言谈终日。"

〔17〕纸字从系，蔡伦作纸从巾，《东观汉记·蔡伦传》："黄门蔡伦，字敬仲，典作上方，造意用树皮及敝布、鱼网作纸，奏上，帝善其能，自是莫不用，天下咸称蔡侯纸也。"《太平御览》卷六百五引王隐《晋书》载魏张楫《古今字诂·巾

部》："帋，今（纸）也，其字从巾。古之素帛，依旧长短，随事截绢，枚数重沓，即名幡纸。故（字）从糸，此形声也。后汉和帝元兴中，中常侍蔡伦以故布倒刬作纸，故字从巾，是其音虽同，糸、巾为殊，不得言古纸为今纸。"另按：新整理本《段成式诗文辑注》上编《寄温飞卿笺纸序》："一日，辱飞卿九寸小纸，两行亲书，云要采笺十幡录少诗。……辄分五十枚。"元锋等注引《文房四谱》卷四《纸谱》："古谓纸为幡，亦谓之幅，盖取缯帛之义也。自隋唐以降，乃谓之枚。"（15 页）按：称纸数为"枚"实自汉晋已然，非晚至隋唐始然。另据《初学记》卷二十一所引，尚有如下例证：《东观汉记》曰："《蔡伦传》云：伦典作尚方作纸。虞预表曰：秘府有布纸三万余枚，悉与之。"《东宫旧事》曰："皇太子初拜，给缥红纸各一百枚。"

十五、《芝田录》记笔工事释补

　　《芝田录》,《新唐书·艺文志》著录一卷,晁公武《郡斋读书志》卷三谓"其书记隋唐杂事,未详何人,总六百条"。朱胜非《绀珠集》卷十题"丁用晦"撰,章如愚《山堂肆考》题"唐丁用晦著"。《芝田录》无单行本传世,一些丛书将其文字零星地加以收录,然已不是原有的六百条了。本则文字见于《太平广记》,注明"出《芝田录》",内容是记唐代的一个老笔工受太守之命,为某宰相制笔之事,但前面的部分已缺,后世的一些文献记有类似的内容可以补充参考,并略加注释。

　　(前缺)返报[1],太守惧,追叟欲加刑[2]。叟曰:"乞使君不草草,某知书[3],褚辈只须此笔[4]。乞先见相公书迹,然后创制。"太守示之,叟笑曰:"若如此,不消使君破三十钱者。且更寄五十管,如不称,甘鼎镬之罪!"[5]仍乞械系[6],俟使回期。太守怒稍解,且述叟事。云:"睹相公神翰,宜此等笔。"相府得之,试染翰甚佳。复书云:"笔大可意,宜优赐匠人也。"太守喜,以束帛赠叟而遣之[7]。(《太平广记》卷二三二《器玩四·令狐绹》引)

〔1〕《太平广记》原校:"'返报'二字以下似系'虔州刺史'条下之下半,中脱裴岳等四条。"按:《广记》目录有"虔州刺史"条目,但正文已佚。本则似原为"虔州刺史"文字,而窜入"令狐绹"条者。

〔2〕太守,即刺史,州的最高行政长官。唐高祖武德元年,罢郡置州,改太守为刺史(《旧唐书·高祖本纪》)。唐玄宗天宝元年,又将刺史改为太守(《旧唐书·玄宗本纪》),不久仍复太守为刺史。

〔3〕某,我。《礼记·曲礼下》:"某有负薪之忧。"按:启功云:"《论语》中'某在斯、某在斯',是第一人称对第二人称、第三人称的说法。古籍中凡第一身自称

作'某'的，都是旁人记述这个人的话。因为古代人常自称己名，没有用'某'字自作代称的。"（《鉴定书画二三例》，《文物》1981 年第 6 期）

〔4〕褚辈，疑当作"诸辈"。

〔5〕鼎镬之罪，古代的一种将人活烹的酷刑。鼎镬，《周礼·天官冢宰·亨人》："亨人掌共鼎镬，以给水火之齐。"镬，郑玄注："镬所以煮肉及鱼腊之器，既孰（熟），乃脀于鼎齐多少之量。"

〔6〕械系，戴上枷锁。

〔7〕束帛，《周易·贲》："贲于丘园，束帛戋戋。"孔颖达疏："束帛，财物也。举束帛言之，则金银珠玉之等皆是也。"按：束帛广义上指财物，狭义指丝质绢绸制品。在唐代上对下所赐的"束帛"当是指后者，《旧唐书·陆德明传》："太宗后尝阅德明《经典释文》，甚嘉之，赐其家束帛二百段。"按：《芝田录》的这则故事，类似的情节亦见于宋人的笔记中，所涉及的人物则有所不同。如北宋蔡絛《铁围山丛谈》卷五："吾闻诸唐季时有名士，就宣帅求诸葛氏笔，而诸葛氏知其有书名，乃持右军笔二枝乞与，其人不乐。宣帅再索，则以十枝去，复报不入用。诸葛氏惧，因请宣帅一观其书札，乃曰：'似此特常笔与之耳，前两枝非右军不能用也。'"又邵博《邵氏闻见后录》卷二十八："宣城陈氏家传右军《求笔帖》，后世益以作笔名家。柳公权求笔，但遗以二枝，曰：'公权能书，当继来索，不必，却之。'果却之，遂多易以常笔，曰：'前者右军笔，公权固不能用也。'"南宋岳珂《玉楮集》卷二有一首诗名很长的诗，名为"唐世有刺郡江表者，时宰嘱以新淦出笔，令制以寄。刺史始至，召佳手，一老父应命，百日而得二管，驰贡相府，一见已讶其迟且鲜。试之，乃绝不堪。大怒曰：'数千里乃寄两管恶笔来？'刺史闻之惧，欲寘老父于罪。老父诉曰：'使君毋草草，我所制乃欧、褚所用。丐先示以相君翰墨，容再制。苟不称？甘鼎镬！'遂示之，慨然曰：'如此只消使君三十钱笔！'不日，献五十管，暨再使至长安，相一试大喜，复书令优赐匠者。夜窗偶试毗陵张颢笔，戏为之赋"。很明显，内容、情节，乃至文字，都与《芝田录》所述很接近。岳珂所据的来源或即《芝田录》，或是与《芝田录》来源相同的文本。但与《铁围山丛谈》和《邵氏闻见后录》，文本则明显不同。清王士禛《池北偶谈》卷十二《谈艺二·新淦笔工》即引录岳珂《玉楮集》此诗，历述岳珂事迹著作，并引笔记中所载柳公权求笔事相比较，并录恭参考："岳公，忠武王孙，所著有《桯史》《金佗粹编》等书。此集凡八卷，乃故衡王府抄本也。集中又有赠李微之秘监诗，自注云：'微之以吏馆牒来，索予所撰《东陲笔略》。'此书不知尚传于世否？识其目，当更访之。又

《学圃萱苏》载：唐宣州陈氏，世能作笔，家传右军《求笔帖》。至唐柳公权求笔于宣城，先予二管。语其子曰：'柳学士能书，当留此笔；不尔，退还，即可以常笔予之。'柳果以为不入用，别求，遂予常笔。陈曰：'吾先予二笔，非右军不能用也。'与此绝相类。"按：所引《学圃萱苏》中所记柳公权事，当转录于宋邵博《邵氏闻见后录》卷二十八。还有就是，《芝田录》"返报"前所缺文字的大致内容，也就是这则故事所缺失的前面情节，由于岳珂的这首诗名，得以大致了解。

十六、柳公权《谢惠笔帖》小笺

柳公权（778—865），字诚悬，晚唐著名书法家，传称其"志耽书学，不能治生"，"所宝唯笔砚图画，自扃镝之"。其曾评砚云："以青州石末为第一，言墨易冷，绛州黑砚次之。"寥寥十余字而已。宋吴曾《能改斋漫录》录其《谢惠笔帖》，虽亦寥寥，然颇可征其用笔喜"管小锋长"之个人喜好。清徐康《前尘梦影录》评价此帖说："诚悬所说，洵制笔者之金针，然非法书名家，亦未易解此。"明汪砢玉《珊瑚网》卷二十、清倪涛《六艺之一录》卷一百六十四题柳河东（宗元）作，实误。今录出副以小笺。

近蒙寄笔，深荷远情[1]。虽毫管甚佳，而出锋太短，伤于劲硬[2]。所要优柔[3]，出锋须长，择毫须细，管不在大，副切须齐，副齐则波磔有冯[4]，管小则运动省力，毛细则点画无失，锋长则洪润自由[5]。顷年曾得舒州青练笔，指挥教示，颇有性灵。后有管小锋长者，望惠一二管，即为妙矣[6]。（《能改斋漫录》卷十四"类对"条）

[1] 荷，承受、蒙受。远情，《宋书·谢灵运传》载其《撰征赋》："体飞书之远情，悟犒师之通识。"

[2] 黄庭坚《笔说》："宣城诸葛高系散卓笔，大概笔长寸半，藏一寸于管中。"按：蔡绦《铁围山丛谈》卷五云："宣州诸葛氏素工管城子，自右军以来世其业。"诸葛氏所制笔特点是，深纳笔头于笔管腔中，即韦诞《笔方》所谓"内（纳）管中，宁随毛长者使深，宁小不大，笔之大要也"。此种制笔法当是自魏晋以来之古法，然柳公权晚唐人，似已不能适应，故嫌其"出锋太短，伤于劲硬"，而云"出锋须长"。公权不适应于古法所制之笔，事迹又见于宋邵博《邵氏闻见后录》卷二十八，详上卷《蠡测"二王时代"的笔》）。又按：邵博谓"张义祖所用无心毫，锥锋长二寸许"是王羲之"遗法"，殆不可信。无心笔产生于北宋中后

期，诸葛氏世传有心笔之制，至此衰落，故不得不迁就于时风，改制无心笔。详见陈志平《黄庭坚书学研究》(225—231 页)、何炎泉《北宋毛笔发展与书法尺寸的关系》(孙晓云、薛龙春主编《请循其本：古代书法创作研究国际学术讨论会论文集》)、朱友舟《散卓笔考》(《美术观察》，2013 年第 2 期)。

〔3〕优柔，指笔毛柔顺。

〔4〕副，即覆毛或被。冯，即"凭"。

〔5〕洪润，原指声音洪亮而润畅，《史记·乐书》："宽裕、肉好。"司马贞索隐："王肃曰：肉好，言音之洪润。"此借喻笔毛书写顺畅。倪涛《六艺之一录》卷一百六十四作"洪纤"。按：清梁巘《评书帖》："用笔须笔头过长的，过短则写字无势，且不耐久。"赵权利《笔史述略（连载之一)》：柳公权不适用宣州陈氏所制笔，他所说毛笔锋要优柔，出锋要长，管则要细，这些都与唐代毛笔的主流样式特征相反。可见原有的粗杆、短锋不能适应柳体书法的要求，需要毛笔杆细、锋长。实际上，杆细、锋长在当时不仅对于书法言，而且应当代表了唐代部分画家对毛笔形制改革的愿望。于是，在这种时代的要求下，长锋笔应运而生。按：钱易《南部新书》丁："柳公权《笔偈》云：''圆如锥，捺如凿。只得入，不得却。''义是一毛出，即不堪用。'"大致反映了柳公权对毛笔制作的要求。

〔6〕汪砢玉《珊瑚网》卷二十录此帖后有"公权"二字题名。杨慎《升庵集》卷六十六《笔经》："此帖论笔之妙颇尽。"按：明谢肇淛《五杂组》卷十二《物部四》有论柳公权与王羲之用笔之不同札记一则，详上卷《蠡测"二王时代"的笔》。

十七、传李阳冰《笔法诀》注释

    李阳冰（生卒年不详），京兆（今陕西西安）人。善篆书，对后世影响极大。其论书作品唯有《上李大夫论古篆书》一篇较为可靠。宋苏易简《文房四谱》却有《笔法诀》，署为李阳冰撰。朱长文《墨池编》卷十九载李阳冰《笔法诀》，郑樵《通志》卷六十四有李阳冰《笔法要诀》一卷。此作很有可能是五代北宋间伪托李阳冰之名而来，故仅见于宋人著录。然这篇文字的内容却非常值得玩味，颇有借鉴意义，无妨收录，并作简要的注释。

    夫笔大小硬软长短，或纸绢心、散卓等[1]，即各从人所好。用作之法，匠须良哲[2]、物料精详。入墨之时，则毫副诸毛勿令斜曲。每因用了则洗濯收藏，惟己自持，勿传他手[3]。至于时展其书，兴来不过百字，更有执捉之势[4]，用笔紧慢[5]，即出于当人，理无确定矣。（《文房四谱》卷一《笔谱上·二之造》）

〔1〕纸绢心，用纸或绢制作的笔心，还有用麻（枲），参见本卷《王羲之〈笔经〉校笺》。

〔2〕良哲，优良精湛。

〔3〕一般的论笔文字很少能指出此点，但有经验的书画家于此当有所感受。

〔4〕执捉之势，执笔拿笔的姿势。孙过庭《书谱》："执，谓深浅长短之类是也。"伪托卫夫人《笔阵图》："凡学书字，先学执笔，若真书，去笔头二寸一分。若行草书，去笔头三寸一分执之。"虞世南《笔髓论·释真》："笔长不过六寸，捉管不过三寸，真一、行二、草三，指实掌虚。"

〔5〕紧慢，快慢。

十八、宋代辞书中关于鼠毛与兔毫资料两则笺释

在宋代的辞书中，有两部翼辅《尔雅》的著作：《埤雅》和《尔雅翼》。

《埤雅》二十卷，陆佃撰。陆佃（1042—1102），字农师，宋越州山阴（今浙江绍兴）人，熙宁三年（1070）进士甲科，授蔡州推官，选为郓州教授，召补国子监直讲。历迁礼部侍郎、吏部尚书，拜尚书右丞、转左丞。受经学于王安石。陆佃曾注《尔雅》，之后又续撰此书，更名《埤雅》，取为《尔雅》之辅的意思。此书征引广博，不仅保存了宋以前的许多文字古义，而且解释诸物，能结合旧说，并参以自己目睹的经验之谈，是古代的一部较有特色的动植物词典。

《尔雅翼》三十二卷，罗愿撰。罗愿（1136—1184），字端良，徽州歙县（今安徽歙县）人。罗汝楫子。荫补承务郎。宋乾道二年（1166）进士，历任鄱阳知县、赣州通判、鄂州知事。博学好古，长于考证。文章精炼醇雅，为朱熹所推重。与《埤雅》取义相似，《尔雅翼》的意思是作《尔雅》的羽翼，《四库全书总目提要》称此书"考据精博，而体例谨严，在陆佃《埤雅》之上"，当非虚誉。这两部宋代辞书中，分别记述了"鼠毛"和"兔毫"两种毛笔制作原料的物性，保存了较多的古说，故从《丛书集成新编》本摘出，并作笺释。

1. 鼠

鼬鼠，健于捕鼠，似貂，赤黄色，大尾，今俗谓之鼠狼。《广雅》曰："鼠狼，鼬"是也。一名䶂，《庄子》所谓"骐骥骅骝，捕鼠不如狸狌"[1]。今栗鼠似之，苍黑而小，取其毫于尾，可以制笔。世所谓"鼠须栗尾"者也[2]，其锋乃健于兔。栗鼠，若今竹䶎之类。盖鼠食

竹，故曰竹鼬。《燕山录》曰："煮羊以鼬，煮鳖以蚊。"言其性类相感，省火易熟，有如此者[3]。（《埤雅》卷十一"鼠"条）

〔1〕见《广雅·释兽》。王念孙疏证："《尔雅》'鼬鼠'，郭璞注云：'今鼬似鼦，赤黄色，大尾，啖鼠，江东呼为鼪。'《说文》：'鼬，如鼠，赤黄而大，食鼠者。'《夏小正》：'九月貔鼬则穴。'传云：'穴也者，言蛰也。'《庄子·徐无鬼篇》：'藜藋柱乎鼪鼬之径。'《秋水篇》：'骐骥骅骝，一日而驰千里，捕鼠不如狸狌。'崔本'狌'作'鼬'。鼬善捕鼠，故有鼠狼之名。《艺文类聚》引《广志》云：'黄鼠善走，凡狗不得，惟鼠狼能得之。'今俗通呼'黄鼠狼'，顺天人呼之'黄鼬'，好夜中食人鸡，人捕取之，以其尾毛为笔。"按：检《艺文类聚》卷九十五引《广志》作："黄鼠在田野间为群，害谷麦，凡善走，把不得，唯鼠狼能得之。"

〔2〕黄庭坚《笔说》："栗尾，江南人所谓蛣蛉鼠者。"欧阳修《归田录》卷二："蔡君谟既为余书《集古录目序》……余以鼠须栗尾笔、铜绿笔格、大小龙茶、惠山泉等物为润笔。"盖即《北户录》所谓之"蛣蛉鼠毛"，崔龟图注引《广志》云："可以为笔。"

〔3〕鼬，《集韵·尤韵》："鼬，《说文》：竹鼠也，如犬。"按：《说文》《广雅·释兽》《广韵·尤韵》作"鼯"，是古字如此。《广雅》："鼯鼠。"王念孙疏证："《说文》：'鼯，竹鼠也，如犬。'《玉篇》：'鼯，力久切。似鼠而大。'《广韵》：'鼯，食竹根鼠也。'《艺文类聚》引刘欣期《交州记》云：'竹鼠如小狗子，食竹根，出封溪县。''鼯'，或作'猵'，《庄子·天地篇》：'执留之狗。'释文'留'本又作'猵'。司马彪云：'猵，竹鼠也。'后世谓之竹鼯，出南方，居土穴中，大如兔，人多食之，味如鸭肉。扬雄《蜀都赋》云：'春羔秋鼯。'《埤雅》引《燕山录》云：'煮羊以鼬，煮鳖以蚊。'"

2. 兔

兔视月而有子，其目尤瞭，故牲号谓之明视[1]。《天问》称："夜光何德，死则又育？厥类惟何，而顾兔在腹？"[2]盖月唯朢一日满，余时常缺，兔口亦缺[3]，以类相致。说者以为天下之兔皆雌，惟顾兔为雄，故皆望之以禀气[4]。古称"日乌月兔"，相传已久[5]。传曰："日无光则乌不现，乌不现则飞乌隐窜。"汉元帝永光元年，日中无光，其日长安无乌[6]。而今世卜兔之多寡者[7]，以八月之望，是夜深山大林中百十为列，延首月影中，月明则一岁兔多，月暗则兔少，是禀顾兔之气以孕也。然兔亦自有雌雄，不专视月，古乐府亦云："雄兔脚扑朔，雌兔眼迷离。两兔逐地走，安能知我是雄雌？"[8]盖雌雄之难辨者云尔。《论衡》云："舐雄毫而孕，及其生子从口中吐出。"[9]冬月唯龁木皮[10]，至春，草长麦繁，而肉反不美。凡野兽鲜有氂[11]，唯兔足底皆毛，号"建毛"，性狡以善走。齐之良兔曰东郭夋，盖一旦而走五百里[12]，与齐之良狗韩卢同足[13]。其居号"三窟"，冯谖以此导田文。今兔之所处，其穴常为三窍，猎者攻之常显。然自其正穴跃出，而顾循其背，自后窍入坐穴中，猎者反以是得之。岳阳人以兔为地神，无敢猎者。又巴陵乌绝多[14]，无敢弋。不知何故也[15]？其毫利为笔，韩愈传毛颖[16]，称蒙恬取兔毫为笔，乃不其然。蒙恬所造即秦笔耳，以枯木为管，鹿毛为柱，羊毛为皮（被），所谓苍毫，非兔毫竹管也。兔毫自汉以来有之耳。崔豹说之甚详[17]。又《淮南鸿烈》曰："昔苍颉作书而天雨粟，鬼夜哭。"以为"鬼恐为书所劾，故哭而悲之"。许叔重乃云："鬼或作兔，兔恐见取毫作笔，害及其躯，故夜哭。"夫自黄帝、苍颉至于秦，盖二千余年，考蒙恬乃始作秦笔，而兔毫竹管又出于鹿毛木管之后，彼之哭者，骨朽久矣。许说非也[18]。《宋·符瑞志》："白兔，王者敬耆老则见。赤兔，王者德盛则至。"[19]《春秋运斗枢》曰："玉衡星散而为兔。"[20]（《尔雅翼》卷二十一《释兽四》）

〔1〕明视，《礼记·曲礼下》："凡祭宗庙之礼……兔曰明视。"孔颖达疏："兔肥则目开而视明也，故王云：目精明皆肥貌也。"韩愈《毛颖传》："毛颖者，中山人也。其先明眎，佐禹治东方土。养万物有功，因封于卯地，死为十二神。"

〔2〕夜光何德，死则又育，《楚辞·天问》王逸注："夜光，月也。育，生也。言月何德于天，死而复生也。一云：言月何德，居于天地，死而复生。"闻一多《天

问疏证》："'夜光何得，死则又育'者，问月何所得以能死而复生，意盖谓其尝得不死药也。月之盈亏，有生魄死魄之称，此言月有生死，其义正同。"厥类，《楚辞》原作"厥利"。惟，原作"维"。兔，原作"菟"。王逸注："言月中有兔，何所贪利，居月之腹而顾望乎？菟，一作兔。"汤炳正、萧兵并有考证，参见龚维英《女神的失落》（127—135 页）。

〔3〕望，通作"望"，《说文》："望，月满与日相望，以朝君也。"兔口亦缺，崔豹《古今注》卷中《鸟兽》："兔口有缺，尾有九孔。"张华《博物志》卷十《杂说下》："妇人妊娠，不欲令见丑恶物、异类鸟兽。食当避其异常味，不欲令见熊罴虎豹。……故古者妇人妊娠，必慎所感，感于善则善，恶则恶矣。妊娠者不可啖兔肉。又不可见兔，令儿唇缺。"

〔4〕禀气，下文云"是禀顾兔之气以孕也"，此谓雌兔承受顾兔之气而有孕。

〔5〕《初学记》卷三十引《春秋元命苞》："日中有三足乌者，阳精其偻呼也。"又引孔子曰："乌，呕呼也。取其助气，故以为乌呼。乌为日中之禽，故为像形也。"张衡《灵宪》曰："日阳精之宗，积而成乌。乌有三趾，阳之类数也。"按：长沙马王堆一号西汉墓及三号西汉墓所出土的帛画，右上方绘有日中金乌，左上方月中绘有玉兔、蟾蜍。

〔6〕《汉书·五行志》："元帝永光元年四月，日色青白，亡景，正中时有景亡光。是夏寒，至九月，日乃有光。"同书《于定国传》："永光元年，春霜夏寒，日青亡光。"

〔7〕卜，推测，估计。

〔8〕两兔逐地走，《乐府诗集》卷二十五《木兰诗》作"双兔傍地走"。

〔9〕《论衡·奇怪》："兔吮（舐）毫而怀子，及其子生，从口而出。"张华《博物志》卷四"物性"条："兔舐毫望月而孕，口中吐子，旧有此说，余自所见也。"

〔10〕龁，咬。

〔11〕氀，同"牦"。《汉书·王莽传》："以氀装衣。"颜师古注："毛之强曲者曰氀。"

〔12〕东郭䜣，《说文》："䜣，狡兔也。"《新序·杂事》："昔者齐有良兔曰东郭䜣，盖一旦而走五百里。"

〔13〕韩卢，战国时韩国黑色善跑之名犬，见本卷《嵇含〈试笔赋序〉笺注》。韩卢顾

名当为韩产，此谓齐，不知何据？

〔14〕巴陵即今湖南岳阳。

〔15〕谢肇淛《五杂组》卷九《物部一》："罗愿云：'岳阳人以兔为地神，无敢猎者，又巴陵乌绝多，无敢弋。'其语信矣。"

〔16〕即韩愈《毛颖传》。

〔17〕崔豹说见其《古今注》卷下《问答释义》："牛亨问曰：'自古有书契以来，便应有笔。世称蒙恬造笔，何也？'答曰：'蒙恬始造即秦笔耳，以枯木为管，鹿毛为柱，羊毛为被，所谓苍毫，非兔毛竹管也。'"

〔18〕按：所引《淮南鸿烈》见于《本经训》。许叔重即许慎，《隋书·经籍志》著录有《淮南子》二十一卷，有高诱、许慎两家注。此《本经训》实为高诱所著，非许慎也。罗愿谓"许说非也"，当是"高说非也"。兹将高诱注录出："苍颉始视鸟迹之文造书契，则诈伪萌生。诈伪萌生，则去本趋末，弃耕作之业，而务锥刀之利。天知其将饿，故为雨粟。鬼恐为书文所劾，故夜哭也。鬼或作兔，兔恐见取其豪作笔，害及其躯，故夜哭。"《论衡·感虚》："传书言：'仓颉作书，天雨粟，鬼夜哭。'此言文章兴而乱渐见，故其妖变致天雨粟、鬼夜哭也。夫言天雨粟，鬼夜哭，实也。言其应仓颉作书，虚也。"

〔19〕白兔，《开元占经》卷一百十六引《瑞应图》："王者敬事耆老，则白兔见。"《艺文类聚》卷九十五张浚《白兔颂》："盖久隐时见，应世德也。"同卷晋桓温《贺白兔表》："臣闻至德通玄，则祯祥降。灵和所感，则异物生。今白兔见于春谷县，皓质纯素，皦然殊观。"同卷晋王廙《白兔赋序》："今在我王，匡济皇维。而有白兔之应。"赤兔，《初学记》卷二十九引《瑞应图》："赤兔者瑞兽，王者盛德则至。"

〔20〕《初学记》卷二十九引无"星"字。《艺文类聚》卷九十五梁简文帝《上白兔表》："瑞表丹陵，祥因旧沛。四灵可迈，既验玉衡之精。千岁变采，有符明月之状。"

征引文献

一、古籍

《北户录》，段公路撰，崔龟图注，吴兴陆氏《十万卷楼丛书》本

《北堂书钞》，虞世南撰，中国书店，1989 年

《〈本草纲目〉（金陵本）新校注》，李时珍著，王庆国主校，中国中医药出版社，2013 年

《避暑录话》，叶梦得撰，《丛书集成初编》，商务印书馆，1936 年

《曹植集校注》，曹植著，赵幼文校注，人民文学出版社，1998 年

《春雨堂随笔》，陆深撰，《丛书集成初编》，商务印书馆，1936 年

《大瓢偶笔》，杨宾撰，柯愈春点校，浙江人民美术出版社，2012 年

《黄庭坚全集》，黄庭坚著，刘琳、李勇先、王蓉贵校点，四川大学出版社，2001 年

《别雅》，吴玉搢撰，《景印文渊阁四库全书》，第 222 册，台北：台湾商务印书馆，1983—1987 年

《弘法大师全集》，［日］遍照金刚撰，祖风宣扬会编纂，东京：吉川弘文馆，1910 年

《博物志校证》，张华撰，范宁校证，中华书局，1980 年

《楚辞补注》，洪兴祖撰，白化文点校，上海古籍出版社，1983 年

《段成式诗文辑注》，段成式著，元锋、烟照编注，济南出版社，1995 年

《蔡中郎集》，蔡邕撰，张溥辑《汉魏六朝百三家集》，上海古籍出版社，1994 年

《蔡中郎文集补》，蔡邕撰，吴志忠辑，《续修四库全书》，第 1303 册，上海古籍出版社，2002 年

《朝野佥载》，张鷟撰，赵守俨点校，中华书局，1979 年

《册府元龟》，王钦若等编，中华书局，1960 年

《陈书》，姚思廉撰，中华书局，1972 年

《池北偶谈》，王士禛撰，勒斯仁点校，中华书局，1982 年

《出三藏记集》，释僧祐撰，苏晋仁、萧炼子点校，中华书局，1995 年

《初学记》，徐坚等撰，中华书局，1962 年

《大戴礼记解诂》，王聘珍撰，王文锦点校，中华书局，1983 年

《大唐西域记校注》，玄奘等撰，季羡林等校注，中华书局，2000 年

《丹铅总录笺证》，杨慎撰，王大淳笺证，浙江古籍出版社，2013 年

《东观汉记校注》，刘珍等撰，吴树平校注，中州古籍出版社，1987 年

《东观奏记》，裴庭裕撰，田廷柱点校，中华书局，1994 年

《读书杂志》，王念孙撰，江苏古籍出版社，1985 年

《订讹类编》，杭世骏撰，陈抗点校，中华书局，1997 年

《读书敏求记校证》，钱曾著，管庭芬、章钰校证，上海古籍出版社，2007 年

《尔雅翼》，罗愿撰，《丛书集成新编》，第 37 册，台北：新文丰出版公司，1984 年

《法书要录》，张彦远，范祥雍点校，人民美术出版社，1964 年

《法苑珠林校注》，释道世撰，周叔伽、苏晋仁校注，中华书局，2003 年

《方言笺疏》，钱绎撰，上海古籍出版社，1984 年

《傅子》，傅玄撰，钱熙祚辑，道光金山钱氏刊《指海》本

《负暄野录》，陈槱撰，《丛书集成初编》，中华书局，1985 年

《绀珠集》，朱胜非撰，《景印文渊阁四库全书》，872 册

《高僧传校注》，释慧皎撰，汤用彤、汤一玄校注，中华书局，1992 年

《格致镜原》，陈元龙撰，上海古籍出版社，1992 年

《古今注》，崔豹撰，《四部丛刊三编》影宋本，上海：商务印书馆，1936 年

《古今注校笺》，崔豹著，牟华林校笺，线装书局，2015 年

《古微书》，孙瑴撰，《丛书集成初编》，商务印书馆，1936 年

《古文苑》，《龙溪精舍丛书》，第四册，中国书店，1990 年

《管子校证》，戴望著，《诸子集成》第 5 册，中华书局，1954 年

《广博物志》，董斯张撰，岳麓书社，1991 年

《广川书跋》，董逌撰，《丛书集成初编》，中华书局，1985 年

《广雅疏证》，王念孙撰，中华书局，1983 年

《广韵》，《小学名著六种》本，中华书局，1998 年

《归田录》，欧阳修撰，林青校注，三秦出版社，2003 年

《癸辛杂识》，周密撰，吴企明点校，中华书局，1988 年

《桂海虞衡志》，范成大撰，《范成大笔记六种》，孔凡礼点校，中华书局，2002 年

《国语》，上海古籍出版社，1988 年

《韩昌黎文集校注》，韩愈撰，马其昶校注，上海古籍出版社，1986 年

《韩诗外传笺疏》，韩婴撰，屈守元笺疏，巴蜀书社，1996 年

《汉书》，班固撰，中华书局，1962 年

《汉官六种》，孙星衍等辑，周天游点校，中华书局，1990 年

《后汉书》，范晔撰，中华书局，1962 年

《侯鲭录》，赵令畤撰，孔凡礼点校，中华书局，2002 年

《淮南鸿烈集解》，刘文典撰，中华书局，1989 年

《黄帝内经素问》，王冰撰注，鲁兆麟主校，辽宁科学技术出版社，1997 年

《鸡肋编》，庄绰撰，萧鲁阳点校，中华书局，1983 年

《记纂渊海》，潘自牧纂，中华书局，1988 年

《兼名苑辑注》，李增杰、王甫辑注，中华书局，2001 年

《建安七子集》，俞绍初辑校，中华书局，1989 年

《江南野史》，龙衮撰，《丛书集成续编》，第 274 册，台北：新文丰出版公司，1988 年

《菽园杂记》，陆容撰，中华书局，1985 年

《戒庵老人漫笔》，李诩撰，魏连科点校，中华书局，1982 年

《晋书》，房玄龄等撰，中华书局，1974 年

《晋宋书故》，郝懿行撰，《丛书集成初编》，中华书局，1991 年

《金楼子校笺》，萧绎撰，许逸民校笺，中华书局，2011 年

《经典释文汇校》，陆德明撰，黄焯汇校，中华书局，2006 年

《旧唐书》，刘昫等撰，中华书局，1975 年

《郡斋读书志校证》，晁公武撰，孙猛校证，上海古籍出版社，2005 年

《开元占经》，瞿昙悉达撰，李克和校点，岳麓书社，1994 年

《考槃余事》，屠隆撰，陈剑点校，浙江美术出版社，2011 年

《魏生丛录》，李详撰，江苏古籍出版社，2000 年

《老学庵笔记》，陆游撰，刘德权点校，中华书局，1979 年

《浪迹丛谈》，梁章钜撰，陈铁民点校，中华书局，1981 年

《隶释》，洪适撰，中华书局，1985 年

《梁书》，姚思廉撰，中华书局，1974 年

《林和靖集》，林逋著，沈幼征校注，浙江古籍出版社，2016 年

《岭表录异》，刘恂撰，《丛书集成初编》，中华书局，1985 年

《岭外代答校注》，周去非著，杨武泉校注，中华书局，1999 年

《列仙传校笺》，王叔岷撰，中华书局，2007 年

《六研斋笔记》，李日华撰，郁震宏、李保阳点校，凤凰出版社，2010 年

《六艺之一录》，倪涛撰，《景印文渊阁四库全书》，第 830—838 册，台北：台湾商务印书馆，1986 年

《陆士龙文集校注》，陆云著，刘运好校注整理，凤凰出版传媒集团 凤凰出版社，2010 年

《论衡校释（附刘盼遂集解）》，黄晖校释，中华书局，1990 年

《履园丛话》，钱泳撰，张伟点校，中华书局，1979 年

《毛诗草木鸟兽鱼虫疏》，陆玑撰，毛晋参，《丛书集成初编》，中华书局，1985 年

《明道杂志》，张耒撰，《丛书集成初编》，中华书局，1985 年

《墨史》，陆友撰，《丛书集成初编》，中华书局，1985 年

《墨池编》，朱长文编，卢辅圣主编《中国书画全书》，第一册，上海书画出版社，1993 年；又《景印文渊阁四库全书》，第 812 册

《墨庄漫录》，张邦基撰，孔凡礼点校，中华书局，2002 年

《南部新书溯源笺证》，钱易著，梁太济笺证，中西书局，2013 年

《南史》，李延寿撰，中华书局，1975 年

《南齐书》，萧子显撰，中华书局，1972 年

《南方草木状》，嵇含撰，吴江沈氏怡园刻本

《能改斋漫录》，吴曾撰，上海古籍出版社，1960 年

《埤雅》，陆佃撰，《丛书集成新编》，第 38 册，台北：新文丰出版公司，1984 年

《频罗庵遗集》，梁同书撰，《清代诗文集汇编》编纂委员会《清代诗文集汇编》第 353 册，上海古籍出版社，2010 年

《频罗庵论书》，梁同书撰，《丛书集成初编》，中华书局，1985 年

《萍洲可谈》，朱彧撰，李伟国点校，中华书局，2007 年

《七修类稿》，郎瑛撰，上海书店出版社，2009 年

《齐民要术》，贾思勰撰，《龙溪精舍丛书》本，中国书店，1990 年

《齐民要术今释》，贾思勰撰，石声汉今释，中华书局，2009 年

《齐民要术校释（第二版）》，贾思勰撰，缪启愉校释，中国农业出版社，1998 年

《前尘梦影录》，徐康撰，孙迎春校点，中国美术学院出版社，2000 年

《潜研堂集》，钱大昕撰，吕友仁点校，上海古籍出版社，1989 年

《钦定四库全书总目（整理本）》，纪昀等原撰，《四库全书》研究所整理，中华书局，1997 年

《清异录》，陶穀撰，清道光二十六年刻《惜阴轩丛书》本

《全唐诗》，彭定求等编，上海古籍出版社，1986 年

《全唐文》，董诰等编，中华书局，1983 年

《全上古三代秦汉三国六朝文》，严可均校辑，中华书局，1958 年

《蜷庐随笔》，王伯恭撰，《民国笔记小说大观》（第四辑），山西古籍出版社、山西教育出版社，1999 年

《日知录集释》，顾炎武著，黄汝成集释，岳麓书社，1994 年

《瑞应图记》，叶德辉辑，《丛书集成》本

《三国志》，陈寿撰，中华书局，1965 年

《隋唐嘉话》，刘悚撰，程毅中点校，中华书局，1979 年

《山海经笺疏》，郝懿行撰，《四部备要》本，上海中华书局

《山堂肆考》，彭大翼撰，上海古籍出版社，1992 年

《珊瑚网》，汪砢玉撰，《景印文渊阁四库全书》，第 818 册

《邵氏闻见后录》，邵博撰，刘德权、李剑雄点校，中华书局，1983 年

《升庵集》，杨慎撰，上海古籍出版社，1993 年

《升庵外集百卷》，杨慎撰，焦竑编，顾起元校，美国加利福尼亚大学伯克利分校藏明万历四十五年刻本

《升庵诗话》，杨慎撰，《丛书集成新编》，第 79 册，台北：新文丰出版公司，1984 年

《苏氏演义（外三种）》，苏鹗撰，吴企明点校，中华书局，2012 年

《书法正传》，冯武撰，卢辅圣主编《中国书画全书》，第九册

《书苑菁华》，陈思编纂，翠琅玕馆丛书本，北京图书馆出版社，2003 年；又《景印文渊阁四库全书》本，第 814 册

《诗话总龟》，阮阅编，人民文学出版社，1987 年

《诗品集注》，钟嵘著，曹旭集注，上海古籍出版社，1994 年

《拾遗记》，王嘉撰，萧绮录，齐治平校注，中华书局，1981 年

《史记》，司马迁撰，中华书局，1959 年

《史通通释》，刘知几撰，浦起龙通释，上海书店，1988 年

《事类赋注》，吴淑撰注，冀勤、王秀梅、马蓉校点，中华书局，1989 年

《释名疏证补》，王先谦撰集，上海古籍出版社，1983 年

《释氏要览》，释道诚撰，《佛藏要籍选刊》，上海古籍出版社，1995 年

《搜神记》，干宝撰，汪绍楹校注，中华书局，1979 年

《松漠纪闻》，洪皓撰，吉林文史出版社，1986 年

《十三经注疏》，阮元校刻，中华书局，1980 年

《宋书》，沈约撰，中华书局，1974 年

《苏轼文集》，苏轼著，孔凡礼点校，中华书局，1986 年

《隋书》，魏徵等撰，中华书局，1973 年

《水经注》，郦道元原著，陈桥驿注释，浙江古籍出版社，2001 年

《说略》，顾起元撰，《景印文渊阁四库全书》，第 964 册

《说文解字》，许慎撰，徐铉校订，中华书局，1963 年

《说文解字注》，许慎撰，段玉裁撰，上海古籍出版社，1988 年

《说文通训定声》，朱骏声撰，武汉市古籍书店，1983 年

《说文解字义证》，许慎撰，桂馥撰，上海古籍出版社，1987 年

《说文句读》，许慎撰，王筠撰集，北京市中国书店，1983 年

《说苑校证》，刘向撰，向宗鲁校证，中华书局，1987 年

《太平广记》，李昉等编，中华书局，1961 年

《太平御览》，李昉等编，中华书局，1960 年

《太平寰宇记》，乐史撰，王文楚等点校，中华书局，2007 年

《唐才子传校笺》，傅璇琮主编，中华书局，1987 年

《唐六典》，李林甫等撰，陈仲夫点校，中华书局，1992 年

《唐诗纪事校笺》，计有功撰，王仲镛校笺，中华书局，2007 年

《天问疏证》，闻一多撰，上海古籍出版社，1985 年

《铁围山丛谈》，蔡條撰，冯惠民、沈锡麟点校，中华书局，1983 年

《苕溪渔隐丛话前集》，胡仔纂集，廖德明点校，人民文学出版社，1962 年

《苕溪渔隐丛话后集》，胡仔纂集，廖德明点校，人民文学出版社，1962 年

《退庵随笔》，梁章钜撰，江苏广陵古籍刻印社，1997 年

《方以智全书》，方以智撰，上海古籍出版社，1988 年

《图画见闻志》，郭若虚撰，黄苗子点校，人民美术出版社，1964 年

《梅尧臣集编年校注》，梅尧臣著，朱东润编年校注，上海古籍出版社，1980 年

《纬书集成》，[日] 安居香山、中村璋八辑，上海古籍出版社，1994 年

《文房四谱》，苏易简集，《十万卷楼丛书二编》本，吴兴陆氏清光绪七年刻本；《学海类编》

本，清道光十一年六安晁氏木活字排印本，广陵书社，2007 年；《丛书集成初编》排印本，中华书局，1985 年

《文房肆考图说》，唐秉钧撰，书目文献出版社，1996 年

《文选》，萧统编，李善注，上海古籍出版社，1986 年

《文苑英华》，李昉等编，中华书局，1966 年

《文心雕龙义证》，刘勰撰，詹锳义证，上海古籍出版社，1989 年

《五杂组》，谢肇淛撰，傅成校点，上海古籍出版社，2012 年

《逊志堂杂钞》，吴翌凤撰，吴格点校，中华书局，2006 年

《西京杂记校注》，葛洪撰，周天游校注，三秦出版社，2005 年

《西京杂记全译》，葛洪辑，成林、程章灿译注，贵州人民出版社，1993 年

《先秦汉魏南北朝诗》，逯钦立辑校，中华书局，1983 年

《小学名著六种》，中华书局，1998 年

《新唐书》，欧阳修等撰，中华书局，1975 年

《新五代史》，欧阳修撰，中华书局，1974 年

《新序》，刘向撰，上海古籍出版社，1990 年

《西溪丛语》，姚宽撰，孔凡礼点校，中华书局，1993 年

《香祖笔记》，王士禛撰，湛之点校，上海古籍出版社，1982 年

《宣和画谱》，王群栗点校，浙江人民美术出版社，2012 年

《演繁露》，程大昌撰，《考古编（外六种）》，上海古籍出版社，1992 年

《盐铁论校注（定本）》，王利器撰，中华书局，1992 年

《揅经室集》，阮元撰，中华书局，1993 年

《一切经音义》，玄应撰，《续修四库全书》，第 198 册，上海古籍出版社，2002 年

《一切经音义》，慧琳撰，《大正新修大藏经》，高楠顺次郎编，第 54 册，台北：新文丰出版公司，1973 年

《一切经音义三种校本合刊（修订本）》，徐时仪校注，上海古籍出版社，2012 年

《艺文类聚》，欧阳询撰，汪绍楹校，上海古籍出版社，1982 年

《疑耀》，张萱撰，《艺彀（外四种）》，上海古籍出版社，1992 年

《瑜伽师地论略纂》，窥基撰，《大正新修大藏经》，高楠顺次郎编，第 43 册，台北：新文丰出版公司，1973 年

《玉海》，王应麟撰，上海古籍出版社，1992 年

《玉台新咏笺注》，徐陵撰，吴兆宜笺注，中华书局，1985 年

《玉烛宝典》，杜台卿撰，《古逸丛书》，黎庶昌编，江苏古籍出版社，2003 年；又《丛书集成初编》，中华书局，1985 年

《乐府诗集》，郭茂倩编，中华书局，1979 年

《酉阳杂俎校笺》，段成式撰，许逸民校笺，中华书局，2015 年

《元和郡县图志》，李吉甫撰，中华书局，2005 年

《云谷杂纪》，张淏撰，《海山仙馆丛书》，番禺潘氏道光乙酉刻本

《云仙散录》，冯贽撰，张力伟点校，中华书局，1998 年

《云溪友议》，范摅撰，古典文学出版社，1957 年

《韵语阳秋》，葛立方撰，上海古籍出版社，1984 年

《札朴》，桂馥撰，赵智海点校，中华书局，1992 年

《赵孟頫集》，赵孟頫撰，任道斌点校，浙江古籍出版社，1986 年

《战国策》，刘向集录，上海古籍出版社，1985 年

《周礼正义》，孙诒让撰，王文锦点校，中华书局，1987 年

《庄子集释》，郭庆藩撰，王孝渔点校，中华书局，1992 年

《遵生八笺》，高濂撰，王大淳、李继明、戴文娟、赵加强整理，人民卫生出版社，2007 年

《中华古今注》，马缟撰，吴企明点校，《苏氏演义（外三种)》，中华书局，1998 年

《中论解诂》，徐幹撰，孙启治解诂，中华书局，2014 年

《至正直记》，孔齐撰，上海古籍出版社，1987 年

《竹坡诗话》，周紫芝撰，《丛书集成初编》，商务印书馆，1936 年

《竹叶亭杂记》，姚元之撰，李解民点校，中华书局，1982 年

《助字辨略》，刘淇撰，章锡琛校注，中华书局，1954 年

二、图录及大型考古报告

《包山楚墓》，湖北荆沙铁路考古队编，文物出版社，1991 年

《笔墨纸砚图录》，上海博物馆工艺美术研究组编，上海教育出版社，1981 年

《长沙马王堆一号汉墓》，湖南省博物馆、中国科学院考古研究所编，文物出版社，1973 年

《常州博物馆五十周年典藏丛书　漆木・金银卷》，常州博物馆编，文物出版社，2008 年

《楚文物图片集》（第一集），湖南省文物工作委员会编，湖南人民出版社，1958 年

《楚文物图典》，高至喜主编，湖北教育出版社，2000 年

《楚风汉韵：荆州出土楚汉文物集萃》，成都华通博物馆、荆州博物馆编，文物出版社，2011 年

《敦煌汉简》，甘肃省文物考古研究所编，中华书局，1991 年

《敦煌文物》，敦煌市博物馆编，甘肃人民美术出版社，2002 年

《敦煌悬泉月令诏条》，中国文物研究所、甘肃省文物考古研究所编，中华书局，2001 年

《敦煌石窟艺术・榆林窟第二五窟》，段文杰编著，江苏美术出版社，1993 年

《甘肃省博物馆文物精品图集》，甘肃省博物馆编，三秦出版社，2006 年

《甘肃文物菁华》，甘肃省文物局编，文物出版社，2006 年

《关沮秦汉墓简牍》，湖北省荆州市周梁玉桥遗址博物馆编，中华书局，2001 年

《湖南省文物图录》，湖南省博物馆编，湖南人民出版社，1964 年

《湖南省博物馆》，湖南省博物馆编，文物出版社，1983 年

《简明中国历史地图集》，谭其骧主编，中国地图出版社，1991 年

《江陵九店东周墓》，湖北省文物考古研究所编，科学出版社，1995 年

《江陵凤凰山西汉简牍》，湖北省文物考古研究所编，中华书局，2012 年

《居延汉简甲乙编》，中国社会科学院考古研究所编，中华书局，1980 年

《乐浪王光墓：贞柏里·南井里二古坟发掘调查报告》，[日] 小场恒吉、榧本龟次郎编，朝鲜古迹研究会，汉城，1935 年

《马王堆汉墓文物》，傅举有、陈松长编著，周士一、陈可风翻译，湖南出版社，1992 年

《宋画全集》，浙江大学中国古代书画研究中心编，浙江大学出版社，2010 年

《台东区立书道博物馆所藏中村不折旧藏禹域墨书集成》，[日] 矶部彰编，东京：二玄社，2005 年

《唐临赵补·右军二帖卷》，《书品》199 号，1969 年

《天水放马滩秦简》，甘肃省文物考古研究所编，中华书局，2009 年

《吐鲁番博物馆》，《吐鲁番博物馆》编委会编，新疆美术摄影出版社，1992 年

《武威汉简》，中国科学院考古研究所、甘肃省博物馆编，文物出版社，1964 年

《西汉南越王墓》，广州市文物管理委员会、中国社会科学院考古研究所、广东省博物馆编，文物出版社，1991 年

《西域文物图考》，本书编委会编，新疆文化出版社，2016 年

《新疆出土文物》，新疆维吾尔自治区博物馆编，文物出版社，1975 年

《新疆历史文明集粹》，新疆维吾尔自治区文物管理局、新疆维吾尔自治区文物考古研究所等编，新疆美术摄影出版社，2009 年

《新中国的考古收获》，中国科学院考古研究所编，文物出版社，1961 年

《信阳楚墓》，河南省文物研究所编，文物山版社，1986 年

《寻踪三国——文物里的魏蜀吴新图景》，中华世纪坛艺术馆主编，中信出版社，2021 年

《尹湾汉墓简牍》，连云港市博物馆等编，中华书局，1997 年

《英藏敦煌文献（汉文佛经以外部分)》，第五卷，中国社会科学院历史研究所等合编，四川人民出版社，1992 年

《英藏敦煌文献（汉文佛经以外部分)》，第六卷，中国社会科学院历史研究所等合编，四川人民出版社，1992 年

《英藏敦煌文献（汉文佛经以外部分)》，第七卷，中国社会科学院历史研究所等合编，四川人民出版社，1992 年

《英藏敦煌文献（汉文佛经以外部分)》，第九卷，中国社会科学院历史研究所等合编，四川人民出版社，1994 年

《英藏敦煌文献（汉文佛经以外部分)》，第十二卷，中国社会科学院历史研究所等合编，四川人民出版社，1995 年

《云梦睡虎地秦墓》，云梦睡虎地秦墓编写组编，文物出版社，1981 年

《张家山汉墓竹简（二四七号墓）：释文修订本》，张家山二四七号汉墓竹简竹简整理小组编，文物出版社，2006 年

《中国美术分类全集·中国文房四宝全集》第 3 卷《笔纸》，中国文房四宝全集编辑委员会编，北京出版社，2008 年

《正仓院展》第三十九回，[日] 奈良国立博物馆编，1987 年

《正仓院展》第五十三回，[日] 奈良国立博物馆编，2001 年

《中国书法全集》第 18 卷《三国两晋南北朝·王羲之王献之》，刘涛分卷主编，荣宝斋，1991 年

三、近今人论著

[苏联] 阿·阿·古贝尔等编《艺术大师论艺术》，第一卷，刘惠民译，文化艺术出版社，1987 年

安金槐主编《中国考古》，上海古籍出版社，1992 年

[美] C. 赖特·米尔斯《社会学的想象力》，李康译，北京师范大学出版社，2017 年

曹道衡《中古文史丛稿》，河北大学出版社，2003 年

陈梦家《中国文字学》，中华书局，2006 年

陈尚君《贞石诠唐》，复旦大学出版社，2016 年

陈槃《古谶纬研讨及其书录解题》，上海古籍出版社，2010 年

陈寅恪《陈寅恪集·元白诗笺证稿》，生活·读书·新知三联书店，2001 年

陈颖《苏轼作品量词研究》，巴蜀书社，2003 年

陈直《居延汉简研究》，中华书局，2008 年

陈直《两汉经济史料论丛》，中华书局，2008 年

陈志平《黄庭坚书学研究》，中华书局，2006 年

[日] 池田温《中国古代籍帐研究》，龚泽铣译，中华书局，2007 年

程树德《九朝律考》，中华书局，2003 年

程章灿《魏晋南北朝赋史》，江苏古籍出版社，2001 年

敦煌研究院编《段文杰敦煌研究五十年纪念文集》，世界图书出版公司，1996 年

敦煌研究院编《敦煌遗书总目新编》，中华书局，2000 年

董洪利《古籍的阐释》，辽宁教育出版社，1993 年

冯济泉、马贤能《文房四宝古今谈》，贵州人民出版，1983 年

傅芸子《正仓院考古记》，日本文求堂，1941 年

傅振伦《傅振伦学述》，浙江人民出版社，1999 年

[英] G·R·埃尔顿《历史学的实践》，刘耀辉译，北京大学出版社，2008 年

葛兆光《中国思想史》，复旦大学出版社，2001 年

龚维英《女神的失落》，河南大学出版社，1993 年

汉语大字典编辑委员会编《汉语大字典》（缩印本），湖北辞书出版社、四川辞书出版社，1992 年

何双全《简牍》，敦煌文艺出版社，2004 年

[日] 横田恭三《中国古代简牍のすべて》，二玄社，2012 年

[日] 横田恭三《中国古代简牍综览》，张建平译，北京联合出版公司，2017 年

胡韫玉《笔志》，朴学斋丛刊本，民国十二年

华东师范大学古籍整理研究室编《历代书法论文选》，上海书画出版社，1979 年

华人德《中国书法史·两汉卷》，江苏教育出版社，1999 年

华人德《华人德书学文集》，荣宝斋出版社，2008 年

华人德主编《历代笔记书论汇编》，江苏教育出版社，1996 年

黄惇《中国书法史·元明卷》，江苏教育出版社，2002 年

黄侃《文心雕龙札记》，华东师范大学出版社，1996 年

黄展岳《考古纪原——万物的来历》，四川教育出版社，1998 年

嵇若昕《外双溪文物随笔》，"国立故宫博物院"，2011 年

纪南城凤凰山一六八号汉墓发掘整理小组《湖北江陵凤凰山一六八号汉墓发掘简报》，《文物》1975 年第 9 期

老铁主编《中华野史辞典》，大象出版社，1998 年

周长楫主编《闽南方言大词典》，福建人民出版社，2006 年

陆侃如《中古文学系年》，人民文学出版社，1985 年

李浩、贾三强主编《古代文献的考证与诠释：海峡两岸古典文献学术会议论文集》，上海古籍出版社，2007 年

李兆志《中国毛笔》，新华出版社，1994 年

李正宇《敦煌古代硬笔书法》，甘肃人民出版社，2007 年

[日] 林巳奈夫《漢代の文物》，京都大学人文科学研究所，1977 年

刘启林主编《当代社会科学名家》，社会科学文献出版社，1989 年

刘世儒《魏晋南北朝量词研究》，中华书局，1965 年

刘涛《中国书法史·魏晋南北朝卷》，江苏教育出版社，2002 年

刘叶秋《中国字典史略》，中华书局，1992 年

刘跃进、范子烨编《六朝作家年谱辑要》，黑龙江教育出版社，1999 年

刘钊《书馨集：出土文献与古文字论丛》，上海古籍出版社，2013 年

南京市博物馆、江宁县文管会《江苏江宁县下坊村东晋墓的清理》，《考古》1998 年第 8 期

马德《敦煌工匠史料》，甘肃人民出版社，1997 年

马衡《凡将斋金石丛稿》，中华书局，1977 年

马叙伦《石屋余沈》，山西古籍出版社，1995 年

马宗霍《书林藻鉴》，文物出版社，1984 年

毛秋瑾《墨香佛音——敦煌写经书法研究》，北京大学出版社，2014 年

潘德熙《文房四宝——中国书具文化》，上海古籍出版社，1991 年

启功《古代字体论稿》，文物出版社，1999 年

钱存训《书于竹帛：中国古代的文字记录（第四次修订本）》，上海书店出版社，2002 年

钱存训《中国古代书籍纸墨及印刷术》，北京图书馆出版社，2002 年

钱锺书《管锥编》，中华书局，1986 年

裘锡圭《文字学概要》，商务印书馆，1988 年

祁小春《迈世之风：有关王羲之资料与人物的综合研究》，台北石头出版股份有限公司，2007 年

荣新江《敦煌学十八讲》，北京大学出版社，2001 年

阮璞《画学丛证》，上海书画出版社，1998 年

上海图书馆编《中国丛书综录》，上海古籍出版社，1986 年

沈福伟《中西文化交流史》，上海人民出版社，1985 年

孙敦秀《中国文房四宝》，新华出版社，1993 年

孙敦秀《文房四宝手册》，北京燕山出版社，1991 年

孙机、杨泓《寻常的精致》，辽宁教育出版社，1996 年

孙机《汉代物质文化资料图说（增订本）》，上海古籍出版社，2011 年

孙启治、陈建华编《古佚书辑本目录（附考证）》，中华书局，1997 年

孙晓云《书法有法》，江苏美术出版社，2010 年

孙晓云、薛龙春主编《请循其本：古代书法创作研究国际学术讨论会论文集》，南京大学出版社，2010 年

石雪万《连云港地区出土的汉代"文房四宝"》，《书法丛刊》1997 年第 4 期

汤炳正《屈赋新探》，齐鲁书社，1984 年

唐长孺《魏晋南北朝隋唐史三论》，《唐长孺文集》，中华书局，2011 年

田余庆《东晋门阀政治》，北京大学出版社，1996 年

王国维《王国维全集》，浙江教育出版社、广东教育出版社，2010 年

王菊华等《中国古代造纸工程技术史》，山西教育出版社，2006 年

王家葵《陶弘景丛考》，齐鲁书社，2003 年

王能宪《世说新语研究》，江苏古籍出版社，2000 年

王树村《中国工艺美术史》，文化艺术出版社，1994 年

王晓光《秦简牍书法研究》，荣宝斋出版社，2010 年

王欣夫《文献学讲义》，上海古籍出版社，2005 年

王元军《六朝书法与文化》，上海书画出版社，2002 年

王子今《秦汉时期生态环境研究》，北京大学出版社，2007 年

王仲荦《金泥玉屑丛考》，中华书局，1998 年

汪篯《汉唐史论稿》，北京大学出版社，1992 年

吴荣曾、汪桂海主编《简牍与古代史研究》，北京大学出版社，2012 年

［瑞典］沃尔克·贝格曼《考古探险笔记》，《横渡戈壁沙漠》，张鸣译，新疆人民出版社，2010 年

新疆维吾尔自治区地方志编纂委员会编《新疆通志·文物志》，新疆人民出版社，2007 年

萧兵《楚辞与神话》，江苏古籍出版社，1987 年

邢义田《地不爱宝：汉代的简牍》，中华书局，2011 年

徐俊《敦煌诗集残卷辑考》，中华书局，2000 年

徐清《说笔》，文物出版社，2011 年

许志浩《中国美术期刊过眼录（1911 年—1949 年)》，上海书画出版社，1992 年

严耕望《治史三书》，辽宁教育出版社，1998 年

杨树达《词诠》，中华书局，1986 年

扬之水《诗经名物新证》，北京古籍出版社，2000 年

余嘉锡《四库提要辨证》，中华书局，1980 年

余嘉锡《余嘉锡文史论集》，岳麓书社，1997 年

余嘉锡《古书通例》，《余嘉锡说文献学》，上海古籍出版社，2001 年

俞伟超《考古学是什么——俞伟超考古学理论文选》，中国社会科学出版社，1996 年

[日] 宇野雪村《文房古玩鉴赏指南》，刘晓方译，北京燕山出版社，1999 年

赵汝珍《古玩指南全编》，北京出版社，1992 年

胡平生、张德芳《敦煌悬泉置汉简释粹》，上海古籍出版社，2001 年

张朋川《黄土上下：美术考古文萃》，山东画报出版社，2006 年

张荣庆《退楼丛稿》，河北教育出版社，2008 年

张舜徽《中国文献学》，《张舜徽集》，华中师范大学出版社，2004 年

张天弓《张天弓书学考辨文集》，荣宝斋出版社，2009 年

张显成、周群丽《尹湾汉墓简牍校理》，天津古籍出版社，2011 年

张泽咸《唐代工商业》，中国社会科学出版社，1995 年

曾良《敦煌文献字义通释》，厦门大学出版社，2001 年

镇江焦山碑刻博物馆编《瘗鹤铭国际学术研讨会论文集》，江苏大学出版社，2009 年

周一良《魏晋南北朝史札记》，中华书局，1985 年

周永卫、邓珍、万智欣、温淑萍《秦汉岭南的对外文化交流》，暨南大学出版社，2014 年

周振鹤《汉书地理志汇释》，安徽教育出版社，2006 年

[日] 中村不折《禹域出土墨宝书法源流考》，李德范译，中华书局，2003 年

[日] 中田勇次郎《中国书法理论史》，卢永璘译，天津古籍出版社，1987 年

朱关田《中国书法史·隋唐卷》，江苏教育出版社，1999 年

朱世力主编《中国古代文房用具》，上海文化出版社，1999 年

后　记

　　后记的作用，除了让作者补充性地阐述一下书中的"未尽之意"，为自己的此项写作找到一个"打上句号"的借口外，还有一个作用就是致谢。

　　老师们的教诲与帮助自然终生不忘：张朋川先生与华人德先生除"以实际行动"为拙著赐序赐签外，还指引线索、提供书籍，传授丰厚的治学经验。孙晓云先生的《书法有法》赋予我写作的灵感，她的思考虽平淡却深邃，具有发散性。异地相隔，电话请教，每有所得。刘涛先生是拙著初稿的第一位审读者，帮我减少了不少错误。当时我很不识趣，没有考虑他手头也有大量的写作，故此次就没敢再惊扰他。白谦慎先生治学勤勉，近乎苛酷，曾被我误解为是"一个不懂生活情趣的人"，但每次想偷懒，一想到他就心生忌惮，可每次见面却又总是和颜悦色地对我勖勉。周可真先生虽非"同行"，却像一位老中医，每每在我精神困顿时，给我很好的"调理"。涂小马先生早年从诸大师问学，功力深厚，后虽有意淡出学界，但所储既丰，从他那里总能得到急需的资料和意外的见解。诸位先生都是我感激不尽的恩师！

　　老师总是没有朋友多，无论在家还是出门都得靠朋友：薛龙春兄除了惠以资料，还赐序一篇。他一直像个"学术警察"那样盯着我。李小平兄切实的指教，避免了我不少"纸上谈兵"的毛病，但他却喜欢和我"纸上谈兵"（微信码字）。王家葵、史睿、陈志平、毛秋瑾、李良、叶康宁诸兄并有一瓻之惠。高情厚谊，亦不敢忘！

　　友人严晓星兄在古琴研究领域颇有建树。遗憾的是我于此道一窍不通，这或许和我属牛有关——可怜他每次和我都是"对牛弹琴"。但他古道热肠，把这本拙著推荐给中华书局贾雪飞女士。不久，贾女士微信和我联系，说她对这本书很感兴趣，但先要报送选题。于是我再次抱着尝试的心态，按照套路填写了选题表。又不久，大约不到十天的工夫，选题居然顺利地通过。如此之快，实感意外。在后期的制作中，贾雪飞女士与我往复沟通，推荐学力深厚、业务精湛的但诚先生为本书的责编，深感荣幸——这得感谢晓星的"多事"！

感谢我的父母,二老年事已高,仍关心着我的事业。唯祝他们健康长寿!感谢安子兄,曾几何时,他成了我的上司,虽然派给我的工作不算繁剧,但自觉能力有限,时感"气喘吁吁"。好在他"口是心非"的埋怨并不能击垮我弱小的心脏,倒是随时取用他丰富的藏书,为我省下了一笔不菲的开销;感谢我的妻女,柴米油盐的琐琐,让我参悟了生活真谛!

最后,蕲盼读者诸君不吝赐教,我的电子邮箱是 wangxuelei@126.com。

2020 年 3 月 25 日记于姑苏城南之大运河畔

2021 年 6 月 27 日改定